VARIÉTÉS
HISTORIQUES
ET LITTÉRAIRES.

Paris, impr. Guiraudet et Jouaust, 338, rue S.-Honoré.

VARIÉTÉS
HISTORIQUES
ET LITTÉRAIRES

Recueil de pièces volantes rares et curieuses
en prose et en vers

Revues et annotées

PAR

M. ÉDOUARD FOURNIER

Tome V

A PARIS
Chez P. Jannet, Libraire
—
MDCCCLVI

Les Triolets du temps, selon les visions d'un petit-fils du grand Nostradamus. Faits pour la consolation des bons François et dediés au Parlement.
A Paris, chez Denys Langlois, au Mont S.-Hilaire, à l'enseigne du Pelican.
M. D C. X L IX.
In·4.

Quoy donc! Paris est investy?
O cieux! qui l'eût jamais pu croire!
Le roy mesmes en est sorty.
Quoy donc! Paris est investy?
Il me faut donc prendre party
Pour sauver mes biens et ma gloire.
Quoy donc! Paris est investy?
O cieux! qui l'eust jamais pu croire!

1. Cette *Mazarinade*, faite sous une forme qui fut très employée alors, mais rarement avec une verve aussi soutenue, passe pour être d'un prêtre nommé Jean Duval, à qui l'on attribue aussi le *Parlement de Pontoise* (1652), et qui mourut le 12 décembre 1680. Il se pourroit pourtant que Jean Duval n'y fût pour rien, et que le véritable auteur fût Marigny. Il est du moins certain que quelques uns de ces trio-

Parisiens, ne resvez pas tant,
La defense est tousjours permise ;
En ce malheureux accident,
Parisiens, ne resvez pas tant.
Çà ! çà ! viste, il faut de l'argent :
Donnons tous jusqu'à la chemise.
Parisiens, ne resvez pas tant,
La defense est tousjours permise.

Il faut estre icy liberaux ;
Pour sauver la ville alarmée,
Choisissons de bons generaux ;
Il faut estre icy liberaux :
Pour nous garantir de tous maux,
Faisons une puissante armée ;
Il faut estre icy liberaux
Pour sauver la ville alarmée.

Qu'on taxe, maison par maison,
Les petites et grandes portes ;
N'importe qu'il en couste bon,
Qu'on taxe maison par maison.
Il est besoin pour la saison
Que nos troupes soient les plus fortes :

lets, sinon tous, sont de ce dernier. Nous les noterons au passage. Sautereau de Marty, dans son *Nouveau siècle de Louis XIV*, t. 1, p. 153, etc., a donné cette pièce presque tout entière ; M. Moreau, dans son *Choix de Mazarinades*, t. 1, p. 416, n'en a reproduit que vingt-cinq triolets. Il lui donne la date du 4 mars 1649. Il nous dit aussi, dans son excellente *Bibliographie des Mazarinades*, t. 3, p. 226, n° 3859, qu'il y en eut une 2ᵉ édition, s. l. n. d., in-4 de 8 p.

Qu'on taxe, maison par maison,
Les petites et grandes portes [1].

En cette juste occasion ;
Employons nos corps et nos ames ;
Travaillons avec passion
En cette juste occasion ;
Il faut tout mettre en faction,
Enfans, vieillards, hommes et femmes ;
En cette juste occasion,
Employons nos corps et nos ames.

1. Chaque maison devoit fournir un soldat. Celles qui étoient à porte cochère étoient tenues d'armer un cavalier. C'est ce que Richelieu avoit déjà ordonné en 1636, *l'année de Corbie*, comme on disoit, parceque les Espagnols, ayant pris cette ville, menaçoient de près Paris. V. *Mém.* de Monglat, *collect.* Petitot, 2e série, t. 49, p. 128, et Tallemant, 1re édit., t. 5, p. 51. L'arrêté du conseil de ville qui avoit renouvelé cette mesure étoit du 12 janvier 1649 ; on lit dans le *Courrier burlesque de la guerre de Paris* :

> Le mardi, le conseil de ville
> Fit un règlement fort utile,
> Savoir que, pour lever soldats,
> Tant de pied comme sur dadas.
> L'on taxeroit toutes les portes,
> Petites, grandes, foibles, fortes ;
> Que la *cochère* fourniroit
> Tant que le blocus dureroit
> Un bon cheval avec un homme,
> Ou qu'elle donneroit la somme
> De quinze pistoles de poids,
> Payables la première fois ;
> Les petites un mousquetaire
> Ou trois pistoles pour en faire.

Pièces à la suite des Mémoires du cardinal de Retz, Amsterdam, 1712, in—12. t. 1, p. 270.

Suivons nostre illustre pasteur [1],
On ne peut après luy mal faire :
C'est un maître predicateur ;
Suivons nostre illustre pasteur,
Cet autre Paul, ce grand docteur,
Que toute l'Eglise revère ;
Suivons nostre illustre pasteur,
On ne peut après luy mal faire.

François, venez tous prendre employ ;
Montrez icy vostre vaillance,
Vous aurez au moins bien de quoy ;
François, venez tous prendre employ :
C'est pour le service du roy
Et pour le salut de la France ;
François, venez tous prendre employ,
Monstrez icy vostre vaillance.

Je veux moy-mesme aller aux coups,
Moy qui ne suis qu'homme d'estude ;
Pour donner bon exemple à tous,

---

1. Gondi, le coadjuteur. On jouoit volontiers, à propos de lui, sur le mot *pasteur*, comme dans ce couplet, que nous avons trouvé parmi les *triolets de S.-Germain*, et, avec quelques changements, dans un recueil de chansons dont M. Laverdet possède le manuscrit, tout entier de la main de Bussy-Rabutin. Nous citons d'après cette curieuse copie :

> Monsieur notre coadjuteur
> Quitte la crosse et prend la fronde,
> Ayant sceu qu'un petit pasteur,
> Monsieur notre coadjuteur.
> Pour avoir été bon frondeur
> Devint le plus grand roi du monde,
> Monsieur notre coadjuteur.

Je veux moy-mesme aller aux coups ;
S'il faut mourir je m'y résous,
Encor que la mort soit bien rude ;
Je veux moy-mesme aller aux coups,
Moy qui ne suis qu'homme d'estude.

Dieu sera de nostre costé,
Puis que nous avons la justice ;
Qu'on ne soit pas epouvanté,
Dieu sera de nostre costé :
Le Parlement nous est resté
Pour travailler à la police ;
Dieu sera de nostre costé,
Puis que nous avons la justice.

Qu'ils prient bien, nos ennemis,
S'ils ont la pieté dans l'ame,
Ce sainct devoir leur est permis,
Qu'ils prient bien, nos ennemis,
Saint Germain, saint Cloud, saint Denys[1] ;
Nous avons pour nous Nostre-Dame.
Qu'ils prient bien, nos ennemis,
S'ils ont la pieté dans l'ame.

Ces cruels nous serrent en vain
Tout à l'entour de nos murailles,
Nous ne sçaurions mourir de faim ;
Ces cruels nous serrent en vain.
Tout chacun trouvera du pain
Pour rassasier ses entrailles ;
Ces cruels nous serrent en vain
Tout à l'entour de nos murailles [2].

1. L'armée du roi tenoit tous ces villages.
2. Ils négligeoient pourtant de faire trop bonne garde et

Nos greniers sont remplis de blé,
Qu'on en fasse de la farine ;
Le peuple a tort d'estre troublé,
Nos greniers sont remplis de blé ;
On ne sçauroit estre accablé
D'un an entier de la famine.
Nos greniers sont remplis de blé,
Qu'on en fasse de la farine.

L'un s'est pourveu pour six bons mois,
En fait-il besoin davantage ?
L'un pour quatre, l'autre pour trois ;
L'un s'est pourveu pour six bons mois.
On a des fèves et des pois,
Du lard, du beurre et du fromage ;
L'un s'est pourveu pour six bons mois,
En fait-il besoin davantage ?

On a de tous les bons morceaux :
Lièvres, lapins, perdrix, becaces ;
On a quantité de pourceaux [1],
On a de tous les bons morceaux ;

un blocus trop sévère autour de Paris. Cyrano, dans sa lettre 21e (*Contre les frondeurs*), dit à propos de Mazarin : « Il deffendit d'abattre les moulins qui sont autour de la ville, quoiqu'il sceut que par leur moyen elle recevoit continuellement force bleds. »

1. C'est ce qui abondoit le plus, à ce qu'il paroît, grâce à un heureux coup du marquis de la Boulaye, « qui, dit la dame de la Halle dans *sa harangue*, qui, avec sa mine turquesque, nous fit bien manger des cochons en carême, pendant le blocus de Paris. » (*Lettre de remerciment envoyée au cardinal Mazarin... avec la dame Denize, au large chaperon es Halles*, députée vers *Son Everminence*, etc., Paris, 1651.

On a moutons, bœufs, vaches, veaux,
On en vend dans toutes les places;
On a de tous les bons morceaux :
Lièvres, lapins, perdrix, becaces.

Les vivres ne manqueront pas,
On peut tousjours faire ripaille;
Qu'on n'épargne point un repas,
Les vivres ne manqueront pas :
On a dindons et chapons gras,
Et les chevaux ont foin et paille.
Les vivres ne manqueront pas,
On peut toujours faire ripaille.

Les cabarets sont tous ouverts;
Chacun y boit, chacun y mange,
On y trouve des vins divers;
Les cabarets sont tous ouverts,
Et c'est là que j'ay fait ces vers [1],
Qui sentent la saulce à l'orange;
Les cabarets sont tous ouverts,
Chacun y boit, chacun y mange.

Corbeil sera bien-tost repris,
Et tout viendra par la rivière;
Qu'on ne craigne point dans Paris,
Corbeil sera bien tost repris;
On aura de tout à bon prix,
Et nous ferons tous chère entière;
Corbeil sera bien-tost repris,

---

1. Une autre *Mazarinade*, du même temps et de la même forme, avoue par son titre qu'elle fut écrite au cabaret : *Triolets nouveaux sur la paix, faits dans la Pomme de Pin, pour l'heureux retour du roy*, Paris, *Denys Langlois*, 1649.

Et tout viendra par la rivière [1].

Il faut remettre Charenton [2]
Pour y refaire le passage,
Car autrement qu'en diroit-on?
Il faut remettre Charenton,
Qu'on y travaille tout de bon
Sans crainte d'un second carnage;
Il faut remettre Charenton
Pour y refaire le passage.

Fourbisseurs, ne vous lassez pas;
Armuriers, travaillez sans cesse :
C'est pour armer tous nos soldats.
Fourbisseurs, ne vous lassez pas;
Il faut couper jambes et bras
A ceux qui nous tiennent Gonnesse [3].

1. Beaucoup de denrées venoient de Corbeil par la Seine. La prise de cette ville par l'armée royale étoit donc très préjudiciable aux Parisiens. « Corbeil nous sera necessaire, écrit Gui-Patin à Spon; c'est la première ville que nous irons prendre. » Les bateaux qui descendoient la Seine chargés de vivres, pain fait à Melun, poissons, fruits, etc., s'appeloient *Corbillas* et *Corbillards*, à cause de Corbeil. V. l'Estoille, édit. Michaud, t. 2, p. 38, et une note de Roquefort dans la *Vie privée des François*, par Le Grand d'Aussy, t. 1, p. 106. Plus tard, la voiture qui menoit les morts au cimetière prit le même nom, par allusion aux *Corbeaux*, comme l'Estoille appelle les croque-morts, qui la conduisent. V. id., p. 406.

2. Sautereau de Marsy n'a pas reproduit ce *triolet*.—Charenton avoit été pris par le prince de Condé le 8 février, et il importoit beaucoup aux Parisiens de le reprendre.

3. Le pain le plus délicat en venoit. V. la lettre de Gui-Patin citée tout à l'heure, et notre t. 2, p. 327.

Fourbisseurs, ne vous lassez pas ;
Armuriers, travaillez sans cesse.
  Mon Dieu, l'admirable bon-heur
En ces dissentions nouvelles !
L'eusses-tu pu penser, mon cœur ?
Mon Dieu, l'admirable bonheur !
La Bastille a pour gouverneur
Le fameux monsieur de Brusselles [1] ;
Mon Dieu, l'admirable bon-heur
En ces dissentions nouvelles !

  Parisiens, nous serons des fous
Si nos cœurs ne se font connestre,
Et si nous n'agissons bien tous,
Parisiens, nous serons des fous ;
Puisque l'Arcenac est à nous,
Il n'est pas besoin de Grand-Maistre [2] ;
Parisiens, nous serons des fous
Si nos cœurs ne se font connestre.

  Puisque c'est à nous les canons,
Avec les boulets et la poudre,
Bourgeois, si mes conseils sont bons,
Puisque c'est à nous les canons,
Pour immortaliser vos noms,
Allez partout porter la foudre,
Puisque c'est à nous les canons
Avec les boulets et la poudre.

1. Le conseiller Broussel.
2. Le grand maître de l'artillerie. Jusqu'à la fin des troubles, il y eut des frondeurs qui étoient d'avis qu'il falloit refuser au roi la Bastille et l'Arsenal. V. *La vérité reconnue de M. le Prince*, etc., Paris, 1652.

Il faut chasser le Mazarin,
Qui vole tout l'or de la France ;
Fût-il plus fort, fût-il plus fin,
Il faut chasser le Mazarin ;
Qu'il retourne de là Thurin
Pour estre plus en asseurance :
Il faut chasser le Mazarin
Qui vole tout l'or de la France.

Vrayment, nos yeux sont éblouis
Par un charme bien ridicule :
Il a des tresors inouis,
Vrayment, nos yeux sont eblouis ;
Donnerons-nous tous nos Louis
A Rome pour un pauvre Jule[1] ?
Vrayment nos yeux sont éblouis
Par un charme bien ridicule.

Cordonniers, tailleurs et marchans,
N'allez pas fermer vos boutiques,
Quoy que le tambour batte aux champs :
Cordonniers, tailleurs et marchans,
Vous aurez assez de chalans
Pour occuper vos domestiques ;
Cordonniers, tailleurs et marchans,
N'allez pas fermer vos boutiques.

Boulangers, travaillez tousjours ;
Serrez les escus qu'on vous offre,
Ne regardez pas s'ils sont courts ;
Boulangers, travaillez tousjours :
Tant plus vous remplirez vos fours,

1. Equivoque sur le prénom de Mazarin et sur le nom d'une petite monnoie romaine qui ne valoit que 5 sols.

Tant plus vous remplirez le coffre ;
Boulangers, travaillez tousjours,
Serrez les escus qu'on vous offre.

Je ne plains que les villageois :
Leurs maisons sont abandonnées,
On leur pille tout à la fois ;
Je ne plains que les villageois :
Ils vont perdre plus en un mois
Qu'ils n'ont gaigné dans dix années ;
Je ne plains que les villageois :
Leurs maisons sont abandonnées[1].

Bonnes gens, prenez garde à vous !
Les ennemis vont au pillage ;
Ils sont tous gueux et tous filous :
Bonnes gens, prenez garde à vous !
Affamez comme de gros loups,
Ils cherchent à faire carnage.
Bonnes gens, prenez garde à vous !
Les ennemis vont au pillage.

Aux armes ! ils sont aux faux-bours.
Laquais, mon pot et ma cuirace ;
Qu'on fasse battre les tambours,
Aux armes ! ils sont aux faux-bourgs.

1. Il y a une amusante épître de Chapelle à M. Carré, où il se plaint des ravages que les troupes étrangères à la solde du roi faisoient alors dans la banlieue de Paris.

    Toutes ces troupes étrangères
    Font qu'on ne se promène guères.
    Hélas ! comment le pourroit-on,
    Puisque Chaillot et Charenton
    Sont à présent places frontières ?

Allons avec un prompt secours
Contre cette meschante race;
Aux armes! ils sont aux faux-bourgs.
Laquais, mon pot et ma cuirace.

Ne vous precipitez pas tant,
Cavalier de portes cochères [1] !
Vostre cheval est bien pesant,
Ne vous precipitez pas tant;
Gardez d'un mauvais accident
Qui pourroit gaster nos affaires;
Ne vous precipitez pas tant,
Cavalier de portes cochères.

Allons, puisque j'ay pris mon pot,
Allons, qu'on s'avance et qu'on tue;
Allons avec ordre au grand trot,
Allons, puisque j'ay pris mon pot [2],
Allons frapper sans dire mot;
Allons la visière abatue,
Allons, puisque j'ay pris mon pot,
Allons, qu'on s'avance et qu'on tue.

Helas! que de mal-heureux corps
Dont la rage a fait un parterre!
Que de blessez et que de morts!
Helas! que de mal-heureux corps!
Les foibles ont souffert des forts.
Voilà les beaux fruits de la guerre!
Helas! que de mal-heureux corps
Dont la rage a fait un parterre!

1. V. une des notes précédentes.
2. Espèce de demi-casque, ou *morion*, dont se coiffoient alors les fantassins.

François qui combattez dehors,
Pourquoy causer tant de misères?
Songez, en faisant vos efforts,
François qui combattez dehors,
Que vous avez dans ce grand corps
Vos femmes, filles, sœurs et mères.
François qui combattez dehors,
Pourquoy causer tant de misères?
 Si vous avez vos mesmes cœurs
En cette funeste avanture,
François, cruels persecuteurs,
Si vous avez vos mesmes cœurs,
Gardez-y parmy vos rigueurs
Un sentiment pour la nature,
Si vous avez vos mesmes cœurs
En cette funeste avanture.
 Des François contre des François !
O cieux! l'abominable rage!
L'Espagnol rit bien cette fois.
Des François contre des François!
Voilà de barbares emplois,
Qui menacent d'un grand orage.
Des François contre des François!
O cieux! l'abominable rage!
 Comediens, c'est un mauvais temps :
Prenez les armes sans vergogne,
Gardez-vous d'estre faineans.
Comediens, c'est un mauvais temps:
La tragedie est par les champs [1]

---

1. Pendant la Terreur, Ducis, qui probablement ne connoissoit pas cette *mazarinade*, écrivoit à l'un de ses amis cette

Bien plus qu'à l'hostel de Bourgogne.
Comediens, c'est un mauvais temps,
Prenez les armes sans vergogne.

Violons, on ne fait plus de bal
Pour cultiver les amourettes,
Encor qu'on soit en carnaval[1] ;
Violons, on ne fait plus de bal,
On aime mieux un bon cheval,
Des pistolets et des trompettes ;
Violons, on ne fait plus de bal
Pour cultiver les amourettes.

Tous vos galans sont empeschez,
Attendez un accord, coquètes,
Pleurez cependant vos pechez ;
Tous vos galans sont empeschez,
C'est en vain que vous les cherchez
Pour entendre d'eux des fleurètes ;
Tous vos galans sont empeschez,
Attendez un accord, coquètes.

Mes chères[2], resvez nuit et jour,
Sans mettre ny rubans ny mouches :
On ne fait plus icy l'amour.
Mes chères, resvez nuit et jour :
Si l'on ne void bientost la cour,

phrase qui la rappelle si bien : « Que parles-tu, Vallier, de faire des tragédies ? La tragédie court les rues. »

1. Sautereau de Marsy n'a pas donné ce *triolet*. Plusieurs mazarinades firent allusion à ces misères d'un siége qui tomboit en temps de carnaval. V. notre t. 2, p. 326, note.

2. Une *chère*, c'étoit une précieuse V. Œuvres de Saint-Evremond, t. 1, p. 143, *le Cercle*.

Vous allez devenir des souches.
Mes chères, resvez nuit et jour
Sans mettre ny rubans ny mouches.

 Adieu la foire Sainct-Germain [1] !
Consolez-vous, filles et femmes ;
Point de bijous, il faut du pain :
Adieu la foire Sainct-Germain !
Vrayment, ce temps est inhumain :
On ne donne plus rien aux dames.
Adieu la foire Sainct-Germain !
Consolez-vous, filles et femmes.

 On ne veut point d'enfarinez,
Tandis qu'il faut mettre le casque.
Mignons, vous serez condamnez,
On ne veut point d'enfarinez ;
Mais n'en soyez pas estonnez,
Laissez passer cette bourrasque.
On ne veut point d'enfarinez,
Tandis qu'il faut prendre le casque,

 L'Orvietan, retirez-vous,
Jetez le teatre par terre,
Vous n'attirerez plus de fous ;
L'Orvietan, retirez-vous :
On ne sçauroit donner vingt sous
D'un pot d'onguent en temps de guerre.
L'Orvietan, retirez-vous,
Jettez le teatre par terre [2].

---

1. V. aussi, pour la foire Saint Germain, qui n'eut pas lieu cette année-là, notre t. 2, p. 326.
2. Sur cet empirique du Pont-Neuf, v. une note de notre édition du *Roman Bourgeois*.

Plaideurs, mettez vos sacs au croc
Et songez à prendre les armes,
Il est temps de faire ce troc;
Plaideurs, mettez vos sacs au croc;
Point d'arrests, cela vous est hoc,
Sinon pour calmer ces vacarmes.
Plaideurs, mettez les sacs au croc,
Et songez à prendre les armes.

Huissiers, procureurs, advocats,
Laissez un peu moisir vos causes :
Vous ne sçauriez gaigner grand cas ;
Huissiers, procureurs, advocats,
La guerre ne le permet pas,
Le desordre est en toutes choses.
Huissiers, procureurs, advocats,
Laissez un peu moisir vos causes.

Medecins, soyez bien contens,
Les maltotiers ont tous la fièvre;
S'ils ont volé depuis vingt ans,
Medecins, soyez bien contens,
On leur fait tout rendre en ce temps;
Chacun d'eux tremble comme un lièvre.
Medecins, soyez bien contens,
Les maltotiers ont tous la fièvre.

Pendant ces funestes malheurs,
Tenez-vous pres018, apothicaires ;
Si l'on veut reformer les mœurs
Pendant ces funestes malheurs,
Il faut bien purger des humeurs
Et reiterer des clistères.
Pendant ces funestes malheurs,

Tenez-vous prests, apothicaires.
Fraters[1], faites bien des onguens,
Et qu'on sorte de la boutique,
Les blessez sont par tous les chams;
Fraters, faites bien des onguens.
Il faudra bien quitter vos gans
Pour mettre les mains en pratique.
Fraters, faites bien des onguens,
Et qu'on sorte de la boutique.

Voleurs, songez à bien voler,
La saison en est fort commode.
Craignez-vous de mourir en l'air?
Voleurs, songez à bien voler.
D'ailleurs, à franchement parler,
Partout c'est aujourd'huy la mode.
Voleurs, songez à bien voler,
La saison en est fort commode.

Pillez tousjours plus hardiment,
Il est temps de faire fortune;
Un chacun pille impunement,
Pillez tousjours plus hardiment;
De nuit on peut adroitement
Prendre le soleil à la lune.
Pillez tousjours plus hardiment,
Il est temps de faire fortune.

Ah Dieu! qu'est-ce que j'apperçoy
Avecque mes grandes lunettes?
C'est un hydre en l'air, que je croy.
Ah Dieu! qu'est-ce que j'apperçoy?

1. Inutile de rappeler qu'on nommoit ainsi les barbiers et les chirurgiens.

C'est un monstre, un je ne sçay quoy.
Mais voyons un peu les planètes.
Ah Dieu ! qu'est-ce que j'apperçoy
Avecque mes grandes lunettes ?

Sur Paris je voy Jupiter,
Qui nous fait assez bon visage ;
Mercure est prest de nous quitter ;
Sur Paris je voy Jupiter,
Et Mars va se precipiter
Dans l'Occident : c'est bon presage.
Sur Paris je voy Jupiter,
Qui nous fait assez bon visage.

Courage ! l'accord s'en va fait [1],
Je viens de l'apprendre des astres.
François, tout nous vient à souhait ;
Courage ! l'accord s'en va fait.
Vous en verrez bientost l'effet
Par la fin de tous nos desastres.
Courage ! l'accord s'en va fait,
Je viens de l'apprendre des astres.

Il n'aura pas ce qu'il pretend,
L'Espagnol qui cherche ses villes ;
C'est en vain qu'il est si content,
Il n'aura pas ce qu'il pretend.
Qu'il ne se chatouille pas tant
Pendant nos discordes civiles :
Il n'aura pas ce qu'il pretend,
L'Espagnol qui cherche ses villes.

1. Des conférences pour la paix se tenoient alors à Ruel.

Il s'en va, ce grand cardinal,
Qui n'a ny vertu ny science;
Paris, tu n'auras plus de mal,
Il s'en va ce grand cardinal ;
Un vaisseau luy sert de cheval.
Ne crain pas qu'il revienne en France.
Il s'en va ce grand cardinal,
Qui n'a ny vertu ny science.

Qu'il aille vers le Maraignon [1],
S'il aime tant le fruit des mines :
L'or y croist comme icy l'oignon.
Qu'il aille vers le Maraignon :
Il aura du fin et du bon
Pour en faire des mazarines.
Qu'il aille vers le Maraignon,
S'il aime tant le fruit des mines.

Les nièces sont au desespoir
Du malheur de Son Eminence :
La cour ne les ira plus voir.
Les nièces sont au desespoir,
Elles vont perdre leur pouvoir
Avec leur trop haute esperance.
Les nièces sont au desespoir
Du malheur de Son Eminence.

Monsieur le prince de Condé
A bien moderé sa colère;
Il se void si mal secondé,
Monsieur le prince de Condé,

1. On appeloit ainsi le Pérou, à cause de la grande rivière *Xauca* ou *Maragnon*, qui le traverse.

Qu'il est prest de quitter le dé
A son illustrissime frère.
Monsieur le prince de Condé
A bien moderé sa colère.

Le Parlement a le dessus,
Il faut qu'on luy donne des palmes;
Ses ennemis n'en peuvent plus.
Le Parlement a le dessus,
Et, malgré le temps si confus,
Toutes choses vont estre calmes.
Le Parlement a le dessus,
Il faut qu'on luy donne des palmes.

Le roy sera bien-tost icy :
Que chacun en saute de joye;
Ne nous mettons plus en soucy,
Le roy sera bien-tost icy;
Il va revenir, Dieu mercy,
C'est le ciel qui nous le renvoye;
Le roy sera bien-tost icy,
Que chacun en saute de joye [1].

Monsieur le prince de Conty [2],
Avec son zèle et sa prudence,
A bien soustenu son party,
Monsieur le prince de Conty;
L'univers doit estre adverty
Qu'il a sauvé la pauvre France,

---

1. Il rentra dans Paris le 18 août.
2. Après avoir été l'un des chefs des rebelles, il leur faussa compagnie d'une façon éclatante, en épousant la nièce du cardinal.

Monsieur le prince de Conty,
Avec son zèle et sa prudence.

Il le faut louer hautement,
Ce vaillant duc de Longueville;
Bourgeois, Messieurs du Parlement,
Il le faut louer hautement :
Il a travaillé puissamment
Au bien de la cause civile ;
Il le faut louer hautement,
Ce vaillant duc de Longueville.

Ce genereux duc de Beaufort
Sera bien avant dans l'histoire ;
Dieu l'a tiré d'un cruel fort,
Ce genereux duc de Beaufort,
Pour servir icy de renfort
Et pour relever nostre gloire ;
Ce genereux duc de Beaufort
Sera bien avant dans l'histoire.

Monsieur d'Elbeuf et ses enfans [1]
Ont fait tous quatre des merveilles.
Qu'ils sont pompeux et triomphans,
Monsieur d'Elbeuf et ses enfans !
On dira jusqu'à deux mille ans,
Comme des choses nompareilles :
Monsieur d'Elbeuf et ses enfans
Ont fait tous quatre des merveilles [2].

1. Ce *triolet*, l'un des plus populaires du temps, puisque nous le trouvons dans les *Triolets de Saint-Germain*, dans les *Triolets de la Cour*, et aussi dans le mss. de Bussy, cité plus haut, fut fait par Marigny sous l'inspiration du coadjuteur, qui le dit lui-même dans ses *Mémoires*.

2. Ce *triolet* est l'un des plus ironiques. *M. d'Elbeuf et*

Admirons monsieur de Bouillon :
C'est un Mars, quoy qu'il ait la goutte ;
Son conseil s'est trouvé fort bon.
Admirons monsieur de Bouillon :
Il est plus sage qu'un Caton,
On fait bien alors qu'on l'écoute.
Admirons monsieur de Bouillon :
C'est un Mars, quoy qu'il ait la goute [1].

Cet invincible marechal
Qu'on a tenu dans Pierre Ancise,
Après qu'il fut franc de ce mal,
Cet invincible marechal,
Il presta son bras martial
Pour mettre Paris en franchise,
Cet invincible marechal,
Qu'on a tenu dans Pierre Ancise [2].

Je ne puis taire ce grand cœur [3],
Que tout Paris vante et caresse :

ses enfants n'avoient fait merveille qu'en mettant la ville à contribution, sous prétexte qu'ils défendoient sa cause. Dans les *Trahisons decouvertes ou Le peuple vendu*, il est accusé « d'avoir ferré la mule au peuple de Paris ».

1. Selon Sautereau de Marsy, ce *triolet* est encore de Marigny.

2. Le maréchal de La Mothe-Houdancourt, qui, pour s'être fait battre à Lérida, en 1644, avoit été accusé de trahison et enfermé à Pierre-Encise. Justifié pleinement par arrêt du parlement de Grenoble, il n'étoit sorti de prison, eu septembre 1648, que pour se faire aussitôt l'un des chefs de la Fronde.

3. Le marquis de la Boulaye,
    Ce grand gallion de convoi,
Comme il est appelé dans la *Lettre au cardinal burlesque*, à

C'est ce marquis tousjours vainqueur.
Je ne puis taire ce grand cœur :
C'est le capitaine sans peur,
Qui travaille et combat sans cesse ;
Je ne puis taire ce grand cœur,
Que tout Paris vante et caresse.

Qu'on prepare de beaux lauriers,
Pour leur en faire des couronnes
A tous nos illustres guerriers ;
Qu'on prepare de beaux lauriers,
Puis qu'en ces mouvemens derniers
Ils ont signalé leurs personnes ;
Qu'on prepare de beaux lauriers,
Pour leur en faire des couronnes.

Tost après la paix de Paris
Sera la paix universelle ;
Chacun reprendra ses esprits
Tost après la paix de Paris ;
On n'entendra plaintes ny cris,
On ne verra plus de querelle ;
Tost après la paix de Paris
Sera la paix universelle.

Chacun vivra dans le repos,
Sans craindre siége ny bataille ;
On ne parlera plus d'impôts,
Chacun vivra dans le repos ;
Gare les verres et les pots,

cause de l'heureux coup de main qui avoit permis à la ville de se ravitailler. V. l'une des notes précédentes.

Quand on aura baissé la taille ;
Chacun vivra dans le repos,
Sans craindre siége ny bataille.

Ces partisans si gros et gras,
Qui mettoient tout le monde en peine,
Seront eux-mesmes mis à bas ;
Ces partisans si gros et gras.
Ils sont asseurez du trepas,
Ou de leur ruine prochaine,
Ces partisans si gros et gras,
Qui mettoient tout le monde en peine.

Ce gros ventru qui s'est sauvé
N'en est pas mieux pour estre en fuite :
Car, si jamais il est trouvé,
Ce gros ventru qui s'est sauvé,
Il peut bien dire son *salve*
Et son *in manus* tout en suite.
Ce gros ventru qui s'est sauvé
N'en est pas mieux pour estre en fuite.

Vive, vive le Parlement,
Qui va mettre la paix en France !
Qu'on chante solemnellement :
Vive, vive le Parlement !
Il oste tout dereglement,
Pour nous oster toute souffrance.
Vive, vive le Parlement,
Qui va mettre la paix en France !

AU PARLEMENT.

François comme je suis, serois-je pas coupa-
    Si je n'offrois ces vers   [ble
A qui regle la France, et que je tiens capa-
    De regler l'univers ?   [ble
Ouy, de bon cœur je vous les donne,
Avec mes vœux et ma personne.

Discours sur la mort du Chapelier, avec son testament et tombeau. Ensemble les regrets de sa mère et les adieux par lui faicts aux regiments et les bien-faits par trois ferailliers. Avec la lettre escrite a sa mère.
A Paris, chez la veuve du Carroy, rue des Carmes, à la Trinité.

S. D. In-8.

Premier que sortir de la ville de Paris, lieu de ma naissance, où toute ma generation est presente et vit journellement, je dis adieu, avec autant de regrets que faire se peut. Je me transportois de çà, de là, envers parents et amis, frères, sœurs, me precipitant d'un dernier adieu à ma très chère mère, laquelle, voyant ainsi mon depart, sembloit me vouloir suivre, se desesperant, et à chau-

---

1. L'histoire de ce chapelier devenu soldat fut alors très célèbre. Elle courut d'abord en chansons, comme nous le ferons voir. C'est le siége de Montauban, en 1621, qu'on y donnoit pour théâtre aux prouesses de ce soldat malgré lui. Ici il est question du grand siége de La Rochelle, qui eut lieu en 1628, comme on sait; notre pièce ne vint donc qu'après les chansons.

des larmes lavoit les traits de ma face, mouillant ma blonde chevelure; mais, ayant eu commandement de mon capitaine, il me la falut quitter et me desrober de sa presence. Comme je fus au Bourg la Reine, on voulut faire halte; mais le sergeant dit: Avançons! En cest avance nous cheminons jusqu'à Lonjumeau, qui pour lors estoit un dimanche. Ce fut là la demeure de deux jours, où les soldats prenoient mille plaisirs à se jouer avec femmes et filles, devisant les uns avec les autres; bref, il falut passer outre, et, quand nous fusmes à Montlehery, me mettant à regarder de tous costez, où nous vismes un petit bois, puis deux grandes pleines et quelque petite montagne, moy, emerveillé de voir la terre ainsi faitte, je commence à dire : Dieu a bien travaillé [1],

1. C'est à peu près ce que dit la chanson du *Jeune chapelier de la rue Saint Denis qui s'en va au siége de Montlhéry* :

> Quand fut à Montlhery,
> Sur ces hautes montagnes,
> Voyant derrière luy
> Toutes ces grand's campagnes,
> Fit trois pas en arrière :
> Ah ! que le monde est grand.

Une gravure du temps, représentant un joueur de vielle suivi d'un enfant qui joue du flageolet, porte ce couplet pour légende. M. Rathery, qui le cite dans un article sur la *Bibliographie des mazarinades* (Athenæum, 13 février 1853), remarque avec justesse que La Fontaine a bien pu s'inspirer du dernier vers pour l'exclamation de son rat voyageur dans sa fable *le Rat et l'Huître* (liv. VIII, fable 9) :

> Que le monde, dit-il, est grand et spacieux !

Ce couplet, du reste, se trouve presque entier dans une chanson satirique contre le *Prince de Savoie*, qui dut être faite à cette même époque, et qui est encore assez populaire aujourd'hui pour

et, demandant à mon sergeant si il faloit passer les montaignes et si il y avoit encore bien loing où il faloit aller, le sergeant dit que de dix jours, voire de quinze, je ne nous arresterions point, et qu'il y avoit bien d'autre passage à faire. Moy, qui n'avois jamais passé Sainct-Clou ou Vaugirard, je luy dis : Or, donné-moy mon congé ; car je me doutois de ce qui m'est advenu. Le capitaine qui pour lors estoit, entendant la parole, se retourne, et dit au sergeant : Que l'on le mette sur le derrière de la charrette ; puis estant au cartier, nous sçaurons quel gens d'arme il est. A l'instant le sergeant me donne quatre ou cinq grands coups au travers du dos et des fesses avec sa halebarde, que je fus contraint de cheminer[1]. Tant cheminasmes que nous arrivons

que Dumersan ait cru devoir la mettre dans son volume de *Rondes enfantines*. Une chanson (*coraula*) du canton de Fribourg, qui semble n'être qu'une traduction de nos couplets contre le duc de Savoie, reproduit aussi la même plaisanterie :

Noustrhou prinschou de Schavouye
Lié mardjuga on boun infan
Y l'ia leva oun' armée
Dé quatrouvans paijans,
O vertuchou, gare, gare, gare !
O rantanplan, garda devant
. . . .
Quand nous fum sur la montagne,
Grand Dieu ! qué lou monde est grand!
Fàjin vito oune détzerde
Et pu retornin nojan !

Cette chanson est citée par M. G. Brunet dans sa curieuse brochure : *Notice sur Gilion de Trasignyes*. Paris, Techener, 1839, in-8, p. 32-33.

1. Dans une autre chanson sur ce sujet, qui n'est même qu'une sorte de variante de celle-ci, et dont nous avons trouvé

devant la Rochelle, à un bourg appelé Nestray, où nous fismes monstre; puis l'on nous donne nos logis. Advint qu'il falloit travailler à la digue, qui est un grand malheur pour moy. A cause que je n'avois plus d'argent, je me prins à faire comme les autres, tant que j'y travaille quelque quinze jours ou davantage. A la fin du temps, j'apperceus trois bons compagnons crieurs de fers vieux drappeau, lesquels me firent cognoissance, tant qu'il fallut aller boire. Tant fismes grillades, que pas un de nous quatre n'avoit pas le soul : tellement qu'il falut reprendre l'habit de misère comme auparavant, retournant trouver le maistre entrepreneur, qui nous met en besogne comme auparavant, où nous fusmes quatre jours ensemble comme vrays camarades.

Mais, ô très grand malheur! la fortune perverse

---

des fragments dans la *Comédie des chansons*, 1640, in-12, p. 35, acte 1, scène 7, le chapelier, sous le nom de Jodelet, fait une résistance pareille, et n'en est pas mieux récompensé :

>Ha ! que le monde est grand !
>La volonté me change
>D'aller à Montauban.
>
>LA ROZE.
>
>Soldat, que pensez faire ?
>Avez l'argent reçu.
>Vous irez à la guerre,
>Ou vous serez pendu.
>
>JODELET.
>
>N'ay point accoustumé
>D'y aller, à la guerre.
>Je crains les cannonades
>Qui frappent sans parler.
>Quant à moy, à la guerre,
>Je n'y veux point aller.

Me fit en un matin mettre à la renverse
Par l'esclat d'un boulet, qui d'un très rude effort
Me persa rudement tout le travers du corps ;
Et, me sentant navré, tombant dessus la terre,
Je crie : A mon secours quelque frère de guerre !
Mais chacun, me voyant, de moy n'ose approcher,
Se disans l'un à l'autre : Ce coup-là est bien cher !
Vaut mieux ne rien gaigner que de perdre la vie ;
D'aller estre blessé, pour moy, je n'ay d'envie.
Las ! je perdois mon sang à faute de secours ;
Mais ces trois ferailliers sont arrivez tout court,
Ayant ouy le bruit que j'estois sur la terre,
M'apportèrent du linge et quelque peu à boire,
Puis bandèrent mes playes, me prenant souz les bras,
Me menèrent au cartier, me couchant sur un drap,
Tousjours me consolant, me faisant des prières,
Qu'il faloit avoir soin de Jesus et sa mère.
Alors plusieurs soldats commencent à s'assembler
A l'entour de mon lict, ne pouvant plus parler,
Regrettant dans mon cœur la douleur que ma mère
Possederoit de moy sçachant ce vitupère[1].
De deuil elle mourra, puis, la mort s'approchant,
Luy ravira l'esprit de son bras rougissant.
Le parler me venant, je dis avec grand peine
Un adieu très piteux à mon cher capitaine,
Aussi à mes amis qui m'avoient assisté
Parmy mes grands tourments et ma necessité ;
Un adieu je leur dis, pleurant à chaude larme,
Ayant un grand regret d'ainsi quitter mon ame,
Dont me falloit quitter le meilleur de mon zèle.

1. Ce blâme, cette honte.

Pour les grandes rigueurs de ceux de La Rochelle.

Testament.

Premier que de mourir en presence du monde ,
Faut que je boive un coup, puis que la mort feconde
Veut ravir mon esprit, et que mon testament
Se face devant tous à l'œil du regiment.
Je donne mon mousquet, fourchette [1] et bandollière,
Mesche, bales et poudre, au sergent la Rivière ;
Mon argentine espée et mon cher baudrier,
Pour recompense, c'est pour ces trois ferailliers ;
Je donne mon manteau, mon bonnet et jartières,
Pour ce que j'ay ces jours eu de la Boisselière [2] ;
Mon pourpoint de satin, mes chausses de velours,
Cela est reservé pour les droicts du tambour ;
Mes souliers, mes chemises, mes bas, aussi mon sac,
Sont pour le bon service que j'ay de mon goujac [3] ;
Pour l'argent de mes monstres, c'est pour m'ensevelir ;
Mon chapeau et panache, c'est pour payer mon lict.
A Dieu je rends mon ame et mon corps à la terre.
Priez Jesus pour moy, vous tous, frères de guerre,

1. Les mousquets étant alors trop lourds pour qu'on pût les tirer en les tenant au bout du bras, on les appuyoit sur un bâton fiché en terre et terminé par une *fourchette* de fer. Molière, dans le mémoire d'Harpagon, mettant en ligne de compte trois gros mousquets ornés de nacre de perle, n'oublie pas les *fourchettes* assortissantes.

2. Cabaretière du quartier du Louvre où l'on faisoit de gros écots. V. notre édition des *Caquets de l'Accouchée*, p. 28.

3. *Goujat*, valet d'armée. V. notre t. 4, p. 364.

Et je prieray pour vous, estant en paradis,
Que vous soyez vainqueur contre les ennemis,
Afin qu'estant venus du destin avancé,
Vous direz tous pour moy : *Requiescat in pace.*

Epitaphe au tombeau.

Cy gist souz ce tombeau le plus vaillant soldat
Qui ce soit à jamais cogneu dans le combat,
Et le plus asseuré qui fut dans les armées,
Ne redoutant le feu, ny soufre, ny fumée :
Son travail l'a fait voir, aussi sa hardiesse ;
Mais le fatal destin l'a mis à la renverse.
Il sera de memoire, tant sur la terre et l'onde,
Pour avoir esté né le favory du monde.

L'adieu des trois ferailleurs et leur retour à Paris.

Après que le corps du chappelier fut mis en terre et que son service fut dit, les trois ferailliers trouvèrent une excuse pour avoir leur congé pour s'en venir à Paris, craignant d'avoir un tel benefice comme le defunct chappelier : ce qui fut en grand diligence ; et, sortant du cartier, ce n'estoit qu'adieux, qu'accollades et un extresme regret de se voir separer les uns des autres. Tant cheminèrent les trois ferailliers qu'ils vindrent à Paris, et, sçachant le logis du defunct chappelier, ils s'en vont droit chez sa mère, auquel il luy firent une grande reverence, et elle tout de mesme, les recevant assez honnestement, les voyant habillez en soldats, esperant avoir quelque bonne nouvelle de son fils ; puis, après tous ses regards, ces bons compagnons luy commencèrent à dire : Madame, ne soyez point en courroux si nous vous apportons icy de piteuses nouvelles du cartier de la Rochelle, où estoit votre fils.

C'est que, premier que de partir et prendre nostre congé, nous avons sans reproche aydé à enterrer votre fils, duquel en voilà le certificat. Vous verrez comme il est mort et comme il a esté en sa maladie, et les regrets de pardeçà.

— Mes amis, je suis grandement aize de vostre retour et des nouvelles ; mais, helas ! j'ay la mort au cœur de vous entendre ainsi parler. Je n'ay, il y a quinze jours et davantage, fait autre chose que songer et ravasser, tant nuict que jour, dix mille fantaisies. Je me doutois de quelque malheur. Messieurs, s'il vous plaist de demeurer, j'envoyeray querir une fois de vin pour la peine, et bien grand mercy ! — Il n'y a pas de quoy, dirent les ferailliers. Vostre serviteur, Madame.

Les regrets et soupirs de la mère du Chappelier.

Helas ! que feray-je, mes amis ? Me voilà perdue ! j'ay perdu tout mon support ! Où iray-je ? que deviendray-je ? je suis toute seule. Encore si je t'eusse veu mourir, mon pauvre enfant, je n'en serois tant faschée. Je t'avois bien dit que tu ne reviendrois jamais. Helas ! je me meurs ! je n'ay plus de reconfort de personne; on ne tiendra plus de conte de moy. Je n'avois que toy, mon cher enfant ! Mon Dieu ! que feray-je ? Ayez pitié de moy, mes bons amis ! Tellement, les voisins sont accourus, luy disant : Qu'avez-vous, ma voisine, ma mie ? Quelqu'un vous a-il frappée ?

— Helas ! je suis bien frappée, car je n'ay plus d'enfant !

Il est mort, mes amis. Tenez, voilà la lettre qu'on me vient d'aporter tout presentement. Trois honnestes hommes, qui m'ont apporté cela, m'ont dict qu'ils l'avoient aydé à le porter en terre. Pensez-vous quel crève-cœur j'ay, pensez-vous, de l'avoir nourry et eslevé si grand, pensant, après son père, en avoir sur la fin de mes jours quelque soulagement! Et je n'ay plus personne! me voilà toute seule! Qu'est-ce qu'on dira de moy? On tiendra plus de conte d'un chien que de moy, à present.

— Non fera, non fera, ma voisine; il y a long temps que je vous cognoissons; ne vous tourmentez point, cela vous feroit mourir. C'est un homme mort : il en meurt bien d'autres.

— C'est mon... c'est mon... Il en meurt bien d'autres qui n'en peuvent mais; ces diables de Rochelois, ils ne s'en soucyent point de tuer le pauvre monde. Que ne sont-ils tretous pendus, où qu'il me rende la ville! Faut-il tant faire mourir de braves hommes? Si j'en tenois quelqu'un, il payeroit la mort de mon enfant.

La lettre envoyée à la mère du Chappelier par son fils premier que mourir.

Ma très chère et très grande amie ma mère, ces paroles icy ne vous seront guères agreables : car, depuis le temps de mon depart, je n'ay pas eu le soing de vous escrire seulement un seul mot, d'autant que la peine où j'estois arresté m'a si bien desobligé, le contentement de votre presence, où la memoire les oublie; vous pourrez pourtant prendre ce petit mot aussi bien en gré comme si mille fois vous eussiez eu de mes nouvelles; et si les pretentions de la mort ne me fussent point apparues devant mes yeux, je n'eus pas negligé de vous faire sçavoir mon bon portement : car en bref l'ennuy commençoit à me chatouiller de si près que j'esperois bien vous faire part de ma presence; mais la fortune, si cruelle, n'a pas eue la patience de pouvoir me transporter vers vous, car la mort m'a plustot aymé prendre et me mettre dans ses liens que de vous faire voir que je ne seray desormais qu'un ombre pour estre criant où Dieu me menera. Du camp de la Rochelle.

*Règlement d'accord sur la preference des save-
tiers cordonniers.
A Paris, chez Michel Brunet, au Marché neuf,
à l'image Saint-Nicolas.*

1635. — In-8.

Ces jours passez se rencontrèrent deux compagnons cordonniers et deux savetiers sur le mont de Parnasse, et, s'estans querellez pour la primauté de leurs mestiers, commencèrent à se frapper à coups de tire-pieds. Ils s'estoient dejà choquez si rudement l'un l'autre, qu'à la première charge le plus vaillant des deux cordonniers receut une botte franche depuis le chinon du col jusqu'au bout de l'echine du dos, ce qui luy feit donner du nez contre terre sans qu'il eut le courage de s'en relever. Son camarade n'en eust pas meilleur marché que luy. Apollon, en ayant esté adverty, accourut afin de s'informer du fait. Il estoit fort en colère de ce qu'ils s'estoient venus battre sur ses terres sans luy en demander permission; et, tout transporté qu'il estoit, leur tint le mesme langage que feit Neptune, son cousin germain, lorsque les subjects d'Eole se mutinèrent contre luy et le vinrent troubler dans son royaume au plus fort de sa tranquillité : *Quos ego*[1] ! Si je vous prends, canailles que vous estes ! si je vous mets la main sur le collet, sentine de la republique, reste de gibet ! je vous feray pendre tous quatre par les pieds comme gens sans merite et indignes d'estre attachés par vos cols infâmes. Les deux cordonniers, qui n'osoient presque lever les yeux, par la crainte qu'ils avoient d'estre battus pour la seconde fois, ne l'eurent pas sitost aperceu qu'ils luy demandèrent ; et celuy quy avoit la langue la mieux pendue, s'inclinant devant luy avec la submission et humilité requise, luy cracha ce beau compliment à sa barbe venerable :

Je confesse, Monseigneur, que nous sommes autant coupables que personnes du monde et tout à fait indignes de paroistre en vostre royale presence ; mais la confiance que tout le monde a en vostre bonté et l'asseurance que nous avons de vostre équité et justice admirable, sûr le rapport fidèle quy nous a esté fait par le courtois et très subtil Trajano Boccalini, qui a eu autrefois l'honneur d'appeler devant vostre tribunal des causes de moindre importance que la nôtre ; cela, dis-je, nous a fait prendre la hardiesse de nous venir jeter à vos pieds et vous demander très humblement justice de ces deux pen-

[1]. C'est l'explication si plaisante dans le *Virgile travesti* de Scarron :

  Par la mort !... il n'acheva pas,
  Car il avoit l'ame trop bonne.

Cette traduction burlesque auroit ici convenu mieux que le texte même à mons Phœbus, cousin de Neptume.

DES SAVETIERS CORDONNIERS. 43

darts que vous voyez là presents. — Par les eaux stygiennes, repondit Apollon, vous êtes bien les plus impudents et les plus indiscrets coquins quy ayent jamais paru devant mes yeux. Je suis si bercé d'entendre tous les jours de semblables plaintes, qu'au bout du compte je croy que je seray forcé d'abandonner ce lieu malheureux. Si un meschant laquiet de trois sols a perdu l'argent de son disné à jouer avec son camarade, il faut qu'il vienne en tirer raison sur la croupe innocente de cette saincte colline. Un soldat a-t-il reçu un dementy de son camarade, vous le voyez aussy tost venir prophaner mes autels par ses mains homicides, qu'ils trempe souvent dans le sang de celuy qui soupoit le soir avec luy, les meilleurs amis du monde. Si, parmy les tirelaines, coupeurs de bources, etc., et autres gens de tels trafics, il survient entre eux quelque different par le partage du butin, ils n'ont point d'autres rendez-vous que ce beau lieu pour en terminer la querelle. Si les escrocs, filoux et autres maquereaux très relevez, ont le moindre debat du monde pour la jouissance et possession de quelque chetive maitresse quy soit un peu de meilleure mise que celle du commun, c'est en ce lieu qu'il faut vider à la pointe de leurs espées couardes quel en doit estre le libre et paisible possesseur; et, si quelque polisson ou marcandier[1] a cassé malicieusement l'escuelle de son camarade, c'est icy qu'ils ont accoustumé d'en tirer vengeance. Puis que la plus part se vante d'estre gentilhomme

1. D'après le dictionnaire *argot-françois* mis par Grandval à la suite de son poème sur Cartouche, *le Vice puni*, les *polissons* étoient, parmi les argotiers, « ceux qui alloient

de sang et de race, encore que leurs pères crient tous les jours des cotrets, pour quoy diable ne se vont-ils couper la gorge en honnestes gens, aux lieux que les plus braves courages font professions de se battre au beau milieu d'une place royalle [1], à la veue de quantité de dames qui se rient à gorge deployée du desespoir quy les guide? Que ne prennent-ils le chemin du Pré-aux-Clercs [2], rendez-vous ordinaire de tous ceux qui sont las de vivre? Ou bien, s'ils ont fait vœu de mourir sur le chemin de Pantin, que ne s'esgorgent-ils l'un l'autre aux plus proches avenues de Montfaucon, afin qu'on n'ayt point la peine de les y porter quand ils seront morts?

Je reviens à vous, âmes lasches (parlant aux deux sieurs cordonniers). Gens sans honneur et mal apris que vous estes, vous dites du mal des personnes qui

presque nuds », et les *marcandiers*, ceux qui disoient avoir été volés, et qui, en menaçant d'une accusation le passant à la bourse duquel ils en vouloient, le faisoient ainsi *chanter*, c'est-à-dire payer. *Marcandier* signifioit aussi marchand.

1. Allusion aux duels fréquents dont la place Royale étoit l'arène, notamment à celui de Boutteville, qui avoit eu lieu en 1627.

2. Comme une partie de cette grande plaine commençoit alors à se couvrir de maisons, c'est seulement à l'extrémité, du côté de la Grenouillère (quai d'Orsay), qu'on pouvoit encore aller se battre. « Le comte et le baron, lisons-nous dans Francion, s'étant donc picquez, se retirèrent de la compagnie par divers endroits, et, ayant été passer le Pont-Neuf vers le soir, se trouvèrent presqu'en même temps au bout du Pré-aux-Clercs, où, estant descendus de cheval, ils mirent la main à l'espée. » (*Hist. comique de Francion*, 1663, in 8, p. 366.)

valent peust-estre mieux que vous. Quelle manie, quelle rage, quelle fureur vous a saisict les cinq sens de nature? Qui diable vous a fait si hardis de me venir gourmander ainsy jusques en ma maison? D'où venez-vous? quy estes-vous? Etes-vous gentils-hommes, bourgeois ou roturiers? — Alors le plus asseuré de nos dicts sieurs les savetiers, qui neantmoins trembloit au manche, de peur qu'il avoit d'estre graissé, commença de tirer de la plus profonde cave de son estomach un soupir plein de regrets, auquel il donna, pour escorte de sûreté et pour interprète fidelle du ressentiment qu'il avoit, ces parolles, dignes d'estre gravées sur le bronze, ou tout au moins sur du papier doré, pour servir de torche-cul à la posterité :

Illustrissime, reverendissime, nobillissime, clarissime, excellentissime seigneur, dites-moy, je vous prie, le title et la qualité qu'il vous plaise que je vous donne : car je vous promets bien que je n'ay jamais etuguié à Padoue pour sçavoir des rubriques de ceremonies. Si je vous appelle doctissime, je croy que ce sera le vray moyen de satisfaire à mon devoir : car, si je ne me trompe, je vous ay veu regenter en assez bon credit dans le meilleur collège de nostre bonne et ancienne université de Paris. Je vous dis donc, doctissime et reverendissime Monsieur, que nous ne sommes ny gentils-hommes, ny bourgeois, ny marchands, ny roturiers; nous sommes du tiers-etat et deux des plus francs courtauts quy peuplent la famuleuse et celèbre race de la Savatterie.

Si vous avez resolu de faire paroistre la rigueur de vostre courroux, il est bien raisonnable que vous en faciez ressentir les effects à ceux quy l'ont merité par leurs crimes; et non pas à des innocents comme nous sommes, mon camarade et moy, quy ne vous avons nullement offencé. J'ay quelques fois ouy dire, du temps que mon bon homme de père me faisoit l'honneur de m'envoyer au collége des Trois-Evesques,[1] entendre les doctes leçons du subtil et mellifique Ramus, que *licebat vim vi repellere* ; et si quelquefois la langue latine ne vous estoit pas des plus familières, je prendray la hardiesse d'y mettre la glose françoise, et diray librement qu'il est permis, aussy bien à Vaugirard qu'à Vanves, de repousser la force par la force ; et, si on reçoit un cataplasme de Venise[2], un coup de poing, une gourmade simple, par raison de charité il la faut doubler et la rendre au centuple si l'ocasion y est requis ainsy. Au moins ay-je appris ceste doctrine du bon Barthole, au tiltre penultième de ses Institutions, § *Si quis*, et du brave Cujas, sans pair, en la première ligne du commantaire qu'il a faict sur le code du droit tant canon que civil. Nous avons pratiqué ceste maxime à l'endroict

1. C'est le collége de Cambrai, qu'on appeloit quelquefois *collége des Trois-Evéques*, en souvenir de ses trois fondateurs : Hugues d'Arci, *évêque* de Laon ; Hugues de Pomare, *évêque* de Langres ; Gui d'Aussone, *évêque* de Cambrai. C'est à celui-ci, qui avoit eu le plus de part à la fondation, qu'il devoit son nom plus ordinaire de collége de Cambrai. La place sur laquelle il ouvroit, et qui a disparu l'année dernière, s'appeloit de même par la même raison.

2. « C'est un soufflet, un coup appliqué sur le visage de quelqu'un du plat ou du revers de la main. » (Leroux, *Dictionn. comique.*)

de ces deux individus que vous voyez là couchez avec tant de privauté, comme s'ils estoient chez eux, sur la croyance que nous avons cue que cela estoit juste, et qu'un si maigre sujet ne seroit pas capable de faire prendre la chèvre à un bel esprit comme le vostre.

De tous ceux quy ont veu la suitte de nostre procez, il n'y en a pas un qui aye osé nous donner le tort s'il ne vouloit point mentir. Ce n'est pas nous quy sommes autheurs de la meslée, Dieu le sçait! et tout le faux-bourg Sainct-Germain en peult rendre fidelle et authentique tesmoignage que ce sont eux-mesmes quy nous ont attaquez les premiers. Si vous pretendez neantmoings que nous ayons commis quelque excez sur vos terres, nous vous declarons et protestons dès à present que tout ce que nous en avons fait estoit purement et simplement à nostre corps defendant, outre que nous etions obligez d'y proceder de la sorte par les loix d'honneur, qui est le plus riche tresor que la nature tienne inserré dans le cabinet de ses raretez. L'Orient n'a point de diamans ny de perles qui puissent entrer en parangon avec son prix inestimable; la Nouvelle France n'a point de castor ny de mourues fraiches quy la puissent payer. Les saucissons de Boulongne, les jambons de Mayence, les fourmages de Milan, les andouilles de Troyes et les angelots du Pont-l'Evesque[1] ne sont rien à l'egard de

---

1. Petits fromages qu'on ne connoit guère qu'en Normandie, dans le pays d'*Augë*, ce qui nous feroit croire volonters qu'*Angelot* est une altération de *Augelot*.

l'honneur. Enfin, c'est une relique et un joyau que nous devons cherir plus que la vie mesme. *No ay vida como la honra*, dit l'Espagnol ; il n'y a point de vie semblable à l'honneur.

Toute l'assemblée pensa crever de rire lors qu'ils prirent garde que monsieur le savetier faisoit des comparaisons de l'honneur avec les angelots du Pont-l'Evesque et les fourmages de Milan. Ventre sainct Gris! dit l'un des assistans, voilà le premier savetier que j'ay jamais cogneu! Après qu'il sera mort, il luy faudra donner une place au rang des hommes illustres. Jamais Demosthènes ne plaida si pertinemment pour les tripières que fait ce sire savétier pour son interest. Seroit-il bien possible que dans la circonference d'un tire-pied il eust fait rencontre d'une rhetorique si raffinée? Il est universel, il n'ignore de rien, et ne puis croire autrement qu'il n'ayt autresfois servy les massons de la tour de Babel : il parle toutes sortes de langues comme celle de sa mère.

Et, afin que par l'ignorance, poursuivit le savetier, et peu de cognoissance de nostre cause, vous ne veniez à faire quelque pas de clerc et prononcer un jugement de travers au prejudice de vostre conscience et desavantage de nostre interest particulier, quy est ce quy nous importe le plus, je veux vous informer plus amplement comme toute l'affaire s'est passée, pourveu que vous me donniez attention huict jours durant et rien plus. J'aimerois mieux devenir cheval que d'avoir abusé de vostre patience un moment. Je vous diray donc, Messieurs, que jeudy dernier, après avoir pris nostre refection or-

DES SAVETIERS CORDONNIERS. 49

dinaire, environ l'heure que Phaeton desteloit ses chevaux pour leur donner l'avoine à l'hostellerie du Mouton [1], dans la rue du Zodiaque, nous fismes partie d'aller nous divertir nos esprits melancoliques sous la verdure de quelque treille agreable, au passe-temps du noble jeu de boule. Ce qu'en effect nous mismes à execution en mesme forme que nous l'avions proposé, et, comme nous etions sur le seuil de la porte tout prests d'en sortir pour aller desalterer tous nos sangs eschauffez, au beau premier cabaret que nous rencontrions, nous trouvasmes ces deux marouffles de cordonniers, lesquels nous interrogèrent exactement, ny plus ny moins que si nous etions obligez de leur rendre compte de nos actions, de quel costé et par où nous dirigions nos pas? Et sitost que nous eusmes repondu que nous prenions le grand chemin qui conduisoit droit à la maison du *Riche laboureur*, ils s'offrirent de gaité de cœur et sans estre nullement priez de nous accompagner, et nous ayant neantmoins demandé avec assez de discretion si nous ne le trouvions pas mauvais. Nous les receumes fort charitablement et avec autant de courtoisie qu'ils auroient pu desirer des plus honnestes gens du monde, et, au lieu de suivre le chemin que nous avions resolu de faire, de leur consentement et advis, nous prismes la route de la rue

---

[1]. C'est-à-dire du *bélier*, pour parler comme le Zodiaque; mais comme il y avoit à Paris, dans le cimetière de Saint-Jean, une célèbre hôtellerie du *Mouton* (V. notre *Histoire des hôtelleries*, t. 2, p. 303-304), on a cru pouvoir se permettre cette variante.

Var. v.

des *Boucheries* [1], et en peu de temps nous nous rendismes heureusement vis-à-vis de l'hostel du Suisse, où nous entrasmes librement et sans marchandage de plus, après avoir fait neantmoins une production generale de toutes les ceremonies qui concernoient la preeminence en une semblable rencontre.

De vous rapporter icy ce qui se passa entre nous durant la collation, ce seroit faire peu d'estime du temps quy nous est si cher ; il faudroit une langue plus diserte que la mienne et que j'aie l'esprit plus farcy de conceptions plus relevées et plus confites dans l'eloquence que je n'ay pas. Je vous dirai seullement, pour trancher net, qu'au plus fort de nostre rejouissance, il m'eschappa par malheur de cracher trois ou quatre sentences de l'honneur et gloire de nostre cher mestier. Mais à peine les eus-je faict sortir de dessus le bord de mes lèvres qu'incontinent l'un de ces deux impudents me donna d'un dementy par le nez, et me chanta pour le moins dix tombereaux de pouilles et d'injures, et, croyant me picquer jusques au vif et au dernier point, me dict ouvertement et d'un courage plus temeraire que resolu que je n'etois rien qu'un meschant savetier, miroir de l'incommodité, suppost de la misère hu-

---

[1]. Il y eut toujours dans cette rue du faubourg Saint-Germain beaucoup de taverniers et plus tard de traiteurs. L'une des principales loges de francs-maçons, au XVIIIe siècle, s'ouvrit et tint ses séances chez l'un de ces derniers. Mercier connut chez une autre la fameuse servante de cabaret dont il a tant vanté la prodigieuse mémoire et la capacité; enfin le *Caveau* étoit près de là, chez Landel, au carrefour Buci.

maine, le rebut et l'egoust de toute la monarchie
françoise. Jusques là j'avois fait paroistre autant de
patience que Job; mais, si tost que je l'aperceu lever
la main pour me couvrir la joue et que je me sentis
la moustache frisée par l'approche et attouchement
d'une assiette qu'il me feit effrontement voler à la
figure, ce fut alors que mon insigne patience sortit
hors des gonds, et la cholère se rendit avec tant de
vitesse maistresse absolue de toutes les facultés et
puissances de mon ame que je ne peu m'empescher de
luy donner un cataplasme de Venise, et vous puis
asseurer avec verité que, si ce n'eust esté le respect
que j'avois de fascher nostre hoste et de causer quelque desordre dans son logis, je luy eusse graissé les
epaules aux despens d'une satile, comme son indis-
cretion le meritoit.

Mais dictes-moy, de grace, erudissime seigneur, à
quoy pensez-vous parler quand vous parlez à ces deux
perfides que voicy presents ? Quelles gens croyez-
vous que ce soient ? Je vous apprends que ce sont
deux meschans feseurs de bottes et de souliers, que
le vulgaire appelle ineptement et sans fondement
aucun de raison cordonniers. Pourquoy ? Cordonniers, d'où est derivé ce mot ? Est-ce peut-estre par
ce que ils font des cordons de chapeaux et qu'ils
fournissent des cordes[1] à maistre Jean Guillaume
lorsqu'il luy convient d'en employer pour les opera-

---

1. Cette burlesque étymologie rappelle celle que Balzac,
peu plaisant d'ordinaire, inventa un jour, selon le *Mena-
giana*. Il disoit que les *cordonniers* s'appellent ainsi parcequ'ils *donnent* des *cors* !

tions chatouilleuses de son art[1], ou bien qu'ils soient obligez d'avoir tous les mois chacun une chaude pisse cordée? On auroit autant de raison de les appeler tonneliers ou officiers du Port-au-foin, pour ce que, si les pretendus cordonniers font des bottes de cuir, ceux-cy en font de bois et de foin. J'aimerois autant dire qu'ils feussent maitres d'escrime : les escrimeurs tirent des bottes, et les cordonniers les chaussent. Voilà une impertinence plus claire que le jour; voilà une impropriété tout-à-fait manifeste, sans l'affront signalé que reçoit nostre langue françoise de dire qu'elle soit si pauvre, qu'il faille qu'elle emprunte le nom d'une autre profession pour baptiser ces messieurs de faiseurs de soulis. Et semble que l'italien aie rencontré aussi mal que le françois en ceste affaire icy, quelque affectation et mignardise qu'il puisse pretendre dans la delicatesse et douceur de son langage : il nomme un souly *scarpa*[2] et celuy quy le faict *calzonaro*, ny plus ny moins que s'il estoit chaussetier et que sa profession fut de faire des bas; parce qu'en effet des bas de chausse, aussy bien en Toscane qu'en autres lieux d'Italie, s'appellent *cal-*

---

[1]. Jean Guillaume étoit le bourreau de Paris. Il avoit succédé à Jean Rozeau (V. notre t. 4, p. 251), qui avoit été pendu sous Henri IV pour avoir, pendant la Ligue, étranglé le président Brisson, lui avoir pris son manteau de peluche et l'avoir vendu dix écus. V. L'Estoille, *édit. Michaud*, t. 2, p. 75. etc.

[2]. Ce mot italien, qui venoit lui-même du latin *carpus* ou de son diminutif *carpisculus*, qui désignoit une sorte de soulier découpé, a eu pour dérivé, dans notre langue, son équivalent *escarpin*.

zette. Mais les Espagnols, quy ont plustost la main à l'espée qu'à la bourse, comme sages et prudens dans tous leurs conseils et entreprises, ont fort bien preveu le desordre qu'auroit peu causer dans leur monarchie une telle ethimologie et denomination si impropre. Ceste seule consideration, fondée sur les maximes de la police, les a obligez de qualifier tous les officiers et confreires du tirepied d'un nom general et commun, c'est assavoir *çapateros*, quy est comme si nous disions en françois *savetiers*. Et la seule difference qu'ils ont vouleu y constituer et poser pour les mettre d'accord, c'est qu'ils ont adjousté la clause authentique et verbale *de viejo, de nuevo*, en vieux et en neuf.

Ceste belle difference me fait souvenir d'une pensée admirable sur ce mot de savetier en vieux. Nostradamus, cest insigne resveur, prouve, dans le calepin de ses doctes propheties, qu'il n'y a rien au monde quy donne tant de credict à quelque chose que ce soit comme la vieillesse et l'antiquité. Ceux quy se meslent de paranympher[1] les empires, les royaumes, les republiques, les citez et les villes, commencent tousjours par l'antiquité comme principale pièce de leur recommandation. Un gentilhomme n'est jamais respecté comme il faut entre ceux quy sont nobles s'il ne donne des preuves de sa noblesse de père en fils jusques à la centiesme generation. Les vieilles et les plus antiques medail-

---

1. C'est-à-dire faire un compliment, un éloge, dans le genre de ceux qu'on adressoit aux jeunes mariés, ou bien aux nouveau-venus dans les colléges.

les sont les plus recherchez. Et si une bibliothèque n'est fournie de plusieurs manuscrits antiques, on n'en fait plus d'estat que si elle estoit la boutique d'un libraire moderne. Jusques à un tavernier, si vous le priez de vous faire gouster un doigt de bon vin quy vous ravisse les sens, il vous repondra qu'il a le meilleur vin vieux quy soit en France. Et, si quelque homme de bonne humeur vous a joué quelque tour, vous direz aussi tost : C'est vieux. De toutes ces propositions sus alleguées je tire une conclusion en barbara et dis :

Toutes les choses quy sont vieilles et antiques sont plus dignes que celles quy sont neuves.

Tout ce quy passe par les mains des savetiers est vieux et antique.

Ergo les savetiers sont plus dignes que les cordonniers, quy travaillent le neuf.

Il n'y a point de vice ny de surprise dans ce sylogisme; il est dressé comme il faut, la matière est bonne, et la forme encore meilleure. Tout le monde sçait que les savetiers ne vendent rien chez eux quy n'ait au moins quelque apparence de vieux, joinct que, par le temoignage que nous avons tiré des archives d'Espaigne, il se trouve que les savetiers sont plus proches parens du souly que ne sont les cordonniers. Et, pour ce voir et en monstrer la verité, espluchons l'ethimologie du nom de savetier. Voyons les principes et l'origine d'où il tire sa reelle denomination.

Çapato, en catalan, veut dire soulier, n'est-il pas vray? Ouy; or sus donc nous voilà d'accord dejà sur ce point là. Changeons le *p* en *v*, nous trouverons

DES SAVETIERS CORDONNIERS. 55

çavato; poursuivons plus avant, et, sous une echange de l'*o* en *e* feminin, espelez, Monsieur le cordonnier, assemblez vos lettres comme il faut; autrement mettez chausse bas, voicy le magister quy vous chassera les mouches du derrière avec un baston à vingt bouts, *sa va, sa va te, savate*. Courage, nous aurons tantost plus que nous ne demandons; poussons nostre bidet et passons outre. De *çapato* est formé *çapatero*, changeant l'*o* en *e*, et en suite le *ro* ajouté. De *savate*, est derivé *savetier*, entreposant un *i* entre le *t* et l'*e* et ajoustant un *r*. Il n'y a plus rien à roigner après cela, Monsieur le cordonnier, voilà quy est grammatical; jamais Priscian ny Donat n'auroient mieux rencontré. Il faut vous rendre ou crever, et confesser, en depit de vos chiennes de machoires, que vous estes savetiers aussy bien que nous; et, puis que vous voyez que la vraie et essentielle nature du souly est plus rangée de nostre costé que du vostre, il ne vous desplaira pas de boire après nous; avec vostre permission, nous prendrons la main droicte. Après cela, c'est tout dit; vivez seullement mieux à l'advenir, et taschez de vous rendre aussy braves gens que nous.

Apollon, ayant fait premierement paroistre sur son front une gravité extraordinaire, feit imposer silence par son premier huissier, et, après s'estre relevé la moustache d'une grace non pareille, feit couler de sa bouche dorée ce discours mellifique et suave et tout confit dans le sucre :

C'est assez dit, mes bons amis (s'adressant aux savetiers), à bon entendeur il ne faut que demy mot: je voy d'une lieue loin où vous en voulez venir. Il faudroit estre un vrai aveugle pour ne point voir la raison que vous y mettez et le tort qu'ont tous ceux quy vous veulent du mal. Il y a plus de quatre-vingt-dix lunes que j'ay entendu parler de vostre fait. Je ne sçay par où commencer pour vous exprimer suffisamment, avec l'affection que je voudrois bien, la bonne opinion que j'ay toujours eue de vos consciences sans reproches. J'approuve et extolle[1] jusques à la moindre region de l'air vos franchises naturelles, et proteste devant tous les dieux que je suis entierement satisfait de la charité et courtoisie dont vous usez ordinairement envers tous ceux quy ont l'esprit de s'aller chausser dans vos magazins. Vous avez le courage noble, et tout Paris recognoist que vous ne faites point de difficulté de donner une paire de souliers, à quelques poincts qu'on vous les puisse demander, pour douze ou seize sols tout au plus, et le plus riche de tous les cordonniers en voudroit avoir cinquante sols ou trois quarts d'escu, tout au moins; et les gentils hommes incommodez se vantent partout d'avoir la meilleure paire de bottes qu'il y ait dans vos boutiques pour le prix et somme de trois livres seulement; et messieurs les cordonniers n'en voudroient point rabattre une obolle encor sur une pistole en or, ou dix francs tout au meilleur marché, et bien souvent ne seront-elles que de meschante vache bruslée. Je veux dores-en-avant que vous me serviez; j'aime mieux donner mon argent à vous qu'à d'autres quy se mocquent de moy. Et dès à present je jure par les eaux inviolables du Styx, et

1. J'élève, du latin *extollere*.

DES SAVETIERS CORDONNIERS. 57

vous le signeray par devant tous les notaires quy sont sous les charniers des Innocents, que je vous feray donner la pratique de tous les musniers de mon quartier, sans compter les bourgeois de Vaugirard et Vanves, quy ne vous peut fuir. Et quy plus est, je desire que les neuf muses, très chères et bien aimées seurs, portent à l'avenir de vos ouvrages, à condition que vous espargnerez toutes fois plus vos dents que vous n'avez fait par le passé, et que vous renoncerez entièrement à l'avare et maudite coustume que vous avez de tirer le cuir avec pour le rendre plus long, en quoi j'ay appris de personnes dignes de foy que vous faictes aussi bien vostre devoir que pas un cordonnier qui soit. Et afin que tous les confraires du tirepied puissent à jamais vivre en bonne paix et intelligence ensemble, comme des personnes quy jouissent esgallement des priviléges de l'alesne, nous desclarons et ordonnons par ces presentes que vous porterez dores-en-avant un seul et mesme nom, comme font tous vos associez, amis, confederez et alliez quy demeurent en Espaigne, savoir est, que les cordonniers s'appellent savetiers en vieux; ou bien, si les cordonniers pretendent recevoir quelque grief d'une ordonnance et d'un reglement si juste, et qu'obstinement et malicieusement ils ne vouleussent se deffaire d'un tiltre quy convient si peu à leur profession, nous desclarons par ces dites presentes, et que personne n'en pretende cause d'ignorance, que le susdit nom de cordonnier sera commun à tous les deux ordres de la semelle, sans neantmoins en retrancher la clause sus alleguée : cordonnier en vieux, cordonnier en neuf, afin qu'ils puissent estre recogneus les uns aux autres pour estre respectez et honorez selon leur grade et merite en tous lieux et endroits où le destin les pourroit faire rencontrer ensemble, nonobstant oppositions ou appellations quelconques produites au contraire. Et tous ceux quy auront l'ame si noire que de contre-venir à nostre dit reglement en la moindre façon du monde et sous quelque pretexte que ce soit, nous les condamnons dès à present à cinquante bouteilles de vin d'amende et autant de cervelas, applicables aux pauvres confrères desdits mestiers quy pourront prouver par leur indigence n'avoir pas le sol pour boire; et si voulons et entendons que, dès l'heure mesme qu'ils auront eu seulement la volonté de commettre la moindre rebellion, ils soient obligez par corps de prester, avec l'humilité et submission qui leur sera commandée, leurs espaules opiniastres et rebelles pour porter les cinquantes bouteilles de vin au dit mont Parnasse ou en autre lieu que trouvera bon la discretion des surintendans de la confairie, afin de boire tous ensemble en bonne amitié, sur peine d'estre privez à jamais des graces et priviléges ordinaires dont ont accoustumé de jouir tous confrères et officiers du dit mestier.

L'OEuf de Pasques ou pascal, à Monsieur le Lieutenant civil, par Jacques de Fonteny[1].
A Paris, chef la veufve Hubert Velut et Paul Mansan, demeurant rue de la Tannerie, près la Grève.
MDCXVI, in-8.

A Messire Henry de Mesmes, sieur Dirval, Conseiller du Roy en ses conseils d'Estat et privé et Lieutenant civil au Chastelet de Paris.

ANAGRAMME.

Henry de Mesme, lieutenant civil,
Mine divine, lumière en Chastelet.

SONNET.

ine divine où ses traicts on contemple,
Quy font juger à celuy qui les voyt
Qu'un rare esprit le ciel vous reservoit
Où l'equité dresseroit un saint temple,

Vous en donnez une preuve très-ample

---

1 Jacques de Fonteny n'est guère connu, et, comme on va le voir, il mériteroit de l'être à plusieurs titres. Il faisoit partie de la *Confrérie de la passion*, non pas sans doute

Et confirmez l'espoir que l'on avoit
Que vous feriez tout ce qui se pouvoit
Pour la Justice, à toutz servant d'exemple.

comme acteur, puisque, d'après l'Estoille, il étoit boiteux, mais comme poète certainement. Il prend la qualité de *confrère de la passion* dans le recueil de *Pastorelles* publié en 1615 par J. Corrozet, in-12, sous le titre de *le Bocage d'Amour.* Il s'y trouve deux *pastorelles* en vers, l'une *le Beau pasteur*, qui étoit bien de notre Fonteny, puisqu'il l'avoit déjà donnée dans la *Première partie de ses ébats poétiques*, Paris, Guill. Linocier, 1587, in-12; l'autre *la Chaste bergère*, qui, bien que publiée aussi sous le nom de Fonteny, appartenoit réellement à son camarade S. G. de la Roque, puisque celui-ci l'avoit déjà fait paroître séparément sous son nom, en 1599, à Rouen, chez Raph. du Petit-Val. Il est vrai que La Roque auroit pu la prendre, pour se l'attribuer, dans la première édition du *Bocage d'Amour*, donnée en 1578, et mentionnée dans la *Bibliothèque du théâtre françois*, t. 1, p. 220. Dans ce même ouvrage, il est parlé d'un autre recueil de notre auteur, *les Ressentiments de Jacques de Fonteny pour sa Celeste*, 1587, in-12, dont fait partie la pastorale en 5 actes *la Galathée divinement délivrée.* Quand les comédiens italiens vinrent en France, Fonteny se mit aussitôt à imiter leur théâtre. A peine Francesco Andreini, chef de la troupe de *li Gelosi*, avoit-il donné, en 1607, la première partie de sa grande pièce matamore *le Bravure del capitan Spavento*, que notre *confrère de la passion* la publia en françois sous le titre de : *les Bravacheries du capitaine Spavente*, traduictes par J. D. F. P. (Jacques de Fonteny, Parisien). M. Brunet, trompé par la première de ces initiales, a dit que cette traduction étoit de *Jean* de Fonteny; mais, selon moi, c'est bien *Jacques* qu'il faut dire. En 1638, Anthoine Robinot publia pour la seconde fois cette traduction avec le titre nouveau de *le Capitan, par un comédien de la trouppe jalouse.* Cette seconde édition est

L'OEUF DE PASQUES.

Jeune et savant en droict, vous surpassez
Beaucoup de vieux quy ont esté placez
Où vous donnez vos sincères sentences.

mentionnée dans le *Catalogue Soleinne*, sous le n° 804, avec une note où, après avoir fait ressortir l'influence que cette pièce put avoir sur notre théâtre, dont le *matamore* fut dès lors l'un des personnages indispensables, l'on ajoute : « La première édition du *Capitan* doit être bien antérieure à celle de 1608, la plus ancienne qui soit citée par la bibliographie. » C'est une erreur, puisqu'en effet, je le répète, la première partie de l'ouvrage d'Andreini, dont celui-ci n'étoit que la traduction, avoit paru seulement en 1607. (V. le curieux travail de M. Ch. Magnin sur le *Teatro celeste*, Revue des deux mondes, 15 décembre 1847, p. 1103, note.) Fonteny sacrifioit volontiers à la mode en littérature : nous venons de le voir pour les comédies italiennes, dont il se hâta de se faire le traducteur au moment de leur premier succès ; nous allons en avoir une autre preuve par son volume d'*Anagrammes et sonnets*, *dédiés à la reine Marguerite*, qu'il publia en 1606, in-4, c'est-à-dire au moment où ce genre de casse-tête poétique commençoit d'être en vogue. L'Estoille, dont Fonteny étoit l'ami, reçut de lui, en présent, ce volume d'anagrammes, et voici comment il en parle : « Le vendredi 5 (janvier 1607), Fonteny m'a donné des anagrammes de sa façon, qu'il a fait imprimer pour la reine Marguerite, où entr'autres il y en a ung tout à la fin qui est sublin et rencontré de mesme, tiré, ainsi qu'il dit, de l'Escriture, fort convenable à la qualité, vie et profession de la ditte dame, dans le nom de la quelle, qui est Marguerite de Valois, se tr uve : *Salve, virgo mater Dei*. Il y en a encores un autre de mesme qu'il y a mis, qui suit cestui-ci, de pareille estofe et grace ; lesquels deux il semble avoir reservés pour la bonne bouche, afin que d'une tant belle conclusion, et si à propos, on jugea tout le reste, qui ne vault pas mieux » Par bonheur

Miracle grand d'estre, en l'avril molet
De vos beaux ans, lumière en Chastelet,
Pour dissiper l'obscur des circonstances.

JACQUES DE FONTENY.

L'OEuf de Pasques ou pascal.

Je vous invoque, ô Dioscures,
Miraculeuses genitures,
Fils d'un œuf, et Helène aussy,
Qui fut de Paris le soucy;

un autre présent accompagnoit celui-là et le faisoit passer, quoi que ce fût aussi, mais dans un genre bien différent, un ouvrage de Fonteny : « Le dit Fonteny, ajoute l'Estoille, m'a donné pour mes estrennes un plat de marrons de sa façon, dans un petit plat de faïence, si bien faict qu'il n'y a celui qui ne les prenne pour vrais marrons, tant ils sont bien contrefaits près du naturel, se rencontrant plus heureux en cest ouvrage qu'en celuy des anagrammes. » Quelques semaines après, Fonteny, qui avoit encore quelque présent de vers à se faire pardonner, gratifia l'Estoille de la même manière. « Fonteni le boiteux, écrit celui-ci, m'a donné ce jour (20 fév. 1607) un plat artificiel de sa façon, de poires cuites au four, qui est bien la chose la mieux faite et la plus approchante du naturel qui se puisse voir. Il m'a donné aussi son *OEnigme de la cloche*. » — Mon ami M. de Montaiglon, frappé comme moi de ces deux passages de l'Estoille qui nous font connoître un imitateur de Palissy très intéressant et très imprévu, pense, avec raison, que la grande F placée sous une assiette de fruits émaillée faisant partie de la collection des faïences du musée du Louvre pourroit bien être l'initiale de notre Fonteny.

Et le doux fruict de la promesse
Que lui fit Cypris la deesse,
Lorsque, juge, il la prefera
A Junon, et luy defera
La pomme d'or que la Discorde,
Ennemie de la Concorde,
Prepara pour troubler les cieux ;
Voyez-moy d'un œil gracieux ;
Suppliez pour moy vostre père,
Par les amours de vostre mère,
Que je chante aussy doucement.
L'œuf qui chantoit mignardement
Ses passions sur le rivage
D'Eurote [1], quand sous le plumage
D'un cygne blanc il se cacha
Pour prendre, sans qu'on l'empescha,
Avec vostre mere affinée,
Les plaisirs deuz à l'hymenée.
L'œuf ne sauroit trop se vanter :
Quel los il a que Juppiter
Deux œufs luy-mesme voulut pondre !
N'est-ce pas assez pour confondre
Ceux quy de l'œuf ne font point cas?
Luy quy peut tout, pouvoit-il pas
A vous, ses chères creatures,
Ordonner d'autres enclotures
Que d'un œuf, si l'œuf n'eust esté
Digne, par sa propriété,
De vous tenir neuf mois en serre?
Celuy dedans l'ignorance erre

1. L'*Eurotas*. Les cygnes de ce fleuve étoient célèbres.

Quy de l'œuf ne sçayt la valeur.
Par l'œuf on prouvoit son malheur
Ou son bonheur ; jadis les mages
De l'œuf tiroient divers presages ;
Sur un brasier ils le mettoient
Et diligemment ils guettoient
S'il ne jetoit point par ses pores
Quelque sueur, mesmé encores
S'elle sortoit par ses costez
Ou par ses deux extremitez :
Car, si par sa coque fendue
Sa liqueur etoit espandue,
C'estoit un presage asseuré
Que le ciel avoit conjuré
Contre celuy quy faisoit faire,
Pour savoir son sort, ce mystère.
Orphée s'en est delecté
Et en a escrit un traicté
Quy l'*Oocospique* s'appelle[1].
Ceste façon n'estoit nouvelle
De vaticiner par les œufs
Si les desteins seroient heureux
Ou si l'issue pretendue
Auroit la fortune attendue.
Nos pères des siècles passez
Ont pratiqué cest art assez ;
De l'œuf ils savoient la cabale.

1. Ce traité se trouve avec les *Hymnes*, etc., à la suite des anciennes éditions des *Argonautica* d'Orphée ; mais, comme tout le reste, on sait à présent qu'il n'est pas de lui.

L'ŒUF DE PASQUES.

Livia devina qu'un mâle
Naistroit d'elle, ayant en son sein
Couvé un œuf d'où un poussin
Sortit cresté, vray pronostique
Qu'un jour dessus la republique
Des Romains il domineroit,
Et que l'aigle decoreroit
Ses estandartz. La Destinée
Parfeit la chose devinée,
Car Livia veit son enfant
Estre un empereur triomphant.
De l'œuf on tire mille augures,
Mille infaillibles conjectures,
D'où l'on voist naistre bien souvent
Un effet quy n'est decevant.
L'œuf est le symbole du monde;
L'air et le feu, la terre et l'onde,
En luy sont unis et compris ;
Les œufs sont aymés de Cypris.
Si quelqu'un veut l'avoir propice,
Il faut, en chaqu'un sacrifice
Qu'on lui prepare, offrir des œufs;
Et lors elle exauce les vœux.
Bacchus, quy nous donna la vigne,
Tenoit tout sacrifice indigne
Et vain où l'œuf mistic n'estoit ;
Des œufs en trophée on portoit
Aux festes de ses bacchanales [1] ;

---

1. Plutarque dans ses *Symposiaques*, au bizarre chapitre : *Quel des deux a été le premier, de la poule ou de l'œuf ?* parle de cet usage.

Var. v.

Quand on chaumoit les cereales [1],
Les aousterons [2] portoient des œufs,
Et crioit-on malheur sur eux
S'ils les laissoient cheoir par mesgarde.
Le proverbe encore se garde
Qu'on dit aujourd'huy : « Garde bien
« De casser vos œufs [3]! N'est-ce rien
Doncques de l'œuf? Il a puissance
De chasser toute la nuisance
Qu'apportent les mauvais esprits,
Si nous croyons les vieux escripts
De l'antiquité, de manière
Que c'estoit chose coustumière,
Par entre eux se voulant purger,
De se faire suffemiger
Avecque la vapeur du souffre ;
Le demon impur ne la souffre ;
Il la fuict et crainct son odeur.

1. C'est-à-dire quand, après la moisson, l'on faisoit avec le blé fauché ces grandes *meules* qu'on appelle *chaumiers* dans la Beauce.

2. Moissonneurs, ceux qui font l'*aoust*.

3. S'il falloit se bien garder de casser un œuf plein, il falloit aussi se hâter de le briser sitôt qu'on en avoit vidé la coque. C'étoit un usage sacré chez les Romains (Pline, liv. 28, ch. 2), et que nous avons conservé comme simple règle d'étiquette : «Après votre soupe, que mangeâtes-vous ? dit l'abbé Delille à l'abbé Cosson dans la fameuse conversation qu'a rapportée Berchoux. — Un œuf frais, répond l'autre. — Et que fîtes-vous de la coquille ? — Comme tout le monde, je la laissai au laquais qui me servoit. — Sans la casser? — Sans la casser. — Eh bien! mon cher, on ne vide jamais un œuf sans briser la coquille. » (Notes du poème *la Gastronomie.*) Grimod de la Reynière (*Almanach*

Celuy quy estoit luscrateur [1]
Et chief de la ceremonie
Avoit l'une des mains garnie
D'un cierge ardent; en l'autre main
Il tenoit un bassin tout plain
D'œufs, avec quoy, faisant la ronde
Autour d'une maison immonde,
Tant par dedans que par dehors,
Il cuidoit nettoier le corps
Et la maison de malefice,
Si grand fust-il, rendant propice,
Par ce moyen, le ciel à ceux
Quy s'estoient lustrez par les œufs.
De là vient, comme je presume,
Que, retenant de leur coustume,
On denomme ores l'œuf pascal
Quy s'appeloit jadis lustral,
Non qu'à present il serve à faire,
Comme leurs œufs, pareil mystère,
Que deffend la religion;
Mais il donne l'advision
De se lustrer au jour de Pasque,
Où il faut que le chretien vaque
A servir Dieu d'un cœur lavé,
Où l'ord pesché ne soit trouvé.

des gourmands, 3ᵉ année, p. 349-350) se préoccupe de cet usage, et assure qu'il a beaucoup réfléchi pour en deviner le motif. Pline, qui en a parlé le premier, ne le savoit pas bien lui-même. « Au reste, dit l'illustre gourmand, il n'y a nul inconvénient à s'y soumettre. »

1. *Lustrateur*, qui tenoit et présentoit l'eau lustrale.

Quy ne le faict tombe à sa perte
Dans la damnation apperte.
L'œuf, en marque de netteté,
De l'un à l'autre est presenté.
Pour ceste cause, il est utille
A tous et en vertus fertille.
Des œufs on faict les oingnements
Donnant de prompts allegements
A la toux, au rheume, aux bruslures,
Aux chatarrhes froids, aux foulures.
On tire une huille des moieux
Salubre et propice aux gousteux ;
Des blancs durcis une huille on tire
Bonne au mal des yeux, qu'on admire
Pour oster l'inflammation
Et reprimer la fluxion
Qui tombe dessus, de manière
Que la douleur s'en tire arrière.
L'œuf guarit les convulsions
Et les choliques passions,
Le humant avec eau-de-vie.
Si quelques dames ont envie
D'avoir un blanc pour se farder
Et se faire plus regarder,
Elles calcinent la coquille
Des œufs, et font poudre subtille
Avec l'eau d'ange[1] la meslant.

1. Eau de senteur fort en renom depuis le temps de Rabelais, qui la cite au chap. 55 de son livre 1er, jusqu'à Corneille, qui en parle dans sa comédie de *la Veuve* (act. 1er, sc. 1re). Elle étoit composée d'iris de Florence, de storax, de bois de rose, de santal citrin, etc. Les Espagnols

Ce fard rend leur teinct excellent,
Blanc comme laict, sans qu'il importe
A leur santé en quelque sorte.
La coque d'œuf blanchit les dents;
La pellicule du dedans
Guarit les lèvres crevassées;
Les personnes interessées
Du flux de sang ont guerison
S' elles prennent avec raison
Des cendres de coques d'œufs faictes ;
En fin, les playes plus infectes
Avec huille d'œufs on guarit.
L'œuf plus qu'autre chose nourrit;
Il est salubre à la personne,
Au mal de cœur remède il donne ;
En medecine il est requis
Comme nutritif et exquis,
Bien cordial, et il sustente
Le malade, qu'il alimente
Sans luy causer opression ;
Il faict tost sa dijection,
Le ventre il n'empesche et ne charge.
Ceux qui dans Rome avoient la charge

avoient aussi une eau des anges (*agua de angeles*), mais qu'ils composoient autrement. D'après la recette qu'en donne un commentateur de *Don Quichotte* (2ᵉ partie, ch. 32), il paroît que la fleur d'oranger y dominoit. L'*eau d'ange* se seroit ainsi rapprochée de l'*eau de naffe*, dont nous avons parlé dans notre tome 4, p. 362, et qu'on nous assure être la même chose que l'eau de fleur d'oranger, bien que, dans le passage du *Décameron* cité par nous, Boccace les distingue formellement.

Des festins les plus somptueux
Pour le premier servoient des œufs [1]
Avant tous mets, pourveu qu'ils fussent
Fraischement ponduz ou qu'ils n'eussent
Qu'un jour au plus; ils estimoient
Tant ces œufs frais, qu'ils les nommoient
Le laict de poulle, et acheptèrent
Toutes les poulles qu'ils trouvèrent
OEuver sans cesser, les gardant
Avec soing de tout accident,
Comme chose très necessaire
Et à la santé salutaire.
En Macedoine il se trouva
Qu'une poule en un jour œuva
Deux fois neuf œufs, qui tous portèrent
Deux petits poussins, quy donnèrent
Aux augures à deviner.
Mais où me vay-je pourmener ?
Veux-je de l'œuf faire un volume ?
N'arresterai-je point ma plume,
Quy se perdra dans les escrits,
Voulant de l'œuf dire le prix ?
L'œuf sert à tout : des Spitamées
Les maisons n'estoient point fermées
Qu'avecque des coquilles d'œufs
Et des plumes aux entre-deux ;
Ils avoient coustume de faire
Avec chaux vive et de la claire

---

1. On commençoit par les œufs ; et l'on finissoit par les fruits, comme chez nous. De là le proverbe : *Ab ovo usque ad mala*, depuis le commencement jusqu'à la fin.

L'ŒUF DE PASQUES.

Des œufs un aiment qui tenoit
Leurs pierres et les conjoingnoit.
Depuis, plusieurs s'en servirent
En leurs ouvrages, et refirent
Les vaisseaux et vases brisés.
Les paintres se sont advisés
De s'en servir en leurs paintures [1]
Et les doreurs en leurs dorures
Qu'ils font sur les livres [2]. On faict
Un vernis luisant et parfaict
Avec l'auben, qui donne grace
Aux tableaux, sans que tort il fasse
Aux couleurs, et se peut oster
Quand on veut, sans rien y gaster.
On en use en maints artifices ;
Les amants les trouvent propices
Pour mettre des lettres dedans
Et, malgré les mieux regardants,
Faire savoir à leurs maitresses
Leurs volontez et leurs detresses

[1]. Au moyen âge, lors même qu'on se servoit de l'huile et de la gomme pour la plupart des couleurs, il y en avoit quelques unes pour lesquelles on recouroit au blanc d'œuf. « Le vermillon, dit le moine Théophile, la céruse et le carmin doivent se broyer et s'appliquer avec du clair d'œuf. » (*Diversarum artium schedula*, liber 1, cap. 27.)

[2]. Dans les manuscrits, pour appliquer l'or, l'on s'étoit toujours servi d'un mélange de vermillon et de cinabre, broyé dans un clair ou blanc d'œuf. (*Idem*, cap. 31.) Quant aux relieurs, ils durent toujours faire usage du blanc d'œuf pour leurs dorures ; aujourd'hui encore ils ont soin de *glairer* préalablement la partie sur laquelle la feuille d'or doit être appliquée.

En ce quy leur est survenu.
De là le proverbe est venu,
De porter le poullet [1]. On use
De l'œuf encor une autre ruse :
L'histoire ancienne nous dict
Qu'un jour Alexandre entendict
Par le moyen de quelque lettre
Mise en un œuf, qu'on voulut mettre
Un mauvais dessein en effect
Où son ost[2] eust esté defect
Par Darius. On peut escrire
Sur un œuf ce qu'on ne peut lire
Que par dedans, ayant osté
La coque avec subtilité.
Il sert à mille autres surprises,
Mille jeux, mille galantises :
Ne fait-on pas des œufs aller
Comme oiseaux amont dedans l'air

1. C'est la première fois que nous voyons expliquer ainsi le nom de ces billets doux, qu'on appeloit aussi *chapons*. (V. notre tom. 1er, p. 12.) Nous préférons l'étymologie que donne Le Duchat, lorsqu'il dit dans son *Dict. étymologique de Ménage* (Paris 1750, in-fol.), qu'on appeloit ainsi les billets doux parcequ'on les plioit en forme de poulet, « à la manière, dit-il, dont les officiers de bouche plient les serviettes, auxquelles ils savent donner diverses figures d'animaux ». Le Duchat auroit pu appuyer son explication du passage de l'*Ecole des Maris* (act. 2, sc. 5) où Isabelle raconte à Sganarelle comment un jeune homme

    ... a droit dans sa chambre une boîte jetée
    Qui renferme une *lettre en poulet cachetée*.

2. Armée.

L'Œuf de Pasques.

Quand ils sont remplis de rosée
Dont l'herbe est en may arrosée [1]?
Mais, pour avoir ce passe-temps,
On les met aux rays bluetans
D'un soleil ardent, qui les tire
Après qu'il a fondu la cire
Quy clost la rosée. Avec l'œuf
Qu'on met sur un brasier de feu,
Ne voist-on pas la flamme esteindre
Et sa vehemence restraindre?
L'œuf peut tout, estant accomply
Et de tant de vertus remply,
Qu'il semble qu'il soit l'epitome
Des merveilles nées pour l'home.
Les Selenites font des œufs,
Et les hommes qui naissent d'eux
Sont plus fortz ayant cinq années
Que nous aux virilles journées,
Si cela qu'Herodote dict
Pour veritable entre en credit.
Puisse un jour nostre grand monarque,
Vainqueur du temps et de la Parque,
Voir ces femmes et leur pays
Et ses lys y estre obéis!
Avant que finir ce poëme,
Je vous prieray d'un zele extrême
De mesmes cest œuf achepter

[1]. Dans les *Nova antiqua* de Paschius, au chapitre où il est parlé des tentatives faites par l'homme pour s'élever dans les airs, l'on trouve d'intéressants détails sur la manière dont on préparoit les œufs pour qu'ils pussent monter comme de petits aérostats.

Qu'humble je vous viens presenter,
Comme feist ce consul de Rome
Quy songea qu'il trouvoit grand somme
D'or et d'argent dans un sien clos.
Reveillé qu'il fut, tout dispos,
Alla voir si c'etoit mensonge
Ce qu'il avoit veu en son songe.
Il n'y trouva qu'un œuf; de quoy
Il fut aussy content en soy
Que s'il eust trouvé davantage.
L'œuf, disoit-il, j'acomparage
A un très precieux thresor :
Son moyeu represente l'or,
Sa glaire l'argent; de manière
Qu'ainsy que chose singulière
J'estime l'œuf en l'imitant.
Soyez de ce present content.

*Catéchisme des Courtisans,
ou les Questions de la Cour, et autres galanteries.*
Cologne. M.DC.LXVIII.
Pet. in-12 [1].

Demande.
Qu'est-ce que Dieu?
Response.
C'est l'autheur de toutes choses.
D. Qu'est-ce que le monde?
R. C'est le grand œuvre de Dieu.
D. Qu'est-ce qu'un homme de bien?
R. L'amour des anges et la haine du diable.
D. Qu'est-ce qu'un pecheur?
R. L'hostellerie des demons.
D. Qu'est-ce qu'un impie?
R. Un demon incarné.
D. Qu'est-ce qu'un predicateur?

---

1. Il en avoit paru une première édition en 1649, s. l., in-4 de 8 p., avec ce titre, *Catechisme des courtisans de la cour de Mazarin.* Les pièces qui suivent ici, et qui sont toutes, sauf une seule, d'une époque postérieure à 1649, ne s'y trouvoient naturellement pas.

R. Un homme dont on croit la parole sans suivre son conseil.

D. Qu'est-ce qu'un moine?

R. L'epouvantail des enfans et le miroir de devotion.

D. Qu'est-ce qu'un jesuitte?

R. Un sage politique qui se sert adroitement de sa religion.

D. Qu'est-ce qu'un roy?

R. Un homme qui est toujours trompé, un maistre qui ne sçait jamais son metier.

D. Qu'est-ce qu'un prince?

R. Un crime que l'on n'ose punir.

D. Qu'est-ce qu'un president?

R. Un homme d'apparence grave, dont la parole fait quelquefois tort aux innocens, et souvent peur aux coupables.

D. Qu'est-ce qu'un jeune conseiller?

R. Un homme qui chatie en autruy ce qu'il commet luy-mesme, et qui parle plus du bonnet que de la teste.

D. Qu'est-ce qu'un advocat?

R. Un hardy qui, par de fausses raisons, persuade ce qui ne fut jamais.

D. Qu'est-ce qu'un procureur?

R. Un homme qui avec la langue fait vider la bourse de sa partie sans y toucher.

D. Qu'est-ce qu'un chicaneur?

R. C'est un adroit qui, par des moyens subtils, sçait mesler le bien d'autruy avec le sien.

D. Qu'est-ce qu'un huissier?

R. C'est un homme qui se rejouit du mal d'autruy, et qu'on peut enrichir à coups de poing¹.

D. Qu'est-ce qu'un bourreau?

R. Un meurtrier sans crime.

D. Qu'est-ce qu'un soldat?

R. Un homme qui, sans estre criminel ny filosofe, tue et s'expose librement à la mort.

D. Qu'est-ce qu'un capitaine?

R. Un desesperé volontaire.

D. Qu'est-ce qu'un riche homme?

R. Celuy que la fortune flatte pour le perdre.

D. Qu'est-ce qu'un pauvre?

R. Celuy qui n'a nulle obligation à la fortune.

D. Qu'est-ce qu'un financier?

R. C'est un voleur royal.

D. Qu'est-ce qu'un partysan?

R. Un sangsue du peuple et un larron privilégié.

D. Qu'est-ce qu'une femme?

R. Un singe raisonnable².

D. Qu'est-ce qu'une putain?

R. Un ecueil dont les sages se retirent et où les foux font naufrage.

D. Qu'est-ce qu'un amoureux?

R. Un miserable qui attire la moquerie du monde s'il ne reussit pas, et la medisance, s'il reussit.

---

1. Ou à coups de bâton, comme celui des *Plaideurs* :

>...Frappez,
>J'ai quatre enfants à nourrir.

2. C'est l'idée développée par Etienne Pasquier dans la lettre que nous avons déjà citée (V. notre t. 2, p. 196), et aussi dans la jolie facétie *les Singeries des femmes* (V. notre t. 1, p. 56-65).

D. Qu'est-ce qu'un cornard?

R. Un homme dont un chacun dit du bien, et à qui personne ne porte envie.

D. Qu'est-ce qu'un page?

R. Un serviteur qui est souvent d'aussy bonne maison que son maistre.

D. Qu'est-ce qu'un valet?

R. Un mal necessaire.

D. Qu'est-ce qu'un pedant?

R. Un supost de folie.

D. Qu'est-ce qu'un comedien?

R. Un homme qu'on paye pour mentir.

D. Qu'est-ce qu'une devote?

R. Une idole vivante et un demon en chaine.

D. Qu'est-ce que de l'argent?

R. C'est ce que l'on perd quand on est jeune, ce que l'on cherche quand on est vieux, et le premier mobile de toutes choses.

D. Qu'est-ce que les habits?

R. C'est ce qui couvre nostre honte et decouvre nostre vanité.

D. Qu'est-ce que la mort?

R. L'egalité de toutes choses.

D. Qu'est-ce que le tombeau?

R. Le lit des mortels.

D. Qu'est-ce que les cloches?

R. Le tambour des pretres.

D. Qu'est-ce qu'un medecin?

R. Un bourreau honorable.

D. Qu'est-ce qu'un favory?

R. Le batiment de la fortune.

D. Qu'est-ce que les courtisans?

R. Rien de ce que l'on en voit.
D. Qu'est-ce qu'un ministre?
R. L'idole de la cour.
D. Qu'est-ce que les charges?
R. Une honorable gueuserie.
D. Qu'est-ce que la cour?
R. L'attrait de la jeunesse et le desespoir de la vieillesse.
D. Qu'est-ce qu'un devot?
R. Un hermite mondain.
D. Qu'est-ce que le mariage?
R. Une loge des martirs vivans.
D. Qu'est-ce qu'un abbé?
R. Un reformateur interessé du temporel des moynes [1].
D. Qu'est-ce que la vieillesse?
R. L'ouvrage du temps.
D. Qu'est-ce que la jeunesse?
R. Passage à la vieillesse ou sagesse.
D. Qu'est-ce que la beauté?
R. La domination des hommes et complaisance des femmes.
D. Qu'est-ce que des mouches?
R. Les balles des mousquets des demons.
D. Qu'est-ce que Paris?
R. Le paradis des femmes, le purgatoire des hommes et l'enfer des chevaux [2].

1. Allusion aux réformes qu'on introduisoit dans les monastères pour les ramener à un système d'abstinence et d'économie dont profitoient les revenus que touchoient les abbés.

2. Sur ce proverbe, que nous avons déjà trouvé en germe dans une pièce de 1619, V. notre t. 2, p. 284.

Instruction de la loi mazarine, par Dialogues [1].

D. Estes-vous Mazarin?

R. Ouy, par la grace de Dieu, qui est mon interest.

D. Qui est celuy qu'on doit appeler Mazarin?

R. C'est celuy qui, ayant esté admis au gouvernement de l'estat, croit et fait profession de la doctrine mazarine.

D. Quelle est la doctrine mazarine?

R. C'est celle que les tyrans françois ont enseignée, et que les partisans embrassent de tout leur cœur.

D. Est-il necessaire de sçavoir cette doctrine?

R. Ouy, si l'on veut bien faire ses affaires et son profit en ce monde.

D. Quel est le signe de Mazarin?

R. C'est le signe de la croix imprimé sur l'or et sur l'argent.

D. Comment se fait-il?

R. En prenant de toutes mains au nom du roy.

D. Pourquoy cela?

R. Parce que sous le nom et sous l'autorité du roy on peut exiger tout ce que l'on veut sur le peuple.

D. Quelle est la fin de la loy mazarine?

R. C'est de se rendre maistre absolu du roy, des princes, du Parlement et du peuple.

D. Combien de choses sont necessaires pour parvenir à cette fin?

---

1. Mailly, dans l'*Esprit de la Fronde*, t. 5, p. 819, a reproduit tout entière cette petite pièce.

R. Cinq, à sçavoir : obseder l'esprit du roy, luy donnant de mauvaises impresssions contre les princes, le Parlement et les peuples ; secondement, jetter la division dans la maison royalle ; troisiememment, rendre nuls tous les arrests du Parlement par ceux du conseil ; quatriememement, tenir une puissante armée qui ravage tout ; cinquiemement, promettre beaucoup plus qu'on ne veut donner à ceux de son party.

D. Quelle est la foy mazarine ?

R. De croire que, tout estant au roy, on le peut prendre sans estre obligé de restituer à personne.

D. Où est compris le sommaire de cette foy ?

R. Dans les articles suivans, divisez en douze poincts : Je croy au roy pour mon interest, lequel est tout puissant à faire agir toutes choses, et à Mazarin, son unique favory, qui a esté conceu de l'esprit mercenaire, nay du cardinal de Richelieu. Il a souffert sous Gaston et la Fronde, est mort pour son ministère, est descendu aux enfers, est assis à la dextre de Lucifer, et de là viendra pour persecuter les vivans. Je croy à son esprit et à l'eglise du malin, ou plutost à la congregation des partysans, au gouvernement des estats, manyement des finances, à la resurrection des imposts et à la maltote eternelle.

D. Combien de choses en general doit sçavoir un Mazarin ?

R. Trois, sçavoir : ce qu'il doit croire, ce qu'il doit faire et ce qu'il doit demander.

D. Où est compris ce qu'il doit croire ?

R. Au Credo, lequel il doit sçavoir par cœur.

D. Qu'est-ce qu'il doit faire?

R. Il doit caresser et flatter tous ceux de qui il espère du bien.

D. Qu'est-ce qu'il doit demander?

R. Plus qu'il ne luy sera dû, et par dessus encore quelque benefice ou recompense.

D. Quelles sont les vertus theologales du mazarinisme?

R. Trois, sçavoir : ambition, avarice et vengeance.

D. Quelles sont les vertus cardinales?

R. Quatre, sçavoir : trahison, ingratitude, insolence et paillardise.

D. Quelle est la charité du mazarinisme?

R. L'amour de soy-mesme, par lequel on aime son interest plus que toutes choses, et son prochain en souhaitant son bien.

D. Quels sont les commandemens de la loy du mazarinisme?

R. Le premier : Un seul interest tu adoreras et aimeras parfaitement.

2. En vain l'argent du roy ne manieras, ny de l'Estat pareillement.

3. Les occasions observeras, peschant en eau trouble fortement.

4. Les favoris honoreras, afin que tu dures longuement.

5. Leur homicide point ne seras, de fait ni volontairement.

6. Luxurieux un peu seras, de fait et de contentement.

7. Faux temoignage tu diras pour servir l'Estat promtement.

8. Le bien d'autruy convoiteras, si tu ne le peux autrement.

7. L'œuvre de chair desireras, de jour et aussi nuittement.

10. Continuellement voleras le peuple en le tirannisant.

D. Quels sont les principaux commandemens de Mazarin?

R. Ce sont les cinq grosses fermes [1].

D. Quelles sont les bonnes œuvres?

R. C'est de faire jeuner, mettre tout à l'aumosne et envoyer les gens de bien à l'hospital.

D. Qu'appellez-vous pesché d'origine?

R. C'est d'estre frondeur.

D. Ce pesché ne peut il s'effacer?

R. Ouy, pour une grande somme d'argent, et allant rendre hommage à l'idole de Mazarin?

D. Quelles sont les dernières choses qui arriveront à l'homme Mazarin?

R. Quatre : le jugement, le supplice, la mort et l'enfer.

Si cette loy semble etrange à quiconque la lira, qu'il n'en suive pas la maxime pour s'acquerir des serviteurs, s'il ne veut le diable pour son roy et la damnation eternelle pour recompense. Dieu par sa sainte grace nous en delivrera un jour, et purgera le royaume de cette peste.

---

1. Les cinq grosses fermes données à bail pour un nombre d'années fixes étoient les gabelles, la vente exclusive du tabac, les entrées de Paris, les droits de traite et le domaine d'occident.

*Autre Catéchisme, à l'usage de la Cour
ecclésiastique de France contre le Jansenisme*[1].

D. Estes-vous chrestien?

R. Ouy, par la grace de Dieu!

D. Qui est celuy que vous appelez chrestien?

R. Celuy qui croit et propose tout ce qui est dans le saint formulaire.

D. Qu'est-ce que formulaire?

R. C'est ce qui a esté nouvellement affiché dans tous les quartiers de Paris, et que nous pouvons appeler du chrestien le signe.

D. Pourquoy l'appelez-vous le signe du chrestien?

R. Parceque sa vertu nous a delivré d'une puissante heresie.

D. Quelle est cette heresie?

R. C'en est une qui comprend aujourd'huy toutes choses, et qui n'est comprise de personne.

D. Me direz-vous bien qui est l'autheur?

R. Jansenius.

D. Le croyez-vous fermement?

R. Ouy, je le croy avec autant de fermeté que m'en peut donner une foy ecclesiastique.

---

1. Cette pièce, sous une forme pareille, est d'un tout autre temps et d'un tout autre esprit. Elle dut paroître en 1665, c'est-à-dire trois ans avant d'être mise dans ce petit recueil, et à l'époque même où Alexandre V envoya le fameux *formulaire*, qui, reçu en France par une déclaration enregistrée, y devint l'arme de la proscription la plus violente contre le jansénisme.

D. Qu'est-ce que vous appellez une foy ecclesiastique?

R. C'est celle qui nous fait soumettre à ce que l'on nous y prescrit purement, et pour ne pas rendre nous et nostre bien devolutoires.

D. Quoy? seroit-on traité comme un heretique si on n'avoit pas cette foy?

R. Sans doute, parce que l'on seroit recherché des sentimens de la compagnie de Jesus, et c'est estre veritablement excommunié que de ne faire corps avec Jesus-Christ.

D. Mais ce qui n'est point contenu dans le symbole des apostres peut-il faire matière de foy?

R. On n'en doute pas à present, pourveu que ces articles, que l'on nous oblige à croire, nous ayent esté formulez par les successeurs des apostres.

D. Qui sont ces successeurs?

R. Ce sont nos grands evesques congregez et assemblez à Paris par l'esprit de la cour.

D. Quel est l'esprit de la cour?

R. C'est l'esprit de la politique.

D. Sçavez-vous par cœur ce nouveau symbole que ces grands evesques nous ont formulé?

R. Peut-estre m'en souviendray-je; le voicy, si je ne me trompe : Je croy en l'eglise de Paris et en l'esprit de politique qui la conduit par le ministère de nos evesques de cour, poussez par l'aigreur des jesuittes, dont le talent est de sçavoir faire quelque chose de rien.

D. C'est assez. Je voy bien que vous estes sçavant en vostre creance; je ne veux plus que vous demander une chose.

R. Je vous repondray si je le puis.

D. Que croyez-vous de cette eglise de Paris que vous avez nommée au premier article de vostre symbole?

R. Je croy qu'hors d'elle il n'y a point de salut ny d'esperance d'aucun bien dans le monde.

D. C'est bien dit; mais est-on en sureté de croire seulement ce qu'elle veut que nous croyions?

R. R. Non, la foy ne suffit pas sans ses bonnes œuvres.

D. Que reste-t-il donc à faire pour monstrer que l'on est fidelle?

R. Il ne reste qu'à signer le formulaire et à retirer un certificat de sa signature[1]; c'est s'acquitter pleinement de son devoir, et c'est mettre la dernière main à son salut en cour et à sa bonne fortune à Paris.

La Passion de M. Fouquet.

LE CARDINAL MAZARIN, *mourant.*

Celuy que je baiseray, c'est celuy-mesme, prenez-le.

M. LE TELLIER.

Il a voulu se faire roy [2].

---

1. Les refus de signer le formulaire furent très nombreux. Quatre évêques, ayant à leur tête Henri Arnaud, qui occupoit le siége d'Angers, refusèrent tout d'abord de s'y soumettre. Les dissidences, suivies de troubles graves, durèrent jusqu'à ce qu'en 1668 Clément IX eut tout apaisé par un accord qui s'appela *Paix de l'église.*

2. Allusion au vaste projet de révolte qu'avoit conçu

M. COLBERT.

Il a peché en trahissant le sang du juste.

M. SEGUIER[1].

Prenez-le, et jugez-le selon vostre loy.

LE PREMIER PRESIDENT.

Je suis innocent du sang du juste et en lave mes mains[2].

M. BERNARD[3].

Je ne trouve pas de preuve assez convainquante.

M. BOUCHERAUD[4].

Bienheureux celuy qui ne se trouve pas en la compagnie des mechans!

Fouquet, dont le plan détaillé fut trouvé dans ses papiers, et qui, selon M. P. Clément, à qui l'on doit la publication de cette curieuse pièce, fut, malgré les dénégations du surintendant, la véritable cause de sa condamnation. V. le travail de M. Clément sur Fouquet (*le Correspondant*, 25 avril 1845, p. 257 et suiv.) V. aussi la lettre de Mme de Sévigné du 4 décembre 1664.

1. Le chancelier, président de la chambre de justice devant laquelle avoit été renvoyé Fouquet.

2. Il n'eut point en effet à prendre part au procès.

3. L'un des vingt-deux juges du surintendant, vota pour le bannissement.

4. C'est Boucherat, alors maître des requêtes et depuis chancelier. Il étoit de la commission chargée de la poursuite du procès. C'est lui qui avoit été chargé de mettre les scellés chez le surintendant. Mme de Sévigné se moque du chancelier, qui tous les jours se faisoit faire la leçon par Boucherat.

M. Renard[1].

Vous ne repondez point aux choses que l'on vous demande.

M. Brillac[2].

Je ne trouve point de sujet pour le condamner.

M. Pussort[3].

Si vous ne le condamnez, vous n'estes pas amy de Cæsar.

1. Conseiller de la Grand'Chambre, l'un des plus favorables d'entre les vingt-deux juges. C'est lui qui fut surtout frappé de l'aisance et du sang-froid de Fouquet. « Notre cher et malheureux ami, écrit Mme de Sévigné (2 décembre 1664), a parlé deux heures ce matin, mais si admirablement que plusieurs n'ont pu s'empêcher de l'admirer. M. Renard a dit entre autres : Il faut avouer que cet homme est incomparable; il n'a jamais si bien parlé dans le Parlement. Il se possède mieux qu'il n'a jamais fait. »

2. Conseiller au Parlement et l'un des vingt-deux juges. Il vota pour le bannissement pur et simple, et repoussa avec vigueur l'idée du dernier supplice, auquel quelques uns vouloient condamner Fouquet. Son intimité avec les auteurs, qui presque tous étoient les protégés et, chose rare, les fidèles défenseurs du surintendant, fut peut-être pour quelque chose dans son indulgence. Il étoit surtout au mieux avec Racine, à qui, selon les *Mémoires* du fils, il apprit les termes de palais nécessaires pour sa comédie des *Plaideurs*.

3. Henri Pussort, conseiller d'Etat, oncle maternel de Colbert, et qui, bien que récusé tout d'abord par Fouquet, fut l'un de ses juges les plus acharnés. Quand vint son tour de donner son *avis*, il parla quatre heures « avec tant de véhémence, tant de chaleur, tant d'emportement, tant de rage, dit Mme de Sévigné, que plusieurs juges en furent scanda-

M. Talon [1].

Il faut qu'un homme meure pour tout le peuple!

M. Berrier [2].

A quoy bon chercher d'autres preuves?

Les Provinciaux.

Prenez, prenez-le, et le crucifiez!

lisés, et l'on croit que cette furie peut faire plus de bien que de mal à notre ami. » Pussort vota pour la mort. Dans l'espèce de complainte qui fut faite sur ce procès, avec un couplet flatteur ou satirique pour chacun des vingt-deux juges, suivant qu'il avoit été indulgent ou sévère, voici le *lardon* qui lui échut :

> Monsieur Pussort
> Harangua fort;
> Mais par malheur il prit l'essor,
> Et sa sotte harangue
> Fit bien voir au barreau
> Qu'il a beaucoup de langue
> Et fort peu de cerveau.

1. Procureur général dans le procès. Il y mit trop d'intégrité et de conscience au gré de Colbert, et l'on trouva moyen de le faire renvoyer et remplacer par M. de Chamillart.

2. Agent de Colbert, qui dirigeoit le procès avec la plus incroyable passion. M. d'Ormesson, dans son *Journal*, le donne comme l'homme le plus décrié de Paris. En dix-huit mois seulement il avoit fait, lui qu'on chargeoit de sévir contre les concussions de Fouquet, pour plus de 1,800,000 livres d'acquisition. « C'étoit, dit M. d'Ormesson, un fripon hardi et capable de toutes choses. » Sur la fin du procès, se voyant renié et abandonné de tout le monde, il devint littéralement fou. V. lettre de Mme de Sévigné du 17 décembre 1664.

MADAME DU PLESSIS[1].

Je suis triste jusques à la mort.

M. FOUQUET.

Seigneur, je leur pardonne : ils ne sçavent ce qu'ils font.

M. BERNARD.

Vous me renierez trois fois avant que le coq chante.

M. DE LA BAZINIÈRE[2]

Ne vous assurez pas sur la faveur des grands.

M. JEANIN.

Je suis mené au supplice comme un agneau innocent.

M. DE GUENEGAUD.

S'il est possible, que je ne boive point cette couppe.

---

1. Mme du Plessis Bellière, dont le maréchal de Créqui avoit épousé la fille. Elle étoit fort amie de Fouquet, et avoit même été, à ce qu'il paroît, la confidente de ses prétentions sur l'amour de Mlle de La Vallière.

2. Trésorier de l'Epargne, époux de la fameuse Mlle de Chemerault. Il étoit mort avant 1649. On dit de lui dans le *Catalogue des partisans* : « La succession de La Bazinière ne doit pas être exempte d'une légitime recherche, sa naissance et la condition de lacquais où il a esté eslevé ne pouvant pas lui avoir donné les avantages d'une si grande fortune que celle où il est mort. » L'abbé de Marolles (*Paris, ou la description succinte de cette grande ville*, in-4) cite l'hôtel que La Bazinière avoit fait construire dans le quartier Richelieu parmi les plus beaux de Paris.

M. Girardin.

Si Dieu ne bastit la maison, ceux qui travaillent travaillent en vain.

M. Monnerot [1].

Seigneur, si vous epluchiez nos fautes, qui est celuy qui sera juste devant vous?

M. de Lorme.

Seigneur, ne me reprenez point dans vostre colère!

M. Bruant [2].

Il a vu la mer et s'en est fuy.

M. Fouquet.

Seigneur, vous les connoistrez par leurs œuvres.

Le Confiteor de Monsieur Fouquet.

Dans ce funeste estat où chacun m'abandonne,
Et contre moy les loix exercent leur pouvoir,
La mort, la triste mort, n'a plus rien qui m'etonne,
Et je dis de bon cœur, pour faire mon devoir,

Confiteor.

Les respects que chacun me rendoit à toute heure,

---

1. Fameux financier du quartier Richelieu, dont il est parlé sous le nom de Moncrot, défiguré exprès, dans les *Mémoires* de Daniel de Cosnac, t. 2, p. 29. V. aussi le *Catalogue des partisans*, où ce qu'on prête ici à Monnerot sur sa crainte de voir éplucher ses fautes se trouve justifié.

2. Bruant des Carrières, principal commis de Fouquet.

Tous ces divins honneurs que partout on m'a faits,
Ces superflus lambris et mes riches demeures,
Tout cela m'engageoit à ne penser jamais
   Deo.

Je n'eus point d'autre but que de ruiner la France;
A ces desseins pervers mon esprit s'employoit,
Et par là je m'estois acquis tant de puissance
  Que partout on me comparoit
   Omnipotenti.

Je foulois sous mes pieds et la pourpre et l'ivoire,
Chez moy l'or et l'argent s'entassoient à monceaux;
Je mettois en ces biens mon bonheur et ma gloire,
Et j'aimois ces objets plus que tous les tableaux
   Beatæ Mariæ.

  Bien que je prisse à toutes mains,
  Jamais mon cœur ne peut rien rendre,
  Et j'avois de si grands desseins
Que, pour y réussir, partout il falloit prendre
   Semper.

  Sur chacun j'ay fait ma fortune,
J'ay volé le marchand, j'ay volé le bourgeois,
  Et je me souviens qu'autrefois
  J'ay ravy l'honneur à plus d'une
   Virgini[1].

  Jamais toute la terre humaine
  N'eut sçeu peser tous mes tresors;
Elle auroit employé vainement ses efforts.

1. C'est une paraphrase du vers de Boileau fait pour Fouquet :

  Jamais surintendant ne trouva de cruelles.

Puisqu'un fardeau si lourd auroit fait de la peine
      Beato Michaeli Archangelo.

Dans ce comble d'honneur, rien ne m'estoit contraire;
Je fondois mes grandeurs en balets, en festins;
J'estimois plus la Cour qu'ensemble tous les saints,
Je fis cent feux pour elle, et jamais un pour plaire
      Beato Johanni Baptistæ[1].

Je n'eus point de respect pour le saint evangile;
En tous temps, en tous lieux, je meprisois la croix;
En vain à me precher on employoit sa voix,
Cette peine eut esté tout ensemble inutile
    Sanctis apostolis Petro et Paulo,
    omnibus sanctis et tibi, Pater.

Mais tout ce qui me rend encor plus criminel,
    Et qui redouble mon martyre,
    Le trouble que j'ay fait est tel
Que pour m'en excuser je n'ay point lieu de dire
      Quia.

Pendant ce temps fatal de ma gloire passée,
L'estat où je vivois eblouit ma raison;
Je me plaisois de voir la France renversée,
Et ne disois jamais pour mes crimes un bon
      Peccavi.

Le peuple, cependant, contre moi murmuroit;
Le paysan trop foulé crioit sur moy vengeance;
Un chacun, en un mot, surpris de ma puissance,
Disoit enfin tout haut que toujours je prenois
      Nimis.

Bien que j'eusse troublé l'Estat et les affaires,
Qu'il sembloit que la France eut ployé sous mes loix,

---

1. Jean-Baptiste Colbert.

Et que tout fut reduit aux dernières misères,
J'en avois projetté bien d'autres, toutesfois,
Cogitatione.

Ouy, j'avois des desseins que je n'oserois dire,
Et par lesquels j'allois bientost tout opprimer,
Et je n'y puis penser
Que mon cœur ne souspire
Verbo.

Mais, si, pour renverser la France,
A cent desseins pervers j'appliquois tous mes soins,
Si des grands pour cela j'employois la puissance,
Moy-mesme aussi je n'y travaillois guère moins
Opere.

Mais, puisqu'enfin il faut perir,
Et que sur moy les loix exercent leur justice,
Sans murmurer on me verra mourir
Et confesser tout haut qu'on m'a vu au supplice
Mea culpa.

Fin.

Sur les armes de Messieurs Fouquet, Le Tellier et Colbert.

Le petit escureuil est pour tousjours en cage,
Le lezard, plus rusé, joue mieux son personnage ;
Mais le plus fin de tous est un vilain serpent
Qui s'avançant s'elève et s'avance en rampant [1].

[1]. Un des griefs de Colbert contre Fouquet, c'est que celui-ci avoit fait peindre à Vaux, lors des grandes fêtes données au roi, un écureuil poursuivant une couleuvre, avec ces mots : *Quo non ascendet!* L'écureuil, c'étoit Fouquet ; la couleuvre, Colbert, qui s'étoit en effet donné un *coluber* pour armes parlantes. Il le mettoit partout. On le trouve encore sur la façade récemment réparée, c'est-à-dire défigurée, d'une maison qu'il avoit fait bâtir rue du Mail, n° 9. Le coluber symbolique se voyoit dans la coiffure du macaron qui décoroit la clef de voûte de la porte cochère ; il se trouve encore gracieusement enroulé dans les volutes du chapiteau corinthien qui surmonte les pilastres.

Exil de Mardy-Gras, ou arrest donné en la Cour de Riflasorets, establie en la royalle ville de Saladois, par lequel, nonobstant la garantie des Epicurois et Atheismates, opposition des esleuz de la Frelauderie, malades, pauvres, artisans, amoureux, dames, gueux et le fermier de la boucherie de Caresme, Mardy-Gras avec tous ses supposts est banny du ressort et empire de ladite Cour pour le temps et espace de quarante et un jours.

A Lyon, par les supposts de Caresme.
1603. In-8.

ADVERTISSEMENT AU LECTEUR AMY.

Benevole lecteur de Caresme, nous t'eussions peu donner avec plus d'apparat et de figures ce petit procès contre Mardy-Gras, mesmes y eussions peu mettre les plaidez, non en forme compendieuse d'un *veu* de procès, comme tu vois, mais en toute leur splendeur, avec leurs loys et paragrafes, et y adjouster encor la disposition dudit Mardy-Gras de ses biens, s'en allant en exil, comme il luy est permis par l'arrest, si le temps nous en eust donné le loisir; mais tu recevras ceci en intention que s'il t'agrée de le faire en meilleure forme, ni plus ni moins que les procès d'amour, et en bref après Pasques. Vis cependant content et ne te despite pour chose que tu verras icy, mais prens le tout en bonne part et ayme-moy. Adieu.

Quatrain.

Lecteur, ne pense pas que, faute de sagesse,
Ay faict parler ainsi ce livre follement;
Mais pense que je veux, sous tel deguisement,
Te forcer de l'Église à la divine adresse.

Arrest intervenu sur le procez intenté en la cour souveraine de Riflasorets, establie en la ville de Saladois,

Entre noble maistre Megrinas *Caresme*, prince du Jeusne et de la Penitance, seigneur souverain de la Discipline, frère germain de l'Aumosne, protecteur de la Charité, etc., demandeur en pocession de temps et autrement en excez, et le sindic des Penitantiates et Jeusnamites, et le procureur général du souverain ressort de Saladois, joint à luy, d'une part;

Et hault et puissant prince Grossois *Mardy-Gras*, idole des Affamés, empereur des Yvrognes, roy des Gormands, seigneur souverain de la Desbauche, archiduc des Epicuriens, comte des Athées, marquis de Frelaudois, baron de Paillardise, sire de

EXIL DE MARDY-GRAS.   99

Paresse, captau[1] de Feneantise, visconte des Bons-Compagnons, capitaine des Tirelaines, lieutenant general du grand empereur des Fausses-barbes, et ses supposts, Pensard, Crevard, Jambonois, Bodinois, Sossissois, Godivois et autres, etc.; deffendeur autrement anticipé et appelant du conservateur des priviléges, droits, noms, raisons et actions, intelligences, executions, renommée, quatre-temps, vigiles et foires du grand et petit Caresme, et les desputés des cantons epicurois et atheismates, prenans la cause en garantie pour ledit hault prince Mardy-Gras, et les esleus de la Frelauderie, et les sindics des malades, fiebvreus, pulmoniques, catareux, sciatistes, gouteux, verolés, coliquistes, frigidistes, migranistes, pieristes ou gravelistes, chassieux et autres semblables ou soy-disants tels, et les chefs de la noble confrairie de pauvreté et necessité des Artisants, et les amoureux mignons, meneurs soubs bras, Narcisses des villes, Adonis de rues, courtisans de boutique, supposts de bal, muguetteurs[2] de filles, senteurs de vesses, odorateurs de pets, rabats blancs aux sales chemises, cureurs de dents aux ventres creux, mesnagers d'amour, fondeurs de larmes, distilateurs de souspirs et autres,

1. Pour *captal*, mot de la langue d'Oc qui se prenoit dans le sens de *chef* et *seigneur*. On connoît, au temps des guerres de du Guesclin, le fameux *captal de Buch*. Alain Chartier l'appelle souvent *captau de Buch*.

2. Le même mot que *muguet*, tant employé depuis Etienne Pasquier (V. *Lettres*, t. 1, p. 23) jusqu'à La Fontaine et Molière. Selon le P. Labbe (*Etymologie des mots françois*, Paris, 1661, in-8, p. 351), c'étoit un dérivé des mots *mus-*

et les dames popines [1], grasses, maigres, fardées, grelotées, et autres *hujusdem generis*, et les Cap-d'escouade des gueux et mendians, et les fermiers de la boucherie de Ceresme [2], intervenans au procez, d'autre ;

Veu par la court souveraine de Riflasorets, establie en la ville de Saladois, le procès dont est question ; sommation faite par noble maistre Megrinas Caresme, prince de Jeune, etc., à haut et puissant prince Grossois Mardy-Gras, idole des Affamez, empereur des Yvrongnes, etc.; à ce qu'attendu que les sept semaines avant Pasques pendant lesquelles,

queter et *musqueterie*, dus à la mode de se parfumer de *musc* qui infecta tout le XVIe siècle, et dont parle Marot dans son épigramme à Guill. Cretin :

<pre>
      Mais vous, de haut savoir la voye,
      Sçaurez par trop mieulx m'excuser
      D'un grand erreur, si fait l'avoye
      Qu'ung amoureux de musc user.
</pre>

1. C'est-à-dire mignonne de visage et de taille et d'une grande propreté dans l'ajustement. On disoit plus souvent poupin et poupine. Au XVIIe siècle, c'étoit un mot qui vieillissoit.

2. Dans toutes les villes, un boucher affermoit, à ses risques et périls, le droit de vendre de la viande pendant le carême aux malades à qui leur état plus ou moins grave avoit fait accorder par l'Eglise la permission d'en manger. Si la santé publique étoit satisfaisante, c'étoit un homme ruiné ; s'il arrivoit quelque bonne épidémie, il faisoit sa fortune. A une lieue d'Orléans se trouve une jolie maison qui s'appelle la maison du *rhume*, parcequ'elle fut bâtie par un de ces fermiers de la boucherie de carême avec les bénéfices qu'une bienheureuse *grippe* lui avoit fait faire.

sans trouble, empeschement ny sedition dudit Mardy-Gras ni de ses supposts Pansard, Crevard, Jambonier, Boudinois, Saussissois, Godivois et autres, il devoit regner, devoient commencer le lendemain 12 de fevrier, an 1603, ledit Mardy-Gras et ses supposts eussent à vuider par tout le jour de toute la jurisdiction de la ville de Saladois et cour de Riflasorets, en datte du 12 desdits mois et an; signé : Harant-Blanc, notaire royal.

Assignation donnée audit Mardy-Gras pardevant le conservateur des privilèges, droits et raisons, vigiles, quatre-temps et foires du grand et petit Caresme, à la requeste dudit Caresme, en date desdits jour, mois et an; signé : Megrinet, sergent royal.

Acte de comparition dudit Caresme pardevant ledit conservateur, et deffaut donné audit Mardy-Gras; signé : Matafan, greffier, en date du 13 desdits mois et an.

Acte contenant l'appel dudit Mardy-Gras en la cour souveraine de Riflasorets, en datte desdits jour, mois et an, lettres royaux d'anticipation sur l'appel intenté par ledit Mardy-Gras; signé : Vinagret, controlleur en la chancellerie; ensemble assignation donnée sur lesdites lettres d'anticipation audit Mardy-Gras, à la requeste dudit Caresme, à ce qu'il vint proposer ses causes d'appel en la cour, le lendemain, jour d'audiance, suyvant les coustumes et reglements de ladite cour de Saladois; signé : Megrinet, sergent royal, en datte desdits mois, jour et an.

Plaidez des parties sur l'appel par lequel Harent-Soret, advocat dudit Caresme, auroit remonstré et requis que ledit Mardy-Gras eust à se desister de son appel, et, en outre, fut condamné à l'amende, et les parties renvoyées pardevant ledit conservateur, leur juge compétent. Et, au contraire, Pansardois, advocat dudit Mardy-Gras, auroit dit sa partie avoir bien appelé dudit conservateur, parce que ledit conservateur pourtoit son objet sur le front, estant conservateur de Caresme, et non de Mardy-Gras, et lequel ses officiers ne creignoient guères, homme qui pourteroit plus de faveur à Caresme qu'à luy, et qu'un tel juge luy estant grandement suspect, requeroit qu'il fut admis en son appel, et ledict Caresme débouté de sa demande et du renvoy de ladite cause, et qu'il pleut à la Court evocquer le principal; en ce faisant, ordonner que toutes parties viendroyent le lendemain plaider en l'audience, et où ledict Caresme proposeroit sa demande. Arrest par lequel la Court a evocqué le principal et ordonné que toutes parties viendroyent plaider le lendemain, despens reservez en fin de cause, en date du 14 desdits mois et an; signé : Harent-Soret et Pansardois, advocats.

 Autre arrest, intervenu le mesme jour sur les requestes faites par le sindic des Penitentiates et Jeunamites, du procureur-general du souverain ressort de Saladois, des esleuz de la Frelauderie, du sindic des malades, fievreux, pulmoniques, catarreux et autres nommez en l'instance, et des chefs de la noble confrairie de pauvreté et necessité; des artisans et des amoureux mignons, Narcisses de villes et autres, et des dames, et des caps-d'escouades [1], des gueux et mandians, et les fermiers de la boucherie de caresme, par lequel ledit sindic des Penitentiates et Jeunamites et ledit procureur-general sont receus parties au procès contre ledit Mardy-gras, et est permis à iceluy Mardy-gras de faire appeller le deputez des quantons epicurois et atheismates, lesquels il dit avoir garands en cause, et aux esleuz de la Frelauderie, sindic des malades, chefs de la noble confrairie de pauvreté, amoureux, dames, cap-d'escouade des gueux et mandians et fermiers de la boucherie de caresme d'intervenir audit procès, en datte du quatorzième desdits mois et an; signé : Lentillin, greffier.

Significations faites desdits arrests respectivement aux parties; signé : Goulas Fripet, Magret, huissiers en la cour, en datte desdits jour, mois et an.

Plaidez de Haren Soret, advocat en la cour, pour ledit Caresme, disant que, le onziesme de ce mois, il auroit fait sommer hault et puissant prince Grossolois Mardy-Gras, soy-disant idole des affamez, empereur des yvrongnes, etc., par Haran Blanc, notaire royal, à ce que, suyvant les bonnes et louables coustumes, traditions des Pères, ordonnance de l'Eglise, par tout le jour dudict onziesme dudict mois de febvrier audit temps [2], ledit jour finissant inclusivement et precisement au signe que la cloche des cordeliers sonneroit de la minuit passée, ou en tout cas à une heure après minuict, à cause de certaines pretensions et procez intentés par les

1 C'est-à-dire chefs d'escouade.
2. Pour : audit an.

bons compaignons Fausses-Barbes, Tire-Laines, Gueux et Mandians, lequel procez est encores indecis, et auquel ledit Haran Blanc, pour ses parties, n'entend en rien prejudicier, ledit Mardy-Gras eust à vuider de tout le ressort de ladite Court souveraine de Saladois, laissant à sa partie la possession vuide et paisible dudit pays, sans fracas de marmites, belemens de veaux, d'agneaux, de chèvres, chevreaux, brebis, moutons, mugissement de bœufs, grougnement de pourceaux, caquelinement de coqs, coquassement de poules, piolemens de poulets, pipiemens de pigeons, tintamarres de poiles, chauderons, pots, marmites, cramails, poilons, cuillères; massacre de perdris, faisans, grives, beccasses, tourterelles, alouettes, coqs d'Inde, levraux, canards privez et sauvages et estourneaux; mangement de saucisses, goudiveaux, pastez, bœufs, moutons, agneaux, saucissons à l'italienne et autres entretiens et fauteurs dudit Mardy-Gras, partie adverse, par tout le terme et espace de sept sepmaines devant Pasques (ledit temps commençant depuis ledit jour onziesme de ce mois de febvrier 1603 jusques au 30 exclusivement de mars, audit temps).

A laquelle sommation tant s'en faut que ledit Mardy-Gras, partie adverse, eust obey, et, en ce faisant, amiablement promis vuider dudit pays audit terme, qu'au contraire, ayant trouvé le jour d'après, à midy, sa partie reniant et blasphemant le nom de Dieu, et ayant une grande chaine de goudiveaux et saucissons au col, armé d'une marmite à la teste, de deux chauderons derrière et devant, une poile ceinté à son flanc, une cuillère sur le cul en guise de pougnart, une lichefrite pour cuissards [1], avoit bravé ledit Caresme, sa partie, disant qu'en despit de luy, pendant ledit temps de sept semaines, il regneroit et auroit plus de fauteurs et courtisans que sa partie, qui n'estoit qu'un cague-foireux, visage de prunes cuittes, hypocrite, mangeur de pate-nostre, encoffreur d'amandres pelées, et autres injures, par lesquelles il avoit taxé grandement l'honneur de sa partie. Et en outre avoit ledit Mardy-Gras commandé à Pansard, Crevard, Socissois, ses supposts, de battre sa partie et luy chier sur le nez, tellemant qu'en riant il leur avoit dit : Esconchiez maistre Caresme ; et l'avoyent fait, comme ledit Caresme sa partie verifieroit très bien.

Parquoy demandoit et requeroit, concluant au nom de sa partie, que ledit Mardy-Gras fut condamné, suyvant les bonnes coustumes, traditions de Pères, commandemens de l'Eglise, non seulement à vuyder du ressort de ladite court souveraine de Saladois, mais encore, pour reparation des injures faites à sa partie (lesquelles, en cas que partie adverse les voulsit denier, il offroit verifier), ledit Mardy-Gras fut dès ce jourd'huy banny du pays, et inhibition et deffenses à luy faites d'y revenir qu'à minuit du 29 de mars precisement, audit temps 1603 ; faire amende honorable, la hart de fèves au col, le bourreau à sa queue, un cierge d'abstinence en sa main, pesant dix livres ; en outre, estre condamné à dix mille li-

---

[1] Cette description du costume de Mardi-Gras rappelle tout à fait certains tableaux de mascarades allemandes et hollandoises peintes par Van Boons, et dont le *Magasin pittoresque* a reproduit quelques unes des plus curieuses figures, t. 3, p. 65.

vres soreloises envers les pauvres de l'hospital, quatre-vingt mille lenticuloises envers sa partie, et à tenir prison jusques à plain payement, et à tous despens, dommages et interests. Signé : Harant Soret.

Dire des Penitentiates et Jeusnamites.

Autre plaidé de Pain-Sec, advocat plaidant pour le sindic des Penitentiates et Jeusnamites, disant que c'estoit une grande vilennie et un grand deshonneur à la Court souveraine de Riflasorets voir ledit Mardy-Gras, un vrai gourmand, paillard, yvrogne et epicurien, n'estre pas content embourber au peché de gueule, d'yvrongnerie, et, par consequent, de tous les autres vices, tout le long de l'année, les nobles, le peuple et toute sorte de gens, mais encores oser braver et troubler en la possession de son rang le venerable Caresme, le règne duquel avoit esté introduit par les saints Pères et par la constitution de l'Église, pour matter nostre chair et la rendre plus souple à la discipline, plus capable de raison, et par ainsi plus propre à obeyr aux commandemens de Dieu; que ledit Mardy-Gras estoit un presumptueux, scandaleux, et que l'on n'oyoit jamais que ses bravades et menasses par lesquelles il se jactoit [1] de perdre, mettre à mort, estouffer et aneantir du tout le saint Caresme, qui estoit le seul frain du vice, la terreur de la licence de la chair, père du jeune, de la charité et de l'obeyssance que Dieu requiert de nous et de toutes autres disciplines

---

1. *Se vantoit*, du latin *jactare*.

chrestiennes ; qu'on ne voyoit que tous les jours courir par les rues de toutes les villes du ressort de Saladois, et par tous les chemins du plat païs, armées de perdris, levraux, chappons, coqs d'inde, poules, venaison, chair salée, saucisses et autres gens d'armes propres pour assieger, faire force, et faire mourir ledit Caresme.

Partant, concluoit ledit Pain-Sec, au nom de ses parties, que ledit Mardy-Gras fut envoyé en exil dès ce jourd'huy, inhibé et deffendu à toute sorte, qualité, condition, sexe de personnes, de le recevoir ny à luy de comparoistre jusques au trantième de mars exclusivement 1603, que la grand messe soit dite par toutes les églises ; signé : Pain-Sec.

Autre plaidé de Pansardois, advocat dudit Mardy-Gras, par lequel premierement il soustient qu'il n'est point un scandaleux ny seditieux, comme le sindic des Jeunamites et Penitentiates faussement, souz correction de la Court, a fait plaider par Pain-Sec, son avocat, ains que ce sont toutes impostures et injures, desquelles il demande reparation telle que la Cour sage verra estre propre pour reparer l'honneur d'un tel prince et grand seigneur comme il est, homme d'honneur, homme de bien, homme sans scandale, et homme qui practique honnestement avec tout le monde, affable à un chacun, bien venu partout, mangeant son bien avec allegresse, sans apporter difference, distinction, escritures, poix, mesures, hauquet, lardons, figure, negociation, transportement ny quadrature aux viandes, lesquelles Dieu a donné à l'homme pour s'en servir en ses necessitez et en son appetit, ayant creé les viandes et le temps pour l'homme, et non l'homme pour le temps ou les viandes ; que la gourmandise et friandise se pouvoit mieux exercer souz le règne de Caresme que souz le sien, l'empire duquel s'estendoit sur les carpes de Saône, truites, brochets, estourgeons, saumons, saules, cabots, rougets, lamproyes, alouzes, eguilles marines, escrevices et autres sortes de poissons de mer, d'estangs, de fleuves, de rivières et de mareschages, dans la saulse desquels gisoit l'esguillon de la friandise ; et que c'estoit luy qui estoit le paillard, provocquant ordinairement le monde à luxure [1] ; que luy seul estoit le père de Venus, fille de la mer, *id est*, expliquant la fable, fille de la saleure, dans laquelle principalement et particulierement consistoit ledit Caresme; que mesme il n'estoit autre chose que salure : ce qui mesme se verifioit par les registres des eglises du mois d'octobre, novembre et décembre, pendant lequel temps il s'y baptisoit plus d'enfans desquels la conception venoit à estre en fevrier, mars et avril, durant les-

[1] Il a été reconnu que le poisson, en raison du phosphore qu'il contient tout formé, principalement dans les *laites*, possède une grande vertu prolifique. Brillat-Savarin, dans sa méditation VIe, s'étend sur cette particularité, sur ses causes, sur ses effets, et ajoute : « Ces vérités physiques étaient sans doute ignorées de ces législateurs ecclésiastiques qui imposèrent la diète quadragésimale à diverses communautés de moines, telles que les Chartreux, les Récollets, les Trappistes et les Carmes déchaux réformés par sainte Thérèse : car on ne peut pas supposer qu'ils aient eu pour but de rendre plus difficile l'observance du vœu de chasteté, déjà si anti-social. » (*Physiologie du goût*, édit. Charpentier, p. 109.)

quels estoit le règne de Caresme, qu'en autre ; mesmes qu'il estoit très certain qu'audit temps de fevrier, mars et avril les maquereaux avoient plus de practique, ce qu'il offroit verifier par les depositions d'eux-mesmes ; qu'il estoit le soustien des affamez, le medecin des malades, le restaurateur des catarreux, pulmoniques, verolez, critiques, languissans, gouteux, sciatistes, pierreux, migranistes, coliqueux, fievreux et autres, lesquels sans luy, souz le règne de ce maistre truand Caresme, seroient pour mourir ; et, en ce que ledit Caresme a fait plaider par Harent-Soret, son advocat, qu'il n'avoit point voulu obeyr à la sommation, au contraire l'avoit outragé d'injures et fait outrager par ses supposts, disoit, ne nyant le cas, qu'il avoit très bien fait : le premier pour double raison, parce qu'il le vouloit jetter de la republique, qui y estoit si necessaire, et, en outre, que le sindic des quantons epicurois et atheismates luy avoit fait requeste de n'obeyr à ladite sommation, et qu'ils luy en seroient à garand, et, à ces fins, les avoit fait appeler selon que la cour les voyoit comparoistre par Cameleon, leur advocat ; le second parce que, lors de ladite sommation, iceluy Caresme l'avoit injurié, l'appellant seditieux, ce qui l'avoit esmeu à juste colère, voyant ce petit pendard de Caresme, gentilhomme de quarante jours, prince de sept semaines, roi de trois tigneux et un pelé, oser l'injurier, à luy roy des roys, prince des princes, commandant à tant d'empires, de royaumes, de duchez, de comtez, de republiques, de communautez, de provinces, de villes, d'hommes ; partant, concluoit qu'il devoit estre relaxé de la demande en excez dudit Caresme, et, en outre, attendu qu'il estoit si nécessaire en la republique, devoit estre maintenu en la possession de son règne ; et, en tout cas, que la cour voulsist, suyvant le reglement des autres années, le dechasser ; concluoit contre ledit sindic des quantons epicurois et atheismates, ses garands, des dommages et interests et de despens qu'il avoit encouru pour la provision qu'il avoit faicte, pour se maintenir en la republique selon sa qualité, mesmes des impositions qu'il avoit faictes extraordinaires pour maintenir la guerre contre ledit Caresme et les sindics des Jeusnamites et Penitentiates, ses adversaires jurez, et autrement en la meilleure forme que faire se pouvoit. Signé : Pansardois, advocat en la Cour.

Dire des Epicurois.

Autre plaidé de Cameleon, aussi advocat en la Cour, pour ledit sindic des Epicurois et Atheismates, prenans la cause et garantie pour ledit Mardy-Gras. Au nom de ses parties dit, que, sesdites parties ayant veu le grand froid qui avoit couru ceste année et le temps auquel estoit succedé le règne de Caresme, par le moyen de quoy les rivières estans glacées et les jardins sechez pour le trop de froidure, qu'il ne s'y pouvoit pescher aucune sorte de poisson frais, et que la mer n'en pouvoit debiter à cause des rivières gelées ; que les charriages annuels qui souloyent donner à foison de poisson salé estoyent empeschez à cause des chemins gelez, et qu'il n'y pouvoit naistre aucune herbe, comme espinars, borraches, bugloses, cardons, pastenades, eschervices, laitues, pimpinelle, chicorée, endives, cerfeuil, roquette, blanchette, œil de chien et autres sortes d'herbes qui peuvent faire passer la melancolie, par leur gout crud ou cuit, de l'absence et exil du très-illustre prince Mardy-Gras, ils avoyent, de peur de mourir de fain en telle necessité et extremité de famine, heu recours à la benignité et faveur dudit Mardy-Gras, lequel ils auroyent prié, ainsi que Pansardois, advocat, a très-bien remonstré, de n'obeir point à la sommation dudit Caresme, et, ayant pitié d'eux, ne les desemparer, qui seroient par son absence pour mourir de fain, luy promettant, en cas qu'il en fut inquieté, de prendre la cause pour luy et luy en estre à garand. Laquelle chose ils font et remonstrent à la Court que, à correction, il n'y peut eschoir bannissement contre ledit Mardy-Gras comme les années passées, attendu ce qu'ils ont jà remonstré à la Cour, le temps auquel est survenu le règne de Caresme, les chemins glacez, les rivières inutiles, les pêches trop froides ; concluant, veu le grand interest que la republique a de la presence dudit Caresme, pour ceste année seulement, ayant pitié d'eux, qui seront pour mourir si ledit Mardy-Gras est banny, qu'il plaise à la Cour debouter ledit Caresme de sa demande contenant le bannissement dudit Mardy-Gras, lequel sera maintenu en son règne, avec despens. Signé Cameleon.

Dire du Procureur general.

Autre plaidé de Craquelin [1] Popelin [2], procureur general au ressort de la Cour souveraine de Saladois, disant que ledit Mardy-Gras et ses garands ne sont que des vrays imposteurs, seditieux et athées, puisque ils n'ont honte à la face de la Court de vouloir que les coustumes louables et de toute ancienneté introduites, seul ciment de la republique, fondement de l'obeyssance, liaison de l'estat et colonnes et assurances des royaumes, pour un appetit desordonné, une gourmandise temporelle, soyent abastardies et ostées du tout de la republique, et qu'il y va de l'honneur de la Cour si, ayant esgard aux demandes dudit Mardy-Gras et de ses garands, elle permet qu'iceluy règne avec Caresme, deux extrèmes si extremement contraires et tellement adversaires que l'un ne peut regner avec l'autre. Partant, conclut que, en ce qui concerne la demande en possession de temps dudit Caresme, iceluy soit maintenu en son royaume temporel de sept semaines et en la possession du temps de quarante-cinq jours, suyvant les anciennes ordonnances, edicts des saincts Pères et constitutions de l'eglise ; et, ce faisant, soit enjoint audit Mardy-Gras dès maintenant vuider de la Cour souveraine de Saladois et de tout son ressort, avec

[1] Le *craquelin*, pâtisserie sèche qui se mange encore dans quelques provinces, s'appeloit ainsi parcequ'elle *craquoit* sous la dent.

[2] Ou *poupelin*. V., sur la manière dont on faisoit cette pièce de four au XVIIe siècle, notre édition du *Roman bourgeois*, p. 51, note.

tous ses supposts, et laisser la possession du royaume paisible audit Caresme, suyvant le reglement pris de tout temps, et ne comparoistre jusques au 30 de mars prochain precisement à la minuict, à peine, s'il est trouvé pendant ledit temps à luy ordonné pour son bannissement, sans autre forme de procez soit condamné à estre pendu et estranglé ; et en ce que concerne la seconde demande en excès, attendu que cela provient plus tost d'une imprudence et vaine gloire que de mauvaise volonté, les parties soyent mises hors de cour et de procez sans despens ; et, en ce que touche la garantie que ledit Mardy-Gras demande contre les sindics des quantons epicurois et atheismates, laquelle mesme ils ont prins pour ledit Mardy-Gras, il soit dit n'y avoir lieu d'aucune garantie, laquelle soit cassée et annulée, parce qu'il est notoire que ledit Mardy-Gras est en mauvaise foy, prenant la promesse de ladite garantie, attendu qu'il sçavoit bien icelle ne valoir rien, *ex eo ipso* qu'elle estoit *contra bonos mores et antiquas consuetudines reipublicæ, ædicta patrum et mandata ecclesiæ*, sauf audit Mardy-Gras estre donné tel terme que la cour advisera pour vendre, donner, aliener et autrement disposer des preparatifs qu'il avoit fait pour sa demeure pretendue. Signé CRAQUELIN-POPELIN, procureur général.

Dire des esleus de la Frelauderie.

Autre plaidé de Genevrard, advocat en la cour, parlant pour les esleuz de la Frelauderie, et disant qu'il a un grand interest pour ses parties à ce que les conclusions du procureur general ne soient suyvies, et qu'en ce faisant que ledit Mardy-Gras soit du tout dechassé de la republique et de tout le ressort de la cour, attendu que notoirement c'est contrevenir contre leurs anciens priviléges, que la cour leur a tousjours maintenus souz la liberté de conscience, en laquelle ils ne peuvent estre forcez; joint que la cour sçait très bien qu'ils sont fondez sur la prescription de temps, prescription de dix, de vingt, de trente, de quarante, cinquante et cent ans, et mesmement *extra viventium memoriam*, pour autant que ce temps est escheu depuis qu'ils se sont soustraits et emancipez de l'obeissance dudit maistre truand de Caresme et de ses autres foires, comme Vigiles, Quatre-Temps, mesmes qu'ils ont publié une assemblée pour se soustraire des autres foires appellées le Vendredy et Samedy; laquelle assemblée finie, ils sont resolus de presenter à la cour requeste aux fins que ils soient du tout distraits et absouz desdites foires appellées Vendredy et Samedy, lesquelles toutesfois, *propter scandala*, ils promettent bien de garder pour ceste fois seulement, sans tirer là consequence; soutenant pour toutes conclusions, veues les causes jà alleguées pertinentes et peremptoires, qu'il n'y a lieu que les conclusions dudit procureur general soient gardées en ce que touche et concerne le particulier de la Frelauderie, par ainsi qu'il leur soit permis de vivre à leur poste sans recognoistre ledit Caresme, et en ce faisant qu'ils puissent heberger ledit Mardy-Gras. Signé GENEVRARD.

Dire des malades.

Autre plaidé de Plaintignard, advocat aussi en la cour, plaidant pour les sindics des malades, fievreux, pulmoniques, catarreux et autres, disant qu'en ce que concerne aussi le particulier de ses parties, les conclusions dudit procureur general ne peuvent avoir lieu, d'autant que la cour sçait très bien et experimente elle-mesme plusieurs fois que le Caresme n'engendre que catarres, ventositez, cruditez, frigiditez, mal d'estomac, humiditez, alterations, rumes et autres telles maladies, lesquelles, par le moyen dudit Caresme, ont esté semées dans le monde pour opprimer les mortels, et qu'eux, estans opprimez et vexez de telles maladies auxquelles le Caresme est extremement contraire, ils ne peuvent pour leur regard recognoistre le royaume d'iceluy, s'ils ne veulent tout manifestement en mesme temps bastir leurs sepulchres; joint que ladite cour sçait très bien que les dispenses ne leur sont jamais esté deniées, soit au ressort de la cour ou dans le sévère et rigoureux commandement de la rude inquisition; parquoy conclut pour ses parties qu'il luy soit permis avec dispenses (lesquelles ils prendront et recevront), *propter scandala*, comme les années passées, ne recognoistre point le règne de Caresme, et en ce faisant puissent heberger ledit Mardy-Gras. Signé PLAINTIGNARD.

Dire de la confrairie de pauvreté et des Artisans

Autre plaidé de Mequaniquois, aussi advocat en

la cour, plaidant pour les chefs de la noble confrairie de pauvreté et necessité des artisans, disant qu'il ne peut escheoir lieu pour les conclusions dudit procureur general, en ce que concerne le particulier et general de ses parties, d'autant que la cour sçait très bien la necessité de ses parties, qui vivent du jour à la journée sans pouvoir faire provision comme les riches, et puis la grande cherté qu'il y a au règne de monsieur Caresme, car, estans chargez d'une multitude d'enfans, souz le règne de monsieur Mardy-Gras avec deux sols ils peuvent mieux paistre et entretenir leur affamée famille que souz le règne de Caresme avec trente sols; non pas que pourtant ils ne desirent recognoistre ledit Caresme et les saintes constitutions de l'Eglise, et ce qu'ils monstrent bien en ce qu'ils ont tousjours rejetté les seductions des ennemis dudit Caresme, qui leur vouloient faire secouer son joug par offre de leur donner cinq, dix, quinze, vingt, trente, quarante et cinquante sols la semaine d'aumosne; que mesme ils en ont seduit plusieurs, à quoy ils resisteront si Dieu plaist, moyennant aussi qu'il plaise à la cour avoir esgard à leur necessité; partant demande au nom de sesdites parties que veu qu'ils seroient pour mourir de faim s'ils estoient contraints de vivre souz les loix dudit Caresme, qu'il leur soit permis, *partim* pouvoir heberger ledit Mardy-Gras, et *partim* vivre souz le règne dudit Caresme. Signé Mequaniquois.

Dire et Apposition des Amoureux.

Autre plaidé de Mignotis, aussi advocat en la cour,

plaidant pour les amoureux mignons, meneurs souz bras, Narcisses de villes, Adonis de rues, courtisans de boutiques, suppôts de bal, muguetteurs de filles, senteurs de vesses, odorateurs de pets, rabats blancs aux sales chemises, cureurs de dents aux ventres creux, mesnagers d'amour, distillateurs de souspirs, fondeurs de larmes et autres semblables, disant que, pour le regard aussi de ses parties, il auroit un notoire grief si les conclusions du procureur general estoient suyvies par la cour, attendu qu'elle sçait bien que, pour passer ce Caresme, à cause des glaces qui ont fermez la debite de la mer, l'opulence des rivières et l'abondance des vivres, il n'y a que de vieille moulue et de vieux harans sorets et blancs, lesquels ils seroient contraints manger, et d'iceux imbiber leurs accoustremens, leurs mains, leurs cheveux, leurs nez, leurs bouches, d'où ils seroient contraints de recevoir une odeur punaise, laquelle les priveroit du doux entretien de leurs dames, du baiser de leurs favorites, du toucher de leurs amantes, et enfin du doux propos, gratemains, meneries [1], happallages [2], metonimies [3],

---

1. Dérivé singulier du verbe *mener*. L'on entend ici cette douce chose du commerce amoureux qui consiste à se faire partout le compagnon, le *meneur* de celle qu'on aime. Mme de Staal (Mlle de Launay) dans ses charmants *Mémoires*, (édit. Colnet, t. 1, p. 15,) fait une très fine remarque sur les indices qu'une femme peut tirer de ces *meneries* pour s'assurer du degré d'amour qu'un homme a pour elle. Elle parle de M. Brunet, qui, les jours qu'elle sortoit de son couvent pour aller chez mesdemoiselles d'Epinay, s'empressoit toujours de la reconduire. « Je découvris, dit-elle,

passement de ponts, sautement de boue, montement d'escaliers, levemens de gans, prises de manchons, serremens de doigts, baisement de mains, ostentation de lèvres, et autres petites faveurs que l'amour, la privauté, la bien-sceance, la raison, le genre, l'espèce, la difference, le cognatis⁴, et autres entretiens d'amour pouvoient permettre à ses parties avec toutes sortes de dames, damoiselles, filles, pucelles, vierges, damoiselles de boutiques, de chambre, de tablier, de cuisine, de garderobes et autres, d'où ils recevroient de grands dommages et interests; partant conclut à ce que ils ne soient contrains de vivre souz le règne de Caresme, mais d'heberger ledit Mardy-Gras. Signé Mignotis.

Dire et opposition des Dames.

Autre plaidé pour les dames, comparant par Fardois, leur procureur, et par Mignardin, leur advocat,

sur de légers indices, quelque diminution de ses sentimens... Il y avoit une grande place à passer, et, dans les commencements de notre connoissance, il prenoit son chemin par les côtés de cette place. Je vis alors qu'il la traversoit par le milieu : d'où je jugeai que son amour étoit au moins diminué de la différence de la diagonale aux deux côtés du carré. »

2 *Hypallage*, figure de langage qui consiste à employer des mots recherchés.

3. Grand mot que Pradon croit un terme de chimie, comme dit Boileau, *Epit.* VII, v. 54, et qui est, on le sait, la figure de rhétorique qui consiste à prendre la cause pour l'effet, le contenant pour le contenu, *et vice versa.*

4. Amitiés de cousin et de cousine.

disant que, pour lesdites dames ses parties, il a un notable interest à s'opposer aux conclusions prises par le dit procureur general, pour une seule raison assez valable, et qu'il alleguera seulement, pour n'ennuier la cour, outre ce qu'il desire faire son profit et affermir son dire de tout ce qui a esté plaidé par l'advocat dudit prince Mardy Gras et par les advocats des atheismates et epicurois, et des artisans et des amoureux. C'est que la cour sçait très bien que toute leur grandeur, leur gloire, leur honneur, leur valeur, leur recherche, le desir qu'on leur a, l'affection qu'on leur porte, la cour, reverences, bonnetades, alongemens de pieds, baisemens de mains, ris en sucrez, avancemens de reins, guignemens de teste, toussemens, souspirs, tourdemens de col[1], croisemens de bras, pas de perdrix, gemissemens de torterelles, arquebusades d'amour, assiegemens de marguerites, presens, offres de bouquets, chatouillemens d'espingles, discours, alarmes, derouillement de dragée[2], bals de festes et de jours-ouvriers, compagnies de sale, de chambre, d'anti-chambre, de magasin, de cuisine, de boutique, d'arrière-boutique, de cave, de tablier, de sale, de soleil, d'ombre d'arbres, de tournoy, de cheval, de pié, de coiffure, d'empois, de pigner, d'envoys de lettres, de poulets, d'ambassades et d'assistemens en toute sorte d'affaires, de negoce, de besoin que l'on leur peut faire (sans prejudice

---

[1] Contorsions du col que l'on fait pour regarder en sournois, ou en amoureux, ce qui est tout un.

[2] Offres de dragées propres à *dérouiller* la gorge.

des recherches que la mauvaise condition du temps faict touchant l'argent qu'on demande *juxta illud sine ipso factum est nihil*, et qui n'a point d'argent n'a point d'amy, et que l'argent faict chanter les aveugles, et que *ubi divitiæ ibi nuptiæ*, et que *sine Cerere et Baccho friget Venus*, et autres tels proverbes qu'aporte la mauvaistié du siècle), gist principalement en la beauté, et que la beauté ne se peut entretenir sans la bonne condition des viandes, laquelle ne peut estre aux harans sorets et merluches, et *in alias hujusmodi*, pleines de flegmes et catarres, lesquelles, au lieu de les rendre belles, les pourroient provoquer à la toux, et par consequent rendre hydeuses, et que mesmes, en l'esmotion de catarres et de toussement, se pourroit perdre l'albastre que les dames (aydans à la nature et ce qui leur est permis, *juxta illud cumulata juvant*), appliquent, approprient, engluent, lissent, aplanissent, accommodent, adjoustent et emplastrent sur leurs joues, mains, sourcils, lèvres, teint, cheveux et autres parties du corps, lesquelles (cependant que les couvertes sont au corps de garde d'Amour) font la sentinelle dehors; partant conclut, au nom des dames ses parties, qu'il leur soit permis, attendu ce que dessus, de ne recevoir le règne de Caresme, mais qu'elles puissent heberger Mardy-Gras.

Dire des Gueux.

Autre plaidé de Pedouillas, plaidant pour les gueux, dit qu'il plaise à la cour voir ses parties, pauvres, sans support, tueurs de poux à la centcine, crieurs de misericorde sans besoin, feigneurs de jambes rompues, representateurs de faux estropiemens, bruslures, playes, hydropisie, mal de saincts, imposteurs de danses [1], deguiseurs de folies, faineans, bannis de la republique des arts, exilez de la monarquie du travail, preneurs d'où il y en a; et puis le peu de charité qui règne aujourd'huy est telle que, si la viande ne pourrit, le pain ne moisit, et l'argent ne regorge au garde-mangeoir, en la depense et en la bourse du justicier, du gentil-homme, de l'ecclesiastique, du riche bourgeois et de l'artisan commode, ses pauvres parties sont pour mourir de faim, principalement en ce Caresme, qui est survenu en un temps qu'il ne se peut pescher aucun poisson propre à faire poutage, seule esperance de ses allanguies parties; partant conclut selon le chapitre : *Necessitas non habet legem*. Ainsi signé : PEDOUILLAS.

Dire du fermier de la boucherie de Caresme [2].

Autre dire et plaidé de Faux-Poix, advocat, remonstrant, au nom du fermier de la boucherie de Caresme, que ceste année l'on luy a haussé le chevet de la ferme plus qu'on ne souloit, et laquelle il a accepté à haut pris en intention et tenant pour certain que Caresme ne comparoistroit nullement, ou que, s'il comparoissoit, ce seroit seulement *pro forma*, sans que monsieur Mardy-Gras feut chassé,

---

[1] C'est-à-dire qui font semblant d'être atteints de la maladie dite *danse de Saint-Guy*.

[2] Voy. une des notes précédentes.

et que, s'il estoit chassé, ce seroit notoirement sa ruyne et de ses petits enfants, lesquels sont en grand nombre ; partant conclut que Mardy-Gras ne soit point debouté, ou en tout cas qu'il luy soit rabatu du pris de la ferme. Signé Faux-Poix.

Arrest par lequel est ordonné que les pièces seront mises pardevers la cour et au conseil du 14 febvrier an 1603. Signé Lantillin, greffier. Requestes, repliques, dupliques et autres pièces servant à la decision du procez, bien et meurement digerées,

Dit a esté que :

La cour souveraine des Riflasorets, establie en la royalle ville de Saladois, a annullé, cassé, et annullé et casse la garantie par les Epicurois et Atheismates prise pour Mardy-Gras, comme estant plaine de mauvais dol contre les edicts des SS. Pères et constitutions de la vraye Eglise; en ce faisant, a banny et bannit ledit Mardy-Gras du ressort et empire de la cour pour le temps et espace de quarante et un jours, lequel temps, pour certaines causes à ce mouvantes la cour, commencera depuis la minuict du 16 de ce mois de febvrier, appellé le dimanche des Brandons, tirant à la minuict du 17 dudit mois, jusques à la minuict precisement du 30 de mars prochain, sans avoir esgard au dire du sindic des penitentiates et jeusnamites ; a inhibé et deffendu audit Mardy-Gras de comparoistre pendant ledit temps en aucun lieu du ressort de ladite cour, sur peine d'estre procedé contre luy corporellement et autrement, selon qu'il est contenu aux saintes constitutions de Caresme, sans toutesfois prejudicier aux privilèges des Frelaudois en ce que concerne leur liberté de conscience alleguée, en laquelle, veu la misère du temps, pour certaines bonnes causes et raisons de peu des scandales, et jusques à ce qu'autrement en soit ordonné, la cour a maintenu et maintient lesdits Frelaudois. Bien leur enjoint de fermer la porte purement et simplement audit Mardy-Gras et ses supposts le Vendredy et Samedy, sur peine d'estre injuriés, querellés et appellez de leur nom; particulierement l'enjoint à ceux qui ont encore quelques rays [1] du soleil de la vraye recognoissance illuminant leur ame.

Et en ce que concerne les remonstrances des malades, fiebvreux et autres, ou soy-disants tels, leur a permis et permet ladite cour heberger quelques supposts de Mardy-Gras pendant leur maladie, à la charge d'obtenir dispense par le rapport des medecins, sur peine que, si le rapport des medecins n'est vray, lesdits medecins, et non iceux soy-disans malades, porteront à Pasques la penitence de l'excès commis contre la majesté de Caresme;

Defendant très expressement à toute sorte, qualité, condition et sexe d'autres personnes, d'heberger ny recognoistre ledit Mardy-Gras ny ses supposts, sur les peines contenues aux saintes constitutions de Caresme, ledit temps pendant, sans prejudice toutesfois aux amoureux qui auront le moyen, de peur de la puanteur des harans et merluches, se pouvoir musquer les gands, la barbe et les cheveux et autres

[1] Rayons.

parties de leur corps ; et à ceux qui n'ont le moyen, de garder la maison, la boutique, et n'aller aux assemblées et bals ; ensemble aux dames a permis et permet de manger la matinée le petit œuf frais sortant du cul de la poule (si tant est qu'elles en treuvent) pour entretenir leur enbonpoint ; et en cas qu'elles n'en treuvent, leur donne licence, ladite Cour, feindre des mal d'estomach et dire qu'elles sont malades; pour jouyr, ce faisant, des priviléges de la maladie; et où leur petit *adjutorium* de beauté coulast de leur visage, pouvoir saluer et parler avec tous ceux qui les accosteront sans tirer le masque [1], ou se venir à l'obscur dans quelque chambre, et jamais ne se laisser voir en autre posture ; n'entendant en ceste deffense, ladite cour, avoir compris les pauvres artisans et les gens ausquels, suyvant le chapitre *necessitas* et de *mortua charitate*, permet de se pourvoir comme ils pourront, et manger quant ils en auront et de ce qu'ils trouveront, et ce à la charge qu'ils diront le tout à leurs confesseurs à Pasques, et que, si quelqu'un voit leur marmite bouillir, ils diront et soustiendront que c'est poutage d'huille ou de beure, ou fait de legumes ; et a debouté et debouté ladite cour le fermier de la boucherie de ses oppositions, mettant toutes les partiés, au reste, hors de cour et de procez respectivement sans despens ; et, civilisant l'action en excès pretendue par ledit Caresme contre ledit Mardy-Gras, auquel a permis et permet pouvoir disposer pendant ledit temps qu'il

---

[1] Sur cet usage des masques que les femmes portoient alors partout, v. notre tom. 1, page 307.

doit partir de la quantité de meubles, biens, ustensils et autres sortes de provisions qu'il avoit fait, croyant de devoir regner. Dit aux parties en la cour souveraine de Riflasorets, establie en la royalle ville de Saladois, ce 15 febvrier 1603.

Signé LENTILLIN, greffier.

Ordre à tenir pour la visite des pauvres honteux.
S. L. N. D. In-8.

Il faut examiner s'ils sont chargez de famille, s'ils ont femmes et combien d'enfans masles et femelles, quel âge, quelle profession, ce que l'on en peut faire ; si les filles sont en hazard ;

D'où vient la pauvreté, si par desbauche, mauvais menage, procez, faute de conduite, ou par le malheur du temps ;

Quelles debtes ils peuvent avoir, si l'on en peut composer avec le creancier ;

S'ils se peuvent restablir, et comment, estant plus seur de leur donner les choses en nature, comme de l'estoffe, de la soye, du cuir, que de l'argent.

Il importe d'avoir un magazin pour les provisions et besoins necessaires aux pauvres, et des meubles et ustancils marquez à la marque de la paroisse, afin de leur donner par prest, et qu'ils ne les puissent vendre, ny les creanciers ou les proprietaires de la maison les saisir.

Il faut aussi estre precautionné pour le payement des loyers, qui n'entrent point ordinairement dans les charitez des paroisses, à moins que de cause bien privilegiée;

Comme aussi des voyages, qui sont tousjours suspects,

Et des mariages, le plus souvent non necessaires, si ce n'est des personnes qui sont dans le peché, ou pour empescher qu'ils n'y tombent[1];

Et pareillement des pensions par mois ou par années, parce qu'elles espuisent le fond des charitez et contribuent quelquefois à la fainéantise, sous le prétexte de l'asseurance d'une subsistence ordinaire.

Il est aussi très à propos de leur reserver du charbon, des chaussures et autres petits soulagemens pour l'hyver.

Surtout il faut prendre garde s'ils frequentent les sacrements, s'ils sont bien instruits des principaux mystères, et particulierement les enfans, et encore plus lorsqu'ils sont en estat de faire leur première communion;

S'ils couchent separément;

S'ils ont esté confirmez, et mesmes les père et mère, pour leur faire concevoir l'importance de ce sacrement et les disposer à le bien recevoir.

Il importe de sçavoir comment ils vivent avec

---

1. La philanthropie au XIX⁰ siècle s'est davantage inquiétée du mariage des pauvres. Sous la Restauration une *association*, patronnée par la duchesse d'Angoulême, avoit été fondée à l'effet de pourvoir au mariage des ouvriers sans fortune, leur procurer gratuitement des expéditions d'actes et les pièces notariées nécessaires, etc. Aujourd'hui la *Société de Saint-François Régis* s'est donné la même mission.

leurs voisins, s'ils vivent avec bon exemple et vivent avec reputation dans le quartier ;

S'ils sont infirmes ou malades, pour y estre pourveu par les charitez des paroisses ;

S'ils ont des filles en hazard, pour en prevenir le mal, leur procurer quelque condition, apprentissage ou retraitte[1].

Il faut prendre garde aux surprises et artifices des pauvres qui veulent passer pour vrais pauvres honteux, n'estans de la qualité, ou lorsqu'ils en abusent, ce qui merite grand examen, parce qu'ils ont les aumosnes de ceux qui sont veritables pauvres.

Les principales marques, et qui les doivent exclure et faire rayer du rolle, sont les suivantes :

1° Lorsqu'ils se rendent mandians de mandicité publique ou de secrette qui eclatte : car le pauvre honteux est celuy qui vit chrestiennement, qui ne peut gagner sa vie, et qui a la honte sur le front pour ne l'oser demander [2];

---

1. Les jeunes filles pauvres étoient surtout placées, sitôt qu'elles avoient douze ans, dans les ateliers de dentelle de Bicêtre. V. Sauval, *Antiq. de Paris*, liv. 5, chapitre Hôpital général. — Olier, qui étoit curé de Saint-Sulpice en 1648, prenoit soin de placer en apprentissage chez les maîtres artisans les orphelins de sa paroisse. C'est lui aussi qui avoit ouvert, dans la rue du Vieux-Colombier, la maison des Orphelines. V. Monteil, *Traité de matériaux manuscrits*, t. 2, p. 5.

2. La *Police des pauvres* de G. Montaigne, curieuse pièce des premières années du XVIIe siècle, que nous donnerons dans un prochain volume, parle de ces mendiants qui prenoient la place des bons pauvres et qu'il falloit chasser de Paris. « Il est défendu à toutes personnes de mendier à Pa-

Var. v.

Et en cecy il faut seulement prendre garde au spirituel de la famille et au peril des enfans, particulierement des filles;

2° Ceux qui gagnent leur vie ou qui la peuvent gagner, ou qui ont quelque petit bien qu'ils ne sçavent pas mesnager, parce qu'autrement c'est fayneantise, dissipation ou desbauche, qui merite reprimende plustost qu'assistance;

3° Ceux qui sont soulagez par ailleurs et reçoivent assistance suffisante, comme du grand bureau[1], fabrique des paroisses[2], corps des mestiers[3], confrairies et autres compagnies de pieté;

ris, sur la peine de fouet, pour les inconvénients de peste et autres maladies qui en pourroient advenir, joint que plusieurs belistres et cagnardiers, par imposture et déguisement de maladie, prennent l'aumône au lieu des vrais pauvres, et aussi que les pauvres estrangers y viennent de toutes parts pour y belistrer. »

1. *Le grand bureau des pauvres.* Les bourgeois choisis par chaque paroisse pour avoir soin des intérêts spirituels et temporels des pauvres s'y assembloient le lundi et le samedi de chaque semaine, à trois heures après midi, sous la présidence du procureur général du Parlement ou de l'un de ses substituts. De cette compagnie étoient tirés les administrateurs des hôpitaux de Paris et des environs.

2. Les fabriques de paroisses, sous la présidence des curés, faisoient sans cesse acte de charité de la façon la plus efficace. Tout à l'heure nous avons parlé du curé de Saint-Sulpice; nous devons rappeler aussi celui de Sainte-Marguerite, qui, au commencement du XVIIIe siècle, adopta pour les pauvres de son église le système des soupes économiques, proposées d'abord par Vauban, conseillées par Helvétius dans son *Traité des maladies* (1703, chapitre *Bouillon*

4° Ceux qui ne sont domiciliez dans le temps porté par les reglements, parce qu'autrement l'on affecteroit de s'establir en la paroisse pour participer aux aumosnes, sauf s'il y avoit peril pour la religion, l'honnesteté ou scandal public : il en sera pris connoissance de cause ;

5° Les religionnaires[4], s'il n'y a disposition à leur conversion, ou quelque ouverture pour l'esperer ;

6° Les catholiques qui tirent charité des religionnaires, ou qui mettent leurs enfans apprentifs chez les religionnaires ;

7° Les libertins, blasphemateurs, yvrognes et desbauchez, sauf, quand ils ont leurs femmes et enfans dans la misère ou le peril, à leur pourvoir secretement et par autre voye.

8° Ceux qui ont mal usé de l'aumosne que l'on leur a donné ;

9° Qui negligent de se faire instruire, qui n'en-

des pauvres), puis reprises par M. de Rumfort, qui leur a laissé son nom. (Pujaulx, *Paris à la fin du XVIIIe siècle*, p. 374-375.)

3. Sur le rôle philanthropique des corporations d'artisans et sur la caisse de secours que chacune d'elles possédoit sous le nom de *Charité du métier*, V. un intéressant article de M. Louandre, *Revue des Deux-Mondes*, 1er décembre 1850, p. 858.

4. Par une ordonnance du 8 mars 1712, Louis XIV ne s'en tint pas à défendre de donner des secours aux pauvres de la religion ; il interdit, sous les peines les plus sévères, aux médecins et apothicaires, de continuer leurs soins aux malades qui ne se seroient pas encore confessés le troisième jour de leur maladie. *La Gazette littéraire* du 13 janvier 1831 a donné en entier la teneur de cette ordonnance.

voyent point leurs enfants à l'escolle et au cathechisme de la paroisse;

10° Qui deguisent leurs noms, qui les changent, qui en prennent plusieurs, qui supposent leurs conditions, qui n'exposent pas la verité dans les billets ou lors des premieres visites que l'on fait chez eux;

11° Qui ne veulent point sortir de leur logis quand il y a des gens de vie scandaleuse;

12° Qui souffrent quelque scandal public en leur famille, particulierement quand il y a des filles;

13° Qui ne se veulent point reconcilier avec le prochain;

14° Qui ne veulent point suivre les advis de ceux qui sont preposez pour conseiller;

15° Qui font mauvais mesnage en leur famille, ou qui mal-traitent leurs femmes après en avoir esté repris, sauf à donner quelque chose à la femme en particulier si elle en est digne;

Et generalement ceux qui ne sont pas jugez dignes par la compagnie pour autre cause survenante et motive d'exclusion;

Toutes lesquelles causes d'exclusion peuvent cesser neantmoins en se remettant par les pauvres en leur devoir, et satisfaisant à ce que l'on desire d'eux, ce qui depend de connoissance de cause et d'examen de l'assemblée de la paroisse.

Ordinavit in me charitatem.

L'Anatomie d'un Nez à la mode.
Dédié aux bons beuveurs.
S. l. n. d. In-8.

Je n'oserois, la noble troupe
Qui habitez dessus la croupe
Du haut mont heliconien,
Parmi les œillets et les roses
Qui en tout temps y sont escloses
Dans le cristail pegasien;

Je n'oserois, dis-je, à ceste heure
Cheminer vers vostre demeure
Pour invoquer vostre secours,
Et pour gouster de l'Hipocrène
Le doux nectar, qui y amène
Mesmes les dieux à tous les jours :

Car je craindrois qu'une carcace,
Une charongne, une crevace,
Dont il me faut icy parler,
Infectast de sa pourriture
Ceste liqueur, la nourriture
De ceux qui vous vont visiter.

C'est un nez, mais nez de manie,

1. Cette pièce a déjà été reproduite dans le *Recueil de pièces joyeuses* mentionné par De Bure dans la *Bibliographie instructive*, t. 2, p. 40, n° 3360.

Dont je veux faire anatomie
Pour en oster le souvenir,
De crainte que par une peste
Il ne conduise tout le reste
Des mortels au dernier respir.

 S'il y avoit quelque esperance
Qu'il peust prendre convalescence,
Esculape, je te prierois
Le traitter; mais plustot ton ame
Hipolite pour sa Diane
Feroit vivre encore une fois :

 Car desjà un infect ozène [1]
Y a fait naistre une gangrène
Qui le prive de cet espoir,
Et puis son odeur ne demande
Que joindre son corps à la bande
Qui habite au triste manoir.

 Il est encor bien raisonnable
Que de ce nez abominable,
Desjà cogneu de tous les dieux,
Qui le nient pour leur ouvrage,
L'horreur, et l'effroy, et la rage,
Paroissent pour l'eviter mieux.

 Ce membre donc contre nature,
Puis qu'il fait une telle injure
Au plus beau corps de l'univers,
Il faut l'accommoder en sorte
Que l'on dise : La peste est morte
Par la mort de ce nez pervers.

 Encor n'aura-t-il ceste peine

---

[1] Ulcère du nez putride et fétide. (*Dict. de Furetière.*)

D'esprouver, comme ceux qu'on meine
Au gibet, la rigueur des fers
De ceux qui font l'anatomie.
Suffira pourveu que je die
Ses veritez dedans mes vers.

 D'entre les parties integrantes
Qui en ce nez me sont presentés,
D'abord je descouvre une peau
Douce ainsi qu'un peigne à estoupe,
Molle comme d'un bœuf la croupe,
Et blanche comme un vieux fourneau.

 Sous ce cuir il y a des muscles
Qui servent à ce nez de busques [1]
Mouvant ainsi qu'un elephant
Fait sa trompe, ou bien, pour mieux dire,
Comme sur le mast d'un navire
Une girouette le vent.

 Au milieu est un cartilage
Que la carie a par usage
Troué comme est le parchemin
D'un laboureur par où il passe
La poussière qui se ramasse
Parmy le meilleur de son grain.

 Des os poreux comme une esponge,
Qu'un ulcère sans cesse ronge,
Font de ce nez le fondement ;
Il a des veines, des artères,
Des nerfs gros comme des vipères,

---

1. Le *busque* étoit un treillis dur et piqué que les tailleurs mettoient au bas des pourpoints pour leur donner plus de fermeté.

Et si n'a point de sentiment.

Toutes ces parties, dans leur place,
Composent ceste affreuse masse,
Qui en sa situation
Semble se maintenir dans l'ordre
Que nature aux autres accorde
Dedans leur composition.

Mais sa trop molasse substance,
Qui paroist ainsi qu'une pance
De quelque bœuf de nouveau mort
Remplie de fumier et d'ordure,
Monstre que desjà la nature
L'a reduict à son dernier sort.

De sa grandeur parler je n'ose,
Car c'est la plus horrible chose
A le voir quand il veut partir
De sa maison pour quelque affaire,
Qu'il faut ouvrir porte cochere,
Et si ne peut presque sortir.

Dans Meroé il se rencontre
Des hommes dont le nez fait monstre [1]
Autant qu'un des plus gros canons
De l'arsenac; comme besaces,
Les femmes jettent leurs tetaces
En arrière jusqu'aux talons.

Mais nez encor grand davantage,
Puis que ton maistre a eu partage
Avec ces monstres d'Arcadie;
Lors que, faisans guerre à Diane,
Leur forme fut une montagne

1. C'est-à-dire a de l'*apparence*, du *volume*.

Par leur temeraire folie.
　Ce nez punais n'a d'autre usage
Que pour servir à la descharge
Comme cloaque du cerveau,
Ou bien comme une chante-pleure [1]
Par où il decoule à toute heure
Plus d'une bassée de morveau
　Au reste, ce nez poly-forme
Ne peut garder aucune forme,
Comme les autres, arrestée :
Tantost il prend une figure,
Tantost une autre qui ne dure
Pas plus que celle d'un Protée.
　A l'un il paroist gros et large,
Remply comme un nez de mesnage;
A l'autre il se monstre carré,
Long, plat ou rond comme une boule;
A celuy-cy en bec de poule,
A celuy-là tout resserré.
　Et, d'autant que ceste figure
Fait trop de tort à la nature
Par un changement si divers,
Je tascheray de la descrire
(Non pas que je pense tout dire

---

1. Sorte d'arrosoir dont l'eau s'échappoit avec un bruit agréable. De Cailly fut un jour fort tourmenté au sujet de l'étymologie de ce mot. Il s'en vengea par cette épigramme :
> Depuis deux jours on m'entretient
> Pour savoir d'où vient *chantepleure*.
> Au chagrin que j'en ai, j'en meure !
> Si je savois d'où ce mot vient,
> Je l'y renverrois tout à l'heure.

En si petit nombre de vers).
Nez d'Acteon, quand par mesgarde
Il vit Diane avec sa garde
Dedans une fontaine nue ;
Nez de porc, nez de Bucephale,
Nez d'un monstre cynocephale,
Nez fait en crouste de tortue;
   Nez que les pots et les bouteilles
Ont peint avec plus de merveilles [1]
Que n'eussent fait les Gobelins [2];
Nez qu'encor toute la vermine
A gravé avec plus de mine
Que les graveurs parisiens:
   Car les fourmis, les marivoles [3],

[1]. Dans les *Joyeusetez* publiées par M. Techener se trouve une pièce où le mauvais état d'un nez pareil à celui-ci est aussi reproché aux vendeurs de vins frelatés :

> . . . .
> Par taverniers brouilleurs de vins
> Gros bourgeons avons entour nez ;
> Ce sont biens que nous ont donnés
> Les taverniers en leurs buvettes.
> Voyez nos nez bien bourgeonnez,
> N'en reste plus que les cliquettes.

[2]. Ils faisoient déjà merveille, surtout pour la teinture rouge, un demi-siècle avant l'époque où cette pièce dût paroître. Dans son ode XXIe, Ronsard avoit pu vanter :

> ... Le riche accoustrement
> D'une laine qui dément
> Sa teinture naturelle
> Espaisse du Gobelin.
> S'yvrant du rouge venin
> Pour se desguiser plus belle.

[3]. Mouches de marais.

Les areignes, les mouches-folles,
Les martinbœufs, les annetons,
Les cirons, les poux, les chenilles,
Les morpions, vers à coquilles,
Les hurbecs, les puces, les taons,
   Les punaises, les escrouelles,
Les papillons, les sauterelles,
Les janjeudis, les escargots,
Bref, toutes les meres barbotes
En ont abandonné leurs grotes
Pour y apporter leurs efforts ;
   Nez fait en cornet d'ecritoire,
Qui sert à quelque vieux notaire
Il y a plus de deux cens ans ;
Nez à fourbir les lichefrites,
Nez à fouiller dans les marmites
Et à ne laisser rien dedans ;
   Nez encor fait comme une rève,
Nez qui ne donne point de trève
Aux orphelins de ton quartier,
Nez fait en patte d'escrevisse,
Semblable à un cornet d'espice,
Nez fait en pilon de mortier,
   Tu serois bon aux mascarades
Pour faire rire les malades
En ce bon jour du mardy-gras,
Car tu as desjà la figure
De quelque boëte à confiture
Et d'une chausse à hypocras [1] ;
   Nez en forme de descrotoire,

1. C'est ce que Taillevent appelle le *couloir* dans lequel

Nez, comme il est à tous notoire,
Doux à toucher comme le houx,
Net comme le penis d'un ladre,
Chaud comme une pièce de marbre,
Poly comme un topinamboux ;
 Nez de citrouille, nez de pompe,
Nez de citron, nez de cocombre,
Nez propre à servir de boulon
Pour exprimer le jus de treille,
Nez fait en bouchon de bouteille,
Nez de gourde, nez de melon,
 Nez propre à faire ouvrir la fente
D'un tronc où l'on veut faire une ente [1] ;
Nez en coque de limaçon,
En esventail de damoiselle ;
Nez qui serviroit de truelle
Et d'oyseau [2] à quelque masson ;
 Nez fait en trident de Neptune,
Tu servirois encor d'enclume
A quelque pauvre forgeron,
A un vieux suisse de brayette,
A un tisserant de navette,
A un patissier de fourgon,

on mettoit le vin et tout ce qui composoit l'hypocras. « Et le pot dessoubs, dit-il, et le passez tant qu'il soit coulé, et tant plus est passé et mieux vault, mais qu'il ne soit esventé. »

1. Greffe.

2. Ce qui sert à porter le mortier. Cet outil s'appelle ainsi à cause de sa forme, et parcequ'on le porte comme des *ailes* sur le dos. Vigneul-Marville a employé ce mot dans ses *Mélanges*, t. 3, p. 278.

De crochet à quelques bons drolles
Pour porter dessus leurs espaules
Bources, cottrets, fagots, rondins;
Nez qui as encor bien la mine
De porter le bled et farine
Comme les asnes des moulins.

Tu serois encor très commode
Pour servir, gros nez à la mode,
De seringue aux pharmaciens :
Car tu trouverois à veuglette
Ces trous dont ta langue en cachette
A souvent frayé les chemins;

Nez à embaucher une botte,
Nez propre à mettre en une porte
Au lieu de quelque gros marteau,
Nez fait comme un vray pied de selle
Dont se sert quelque maquerelle
Pour descharger son gros boyau ;

Nez, vray comme il faut que je meure,
Tu es semblable à une meure ;
Mais, quand je voy tous ces picquons,
Tu me sembles une chastaigne
Qui est encor dedans sa laine,
Armée comme des herissons.

Tu as encor à des morilles
Du rapport par tous ces reicilles
Que font les souris et les rats
Sur toy, quand la nuict favorable
Les fait sortir de quelque estable
Pour venir prendre leurs esbats.

Mais les rats ont fait des merveilles,
Car ils t'ont fait cornet d'abeilles,

Et, si ton maistre avoit dessein
D'en loger dedans tes fossettes,
Pourveu qu'elles fussent plus nettes,
Il auroit tousjours quelque essein,

Essein qui le feroit gros sire,
Pourveu qu'il fist autant de cire
Et de miel comme du cerveau
Tu fournis les tiens à toute heure,
Coulant comme une chante-pleure
De pituite et de morveau.

Mais, ô nez! tu es trop malade,
Tu n'es bon qu'à mettre en salade
Qu'un vieux empirique affamé
Donneroit à son torche-botte,
Pour esprouver son antidote,
Au lieu du plus fin sublimé.

Nez de crapaut, nez de vipère,
Nez de serpent, nez de Cerbère,
Nez du plus horrible demon
Qui soit dans la troupe infernale,
Nez à qui plus rien je n'esgale
Pour en ignorer le vray nom.

Mais d'où vient que ce nouveau monstre
Sous tant de figures se monstre,
Sinon que pour punition
Il ait esprouvé tous les charmes
De Circé, et senty les armes
De toute malediction?

Il est ainsi, je te le jure,
Mais sans te faire aucune injure,
Car je sais trop bien, nez punais,
Qu'on n'en pourroit pas assez dire

D'UN NEZ A LA MODE.

Pour au vray te peindre et descrire,
Et qu'on n'acheveroit jamais.

 Encor si tu n'avois d'enorme
Que cette si changeante forme,
Tu ne serois si desplaisant ;
Mais ceste infecte pourriture,
Tous ces excremens de nature
Font que tu es à tous nuisant :

 Car là-dedans un crin de truye,
Plus gluant qu'une fraische plye,
Bourgeonne, comme par despit,
Plus ord que celuy de Meduse
Après que Neptune, par ruse,
En eust pris l'amoureux deduit;

 Crin qu'il faut en chambres secrettes
Arracher avec des pincettes
Quand on veut ce gros nez larder,
Ou bien pour y souffler de l'ambre
Pour un polipe ou pour un chancre
Dont on ne le sçauroit garder :

 Car un punais carcinomate [1]
Pour ordinaire le dilate
Encor plus qu'un gros limaçon,
Et s'il ne peut, quoy qu'il se peine,
Respirer s'il ne prend haleine
Par la bouche en nulle façon.

 Nez qu'il faut encor que l'on sale
Pour t'empescher d'estre plus sale,
Et pour retrencher le chemin
A la rigueur de quelque ulcère

[1] Pour *carcinome*, cancer.

Qui te conduira à la bière,
S'il en peut estre un si malin;
  Ulcère qui dans le visage
Te ronge jusqu'au cartilage,
Et tout ce qui dans le tombeau
Nous laisse à descouvert la face
D'une espouventable carcasse,
Le changeant en terre et en eau.

  Nez qu'il faut remplir, pour tout dire,
De ces bonnes poudres de Cypre
Et de ces unguens de senteurs,
De crainte que dedans le monde
Le feu et l'air, la terre et l'onde,
Soient infectez de tes odeurs;
  Mais de crainte encor davantage
Que les humains ayent partage
En ceste malediction,
Comme desjà dedans ta race,
Par une hereditaire trace
Nous voyons ceste infection.

  O salle engeance de vipère!
Pourquoy avois-tu un tel père,
Lequel à la posterité
Laissast le plus horrible monstre
Qui dans l'univers se rencontre,
A voir tout le monde irrité?

  Monstre qui, s'il estoit pour vivre
Longtemps, pourroit enfin produire,
Par ses sales exhalaisons,
Une peste au monde commune
Qui blesseroit mesme la lune
Et pervertiroit nos saisons.

Mais, ô bon heur pour la nature !
En toy comme en ta geniture
Ceste peste pourra perir,
Puis qu'un chacun aura la force
D'eviter la punaise amorce
Qui te fera bien tost mourir.

Pleust à Dieu que desjà la Parque
T'eust fait approcher de la barque
De ce vieux nautonnier d'enfer,
Afin qu'en delivrant les hommes
Il y conduise tes charongnes
Pour à jamais les estouffer !

Aussi bien n'y a-il au monde
Une Arabie tant feconde
Qui produise suffisamment
D'aloës, d'encens et de mirrhe,
Et tous les simples qu'on peut dire,
Pour te composer des unguens.

Or, sus, ceste Parque infernale
Se lasse que de toy on parle.
Commence donc, ô nez pervers !
A n'esperer plus dans ce monde
Demeurer ; il n'y a que l'onde
Qui te conduira aux enfers.

Mais je crains bien que ceste race,
Quoy qu'on y ait marqué ta place,
Ne t'en accordera l'entrée,
Crainte que ta puante haleine
Ne soit une nouvelle peine
Aux esprits de ceste contrée.

Ouy, l'on t'en fermera la porte ;
Mais une plus affreuse grote

Var v

Qui se rencontre en l'univers
Est preparée pour ta demeure,
Où tu souffriras en une heure
Plus qu'en mil ans dans les enfers.

Extraict de l'inventaire quy s'est trouvé dans les coffres de M. le chevalier de Guise, par madamoiselle d'Antraige et mis en lumière par M. de Bassompierre. Avec un brief catalogue de toutes les choses passées par plusieurs seigneurs et dames de la cour, le tout recherché et escript de la main dudict defunct et presenté aux amateurs de la vertu.

M. DC. XV., in-8 [1].

ET PREMIÈREMENT,

N traicté de la bonne inclination des bastars, desdié à M. de Vandosme, par le comte d'Auvergne [2].

Dialogue de la commodité des ongres,

---

1. Cette pièce doit être rangée dans un genre de facétie que ce bon Palaprat, qui sans doute n'avoit pas même lu Rabelais et son chapitre de la *librairie de Saint-Victor*, crut avoir inventé au XVIIe siècle. (V. ses *œuvres*, Paris, 1712, in-12, t. 1, p. 278—279.) C'est un de ces catalogues de *livres imaginaires* sur lesquels M. P. Jannet, sous le pseudonyme de Hænsel, a publié dans le *Journal de l'amateur de livres* (1er septembre 1848) un très curieux article, que nous avons cherché à compléter dans une lettre publiée par le même journal au mois de janvier 1850. La pièce que

entre la comtesse de Vignoyts et la ravigrave, desdié à M. le comte de Curson [3].

Discours appoliticque, composé par Unisans, secretaire de M. le marechal d'Ancre, par lequel il veut prouver que la cagade faicte par son maistre a esté un violent effort de sa valeur, qui a despravé les functions de la vertu restringente, et non la foire de la prehension, comme veulent dire quelques medisans, desdié au dict sieur mareschal.

La vie de Charles le Simple avec les traictez des commoditez de l'ignorence, composé par M. de Souvray [4], pour servir d'instruction au roy.

Le pouvoir, faculté et vertu de l'engin de l'homme, trouvé aux registres du feu duc de Rais [5], et par luy desdié à la royne Catherine de Medicis, mis en lumière et faict imprimer aux despends du roy par le marechal d'Ancre.

Discours du procez intenté par devant les dames

nous reproduisons est si rare qu'elle nous échappa alors, ainsi qu'à M. G. Brunet, qui avoit le premier donné un petit supplément à l'article de M. Hænsel dans le numéro du 1er décembre 1848 du journal déjà cité.

2. César, duc de Vendôme, étoit, comme on sait, fils naturel de Henri IV et de Gabrielle d'Estrées. V. notre t. 2, p. 253), et le duc d'Angoulême bâtard de Charles IX et de Marie Touchet.

3. Gentilhomme de la maison de Foix. V. sur lui un vers des *Contreveritez de la Cour* dans notre t. 4, p. 343.

4. Gilles de Souvray, marquis de Coúrtanvaux, maréchal de France, gouverneur de Louis XIII.

5. Albert de Gondi, duc de Retz, maréchal de France. Il est souvent parlé de lui et de sa femme, Catherine de Clermont, dans la *Confession de Sanci*.

de la cour, d'un certain François, demandeur en requeste, tendant aux fins que soient faictes deffenses à tous les estrangers [1] de ne labourer les jardins des dictes dames, ny semer de leurs graines, veu les parties naturelles des François, avec l'arrest des dictes dames par lequel il est dict que les parties produiront leurs pièces par devant elles, pour icelles veues, visitées et meurement considérées, faire droict ainsi que de raison.

Remonstrance faicte à la royne par madame d'Ancre sur le peu d'utilité qu'il y a d'employer les petits engins aux grandes et profondes affaires, tendant à ce que Bassompierre ne soit admis à ceux [2] du cabinet.

L'usage des casaques à deux envers [3] avec leurs utilitez et manière de s'en servir, composé et imprimé aux despens de M. le duc de Vandosme, desdié à la royne.

La façon de prendre la place par derrière, de M. de

1. Les Italiens de la suite du marquis d'Ancre, *Coglioni di mila franchi*. V. notre t. 4, p. 25.

2. C'est-à-dire aux *affaires*. C'étoit alors un mot masculin. V. notre t. 1, p. 133, note.

3. La casaque étoit aux couleurs, à la *livrée* du parti qu'on suivoit, mais faite de telle sorte que, si, après la défaite du parti, il devenoit dangereux de la porter, l'on pouvoit la retourner sans qu'il parût qu'elle fût à l'envers. M. de Vendôme, l'un des esprits les plus changeants de ce temps-là, tantôt pour la reine, tantôt pour les princes, avoit une casaque de cette espèce. « Il falloit, dit Le Laboureur, vaincre ou mourir, ou bien devestir cette casaque, ce qui arrivoit assez souvent, ou pour arrester les fâcheuses suites d'un évenement sinistre, ou bien cela se faisoit pour eviter la honte et l'infamie d'une lasche action; ce qui pour-

Brissac [1], dedié aux beaux esprits de ce temps.

Comparaison en forme de parabolle de maquerellage et de l'art militaire, desdié à M. de Lavarenne [2], et composé par Bonneuil [3].

Paradoxe par lequel il est prouvé que les ladres n'ont point d'autre commodité que l'incommodité en ceste vie, composé par Plainville et desdié à M. de Rostin [4].

La comedie de ma commère, representée de MM. les princes retirez de la cour, en faveur du president de Thou.

roit bien avoir donné origine à l'expression proverbiale : *Il a tourné casaque*, laquelle se dit aujourd'hui de ceux qui changent de parti. » *De l'origine des armes*, Lyon, 1658, in-4, p. 8.

1. Ceci tendroit à nous donner sur les mœurs du maréchal de Brissac des soupçons qu'un passage de l'*Inventaire des livres de M. Guillaume*, mal compris par Le Duchat, nous avoit d'ailleurs suggérés déjà : « Une consolation à M. de Brissac sur la mort de sa femme, par le vidame de Chartres. »

2. Le fameux La Varenne, qui, de cuisinier, étoit devenu marquis, conseiller d'Etat et gouverneur de La Flèche, le tout grâce à ses obligeants services de proxénète, ce qui faisoit dire qu'il avoit plus gagné à porter les *poulets* du roi qu'à les piquer.

3. René de Thou, seigneur de Bonneuil, introducteur des ambassadeurs. V. Blanchard, *Eloges des présidents à mortier*, et notre t. 4, p. 341.

4. Il est appelé M. Le Rostein dans la facétie du même genre que celle-ci qui a pour titre : *Bibliothèque de Mlle de Montpensier*. On y met sous son nom un livre dont le titre : *Les lamentations de saint Lazare*, est loin de démentir ce qu'on lit ici. Il paroît décidément qu'il étoit lépreux.

Discours de patience, dicté par Mme de Longueville[1] et dedié à la marquise d'Ancre.

Traicté des plus emerveillables coups de plume et de rabots[2] que les predecesseurs de Conchine et de sa femme ont donné pour le service de la republique du duc de Florence, avec l'arbre et genealogie, le tout fidellement extraict par Dolé et dedié au seigneur Jean de Medicis.

Les moyens de bastir superbement et solidement avec la cire, sans crainte d'autres chaleurs au soleil que celuy de justice ne luit point sur nostre orison, par le chancelier de Sillery[3], dedié aux ouratiers[4] de la chancellerie.

L'invention, sans magie, pour faire parler les morts, par MM. les secretaires d'Etat, dedié aux thresoriers de l'espargne.

Charme du scilence, apporté du sabat par la Dutillet[5], de l'an mil six cens dix, au duc d'Espernon, pour s'en servir en temps et lieu.

Articles secrets de l'alliance d'Espagne, dedié à Messieurs de la religion.

1. Catherine de Gonzague de Clèves, mariée en 1582 à Henri d'Orléans, duc de Longueville, morte en 1629, âgée de 61 ans.
2. Le père de Concini était menuisier.
3. Nicolas Brûlart, marquis de Sillery, garde des sceaux depuis 1604. V. notre t. 2, p. 133.
4. Lisez *couratiers*, *courtiers*.
5. Dame galante et fort intrigante. Il est parlé d'elle au liv. 2, chap. 1, de la *Confession de Sanci*, et d'Aubigné la nomme au chap. 16 du *Baron de Fœneste*. Ce *Charme du silence*, qu'elle donne en 1610 à M. d'Epernon, n'étoit pas

Comparaison des grands exploits faicts en la mer Méditerranée par le general des galeres avec ceux de M. l'amiral en la mer Oceane, dediez à M. de Villars [1].

Un traicté de la furie, et description par le comte de Brissac, avec un discours des commoditez des calottes, dedié à la Margellette.

Discours sur l'appareil que le marquis de Marigny, Chateauneuf de Bretaigne, Silly [2] de Normandie, Mailly de Picardie, et plusieurs autres, font pour aller à Saint-Muthurin [3] pour estre guaris du mal de teste, desdié au mesme.

La vie de Ludovic Sforce, composée par Peronne, desdiée au duc d'Espernon [4].

Les exemples de la bonne foy du president Jeannin, à recueillir du traicté par lui faict avec le feu duc de Biron [5], desdiez à MM. les princes retirez de la cour.

---

sans utilité pour lui, puisqu'on l'accusoit de savoir la vérité sur l'assassinat de Henri IV, et puisqu'il sut trouver le moyen de ne pas la dire.

1. Honorat de Savoie, marquis de Villars, avoit eu la charge d'amiral après l'assassinat de Coligny. Il n'y fit pas merveille, et la comparaison indiquée ici n'étoit certainement pas à son avantage.

2. Henri de Silly, comte de Rochepot.

3. Patron des fous.

4. Ceci donneroit à penser qu'on soupçonnoit M. d'Epernon de vouloir tenter contre Louis XIII ce que Ludovic le More n'avoit essayé qu'avec trop de succès contre son neveu Galeas Sforza, mort empoisonné par lui le 21 octobre 1494.

5. Le président Jeannin et le chancelier de Sillery avoient

Un traicté de la difficulté qu'il y a d'arrester les faucons hagards et leur faire revenir sur un vieux lièvre, par le sieur baron de la Chasteneraye, dedié à Roquelaure [1].

La vie du feu connestable Saint-Paul [2], dediée au vieux mareschal de Bouillon [3], pretendu vice-connestable de France, composée dans la Bastille par le comte de la Roche, escript en parchemin rouge.

L'enfantement des montagnes, composé par le duc de Savoie, desdié aux princes.

Discours secret de l'amitié de M. d'Espernon vers son fils de la Vallette, avec une remonstrance aux bons pères en faveur des enfants obeissans [4].

La louange de la chasteté et pureté de la vie,

fait en 1601 le traité avec le duc de Savoie, et l'on disoit qu'en même temps qu'ils traitoient avec ce prince pour le roi, ils traitoient aussi en secret pour le maréchal de Biron, qui en effet trahissoit alors la France au profit de la maison de Savoie.

1. Antoine de Roquelaure, fait maréchal de France en cette même année 1615. Il avait 71 ans, mais c'étoit pure calomnie de comparer ce vieux brave à un vieux lièvre.

2. Celui que Louis XI fit décapiter.

3. Henri de la Tour d'Auvergne, duc de Bouillon, étoit soupçonné d'avoir des relations avec les princes d'Allemagne.

4. Le duc d'Epernon avoit, en 1611, refusé son consentement pour le mariage de son second fils, le marquis de la Valette, avec la fille du maréchal d'Ancre. Ce fils, qui étoit très jeune, et par conséquent très porté à l'obéissance pour de tels ordres, épousa, onze ans plus tard, la fille de Henri IV et de la marquise de Verneuil.

composée par l'evesque de Rieuls et dediée à la royne Marguerite.

Complainte de la Saguoine sur l'inconstance des hommes, dedié au baron des Termes [1].

Le Boittelette du beau Mortemart [2], dedié aux hermaphrodictes.

La promptitude Liverit, dedié à La Ferté [3].

Apologie du Cel Castel contre ceux quy denient que M. le prince de Condé soit legitime, dedié à la memoire de feu M. le comte de Soissons [4].

Histoire du malheureux advènement causé par l'adultaire, composé par la comtesse de Limours [5], et dedié à Mme de Vilars [6].

---

1. César Auguste de Saint-Lary, baron de Termes, avoit pour maistresse une fille de la reine, nommée la Sagonne, avec laquelle il fut trouvé couché. La reine chassa la Sagonne, et peu s'en fallut qu'elle n'obtînt du roi qu'il envoyât M. de Termes à l'échafaud. — Ce nom de la Sagonne cache Diane de la Marck, femme en troisièmes noces de Jean Babou, comte de Sagonne.

2 Il est aussi parlé de lui à l'art. 62 de l'*Inventaire de la bibliothèque de maître Guillaume*.

3. Gouverneur de Chartres, qui avoit mis en effet assez de promptitude à livrer la place.

4. Frère puîné du prince de Condé, dont la légitimité est ici mise en doute. Il étoit mort en 1612.

5. Femme de ce comte de Limours qui, selon les *Contrevéritez de la cour* v. notre t. 4, p. 341) avoit si mauvaise mémoire. Les actions de Mme la comtesse ne semblent pas avoir été de celles dont il fût bon de se souvenir.

6. Sœur de Gabrielle d'Estrées, pour laquelle Henri IV eut un penchant passager. V. Sauval, *Galanteries des rois de France*, 1731, in-12, t. 2, p. 354.

Le merite qu'il y a de se contenir en viduité, escript par Mme de Marmoutier et dedié à Mme de Guise la Doriere[1].

Le miroir de la chasteté des dames de ce temps, composé par Mme de Santiny et dedié à Mme la duchesse de Seully.

La louange de la fidelité conjugalle, par le comte de Chiverny[2] et dedié au comte de Grammon[3].

La piteuse et deplorable avanture d'Acteon, mangé par les chiens après avoir esté metamorphosé par Diane en forme de cerf, composé en vits françois par Madame la fouteuse de Balaigny[4] et dedié à la memoire de son mary.

Poeme tragique de Landry et de la royne Fredegonde, composé par la marechalle d'Ancre, et dedié à la royne.

L'art honneste de petter, pratiqué et composé

---

1. La *douairière*. — C'est la même qui fit beaucoup parler d'elle, pendant son veuvage, à cause de son commerce avec M. de Bellegarde. Le 55e article de l'*Inventaire des livres trouvés en la bibliothèque de Me Guillaume lui est consacré* : « Trois livres enseignants de conserver sa virginité devant et après l'enfantement, par Mme de Guise, dédiés à Mme de Vitry. »

2. L'auteur des excellents *Mémoires* souvent réimprimés. Je l'aurois cru exempt de ces sortes de malheurs.

3. Philibert de Grammont, second mari de la belle Corisandre d'Andouins, l'une des plus célèbres maîtresses de Henri IV.

4. Diane d'Estrées, sœur de Gabrielle, seconde femme de Jean de Montluc, seigneur de Balagny, maréchal de France.

par le president Duret[1], dedié à M. de Roquelaure.

Veritable discours du poëte de Marseille et de sa vie, mis en lumière par Madamoiselle de Vitry, quy dit l'avoir assisté à tous les merveilleux traits de son mestier.

Les excellents et doctes sermons du cardinal de Sourdy[2], desdié à un Marguillier de Sainct-Germain-de-l'Auxerroy, par l'advis du cardinal de Bousy[3].

Consolation à la comtesse de Sansay, faicte par M. du Maine, sur la mort de M. Balaigny.

Quatre livres des commoditez, profits et utilitez qu'on reçoit d'avoir deux femmes en un mesme temps, avec la louange d'elles-mesmes.

Un livre de clemence, par M. d'Espernon, si vieux et si effacé qu'on n'y voit rien, dedié aux Provençaux, avec un discours, à la fin du livre, où il refute l'opinion des poëtes.

Les inimitables grimasses du chevalier de Silly, dedié aux jeunes gens de la cour.

Trois tomes escripts par le mareschal de Biron, le premier traictant du depvoir des subjects envers

1. Duret de Chevry. V. sur lui notre édition des *Caquets de l'Accouchée*, p. 147.

2. V. sur les mœurs de ce prélat notre t. 4, p. 340. C'est avec intention qu'on fait dédier ses sermons à un marguillier de Saint-Germain-l'Auxerrois. L'hôtel de Sourdis étoit proche de cette église ; il avoit donné son nom à une petite impasse qui ne vient que de disparoître.

3. Celui qui avoit négocié le mariage de Henri IV et de Marie de Médicis.

leur prince ; le deuxiesme, de la recompense des loyaux serviteurs ; le troisième, de la prudence qu'on doit avoir pour se comporter finement, dedié au comte d'Auvergne.

L'apparition de Saincte Gertrude à Madame l'abbesse de Maubuisson [1] estant au mal d'enfant.

>   Un Italien incogneu
>   En France tout seul est venu
>   N'ayant aucune compagnie ;
>   Mais en France s'est bien trouvé,
>   Estant fort bien envitaillé
>   Pour resjouir sa grande amie.

>   Il a fort bien faict ses affaires
>   Et a gaigné de grands thresors,
>   Car, se donnant de grands efforts,
>   Soubs luy tout le monde faict taire.

>   Tous les thresors qu'il a conquis
>   C'est par fraude et par piperie ;
>   Il a gaigné, par mon advis,
>   Pour faire duchesse sa fille.

Il n'y a François au monde quy ait l'esprit tel comme ceste nation estrangère, car les plus beaux esprits de la France, en telle part que ce soit, ne sçauroit si bien bastir sa fortune en estrange pays comme fait une quantité de race coyonnesque quy se bastissent incontinent au naturel des vrais François ; ils leur veulent faire accroire qu'ils sont meil-

---

1. Angélique d'Estrées, autre sœur de Gabrielle.

leurs que ne sont les naturels du pays, encore qu'ils feussent de Sainct-Denis ou d'Aubervillier, et veulent dire comme les bonnes femmes de Paris, Aubervillier vaut bien Paris, choux pour choux.

Les nouvelles admirables lesquelles ont envoyées les patrons des gallées qui ont esté transportez du vent en plusieurs et divers pays et ysles de la mer, et principallement ès parties des Yndes. Et ont veu tant de diverses nations de gens et de bestes que c'est merveilles. Desquelles la declaration appert en ces presentes lettres. Escriptes en la cyté d'Arjel, le VIe jour de may[1].

Nos tres chiers et parfaictz amys seigneurs de Porion et de Saint-Germain, frequentans la mer en la region occidentalle, nous nous recommandons à vous et à tous noz amys de par delà, vous faisans savoir que depuis nostre partement à la fortune des

---

1. Nous devons la communication de cette pièce très curieuse à l'obligeance de notre ami M. Charles Livet, qui l'a copiée avec le soin le plus minutieux sur l'exemplaire, sans doute unique, que possède la bibliothèque de Nantes. Elle est imprimée en gothique, in-8, sans pagination. Au verso du premier feuillet, où le titre se trouve, l'on voit une grossière gravure à sept personnages, dont un assis au milieu sur un siége surmontant une estrade à deux mar-

vens, nous avons esté transportez en plusieurs pays et ysles en la mer. Et premièrement en l'ysle de Coquelicaris, où les hommes sont de merveilleuse figure et sont bonnes gens. Ilz nous ont consolez et confortez en leur langaige, qui est bien estrange. Et ont le stature de grandeur environ comme

ches. Le même frontispice, nous dit M. Charles Livet, se trouve en tête de la pièce intitulée : *L'Entrée du roy à Romme* (du mercredi dernier décembre 149.). Le dernier chiffre ne s'y trouve pas, mais il faut lire 1494, car il s'agit de l'entrée de Charles VIII dans la ville des papes, le 31 décembre de cette année-là. M. Livet pense que la pièce qu'il nous communique est du même temps, et je partage cet avis. C'étoit le moment de la première et de la plus vive curiosité qu'avoient dû exciter les voyages et les découvertes de Colomb; il devoit courir par toute l'Europe, au sujet de cette entreprise, aux incroyables résultats, beaucoup de petits livrets du genre de celui-ci, dans lesquels l'imagination populaire, remplie d'idées singulières touchant l'existence de tout un monde fabuleux, trouvoit moyen de renchérir encore sur ce que la réalité étaloit de merveilles. M. Brunet cite, dans le *Manuel du libraire* (t. 3, p. 111), une pièce qui montre avec quelle avidité la curiosité du peuple se fit partout un appât des nouvelles qui venoient de ce monde récemment découvert. C'est la traduction que Giuliano Dati fit en vers italiens de la première lettre latine par laquelle Colomb annonça au monde ancien le monde nouveau. M. Libri, qui possédoit cette pièce très rare, dont voici le titre. *La lettera (in ottava rima) dell isole che ha trovato nuovamente il re dispagna*, etc., pense qu'on la chantoit dans les rues. Quadrio, *Storia e ragione d'ogni poesia*, Milano, 1739, in-4, t. 4, p. 48, en parle, mais lui donne à tort la date de 1495, au lieu de celle de 1493. Le récit, fait aussi sous forme de lettre, que nous donnons ici, fut peut-être

geans; leurs yeulx esclèrent la nuyt comme torche, et voyent plus de nuyt que de jour; le nez long de trois piez et la barbe longue jusques à terre, verte comme pré; la queue comme ung lyon, et mengent ung mouton à l'heure. Ils boivent, le jour, la mer sallée, et, la nuyt, chascun bien douze potz de vin; ilz sont de telle nature que ils s'endorment par l'espace de trois jours et trois nuytz, et, quant ilz sont reveilliez, ils font ung si grant et si horrible cry qu'on les orroit braire de quatre à cinq lieues; ilz tyrent à la charue comme chevaulx et font leur labour sans ayde de bestes.

Leurs femmes sont petites comme nayns et ont deux queues, et sont vestues de peaulx de garapotz, qui sont grandes bestes comme beufz; la teste longue de six piez, le corps comme ung cerf et à six piedz, ceulx de devant comme griffons, ceux du parmy,[1] comme ung beuf, et ceulx de derrière comme ung lyon; le poil jaune, vert, noir et blanc, et long de trois piez.

Item, les cocqs portent laine vermeille de quoy on fait les draps fins, et sont grans comme grues, la

---

inspiré par le même événement; seulement, ne tirant point comme l'autre ses faits d'une lettre du grand navigateur, il est complétement fabuleux, comme ceux qui couroient de uis long-temps sur les pays gouvernés par le prêtre Jean. Quelques noms de lieux qui ont la prétention d'être des noms espagnols prouvent toutefois qu'il peut s'agir ici des pays que Colomb découvrit et baptisa pour le roi d'Espagne.— La *cyté d'Arjel*, d'où la lettre est datée, doit être la cité d'Alger.

1. Milieu.

creste blanche, et longue d'une aulne, et au bout
la dicte creste a une pierre si excellente qu'on ne la
sçauroit estimer : car l'hostel où les dictz coqs seront, le tonnoire, l'escler, la fouldre ne la tempeste
n'y pourront faire aucun mal, pour la grant vertu et
dignité de la dicte pierre. Ilz ont le bec large comme
une becque, et les fault tondre tous les moys, et les
dictz coqs et poulles chantent tousjours ensemble si
trez melodieusement qu'ilz endorment les gens : car il
semble que soient luz [1] et harpes de ouyr leur chant.

Les poulles sont perses [2] comme azur et n'ont
point de plumes, si non en la queue, qui est blanche
et comme miroer de paon, et ponnent les œufz tous
cuytz, pour la grant chaleur qui est en eulx, et est
bonne et excellente viande ; et qui les veult mengier
clerez, il les convient mettre en eau chaulde.

Item, avons esté en une aultre ysle nommée l'ysle
de Hude-Fridaga, où les femmes ont deux couillons [3], et sont moitié noires et moitié blanches, et filent
la soye le plus excellentement que jamais on sçauroit veoir. Les hommes ont les cheveulx trainans
jusques en terre et sont jaunes comme fil dor, et ne
font rien, ne aussi ilz ne veulent rien faire, sinon
danser, ryre et galler.

En la dicte ysle a une manière de bestes qu'on appelle opy loripha, grosse comme ung tonnel, et est

1. Luths.
2. C'est-à-dire d'un bleu vert.
3. Dans les *Prodiges de l'Inde*, manuscrit cité par
M. Berger de Xivrey, à la p. 117 des *Traditions teratologiques*, il est parlé de femmes barbues qui ont douze pieds de
haut et portent une corne au nombril.

LES NOUVELLES ADMIRABLES. 163

toute ronde, le poil blanc, jaune, noir et vert ; le col long bien dix aulnes, et a la teste comme une gargouille. Elle gette feu par la gueule, qui sent le souffre, especiallement quant il tonne, et se resjouyst tant du tonnoirre qu'on l'orroit braire et crier de plus de sept lieues.

Item, en l'ysle de Sosorogo, qui est grande, en laquelle nous avons esté bien l'espace de trois sepmaines, et est auprès du pays d'Albanie, merveilleuse cyté et grande près de Alexandrie, où madame sainte Catherine fut née et où les marmotz sont. En ceste dicte ysle les vaches n'ont point de cornes ne de queue, et semblent estre painctes, et le laict quelles donnent semble estre vin blanc, et est aussi bon que l'on sçauroit trouver, et sont tonsées deux fois l'an, et de la laine qu'elles portent on en fait ces draps de veloux blanc.

Item, les chièvres ont le laict si aigre qu'il ne sert que de verjus ou de vinaigre. Les moutons ont sept cornes [1] et deux testes et la laine verte, et n'est loup qui en puisse approuchier, tant sont courageux ; ilz sont grans comme asnes et ont la queue comme ung lyon. En ceste dicte ysle, les gens sont vestuz de

---

1. Dans le précieux volume in-4 gothique possédé par la Bibliothèque impériale : *Prestre Jehan à l'empereur de Rome et au roy de France*, il est aussi parlé d'animaux à sept cornes. M. G. Duplessis a publié cette légende, d'après les meilleurs textes, à la suite de *la Nouvelle fabrique des excellents traits de vérité*, Biblioth. elzevirienne, Paris, P. Jannet, 1853. M. Ferdinand Denis en avoit déjà donné un bon texte dans son petit volume : *Le Monde enchanté*, Paris, 1843, p. 376.

peaulx de pyrelmogues, qui est une beste de la grandeur d'un chat et de longueur demye aulne ; le poil de la couleur au col d'un mallart, la teste comme ung synge, la queue comme une marmote blanche, et est très excellente penne[1] ; elle conserve et garde une personne de plusieurs maladies, mais on n'en peut avoir ne pour or ne pour argent, tant est precieuse la penne de ceste dicte beste.

Item, en l'ysle de Tapilomugan, qui est auprès de Arcusie et de Samarie, où les enfans mangent leurs pères et leurs mères quant ilz sont anciens ; et est auprès du mont Ostrac, où les oliphans[2] et les griffons[3] sont, qui se combatent aux hommes du pays et leur font grande guerre, et de l'autre part le pays où les hommes vivent de l'odeur d'une pomme.

En ceste dicte ysle a une rivière grande qui descent dedans le fleuve de Eufrates, lequel vient de paradis terrestre[4], où l'on pesche des anguilles de quatre cens piez de long, et saillent hors de la rivière pour ouyr le son de la loure[5], et en la dicte rivière n'ose

---

1. Sans doute pour plume.

2. Les *éléphants*. Voir la légende de *Prestre Jehan* citée plus haut, et les *Traditions teratologiques* de M. Berger de Xivrey, p. 407.

3. Dans la légende de Prestre Jehan, les griffons sont des oiseaux qui peuvent, en effet, aller de pair avec les *oliphans* : « Ils portent bien ung beuf ou un cheval en leur nid pour donner à manger à leurs petiz oyseaulx. »

4. V. aussi, pour une rivière qui descend « de Paradis terrestre et est appelée Syon », le livre de *Prestre Jehan*.

5. Sorte de musette qui avoit donné son nom à une danse grave dont elle régloit les mouvements.

aller aucun navire où il y ait point de fer, car les pierres qui sont au fons le saperoient et tireroyent au fons [1]. En ceste dicte ysle a des oyseaulx grans comme oes, et, quant ilz sont nourriz et quils peuvent voler, le père et la mère en chassent une partie, et par dueil qu'ils ont ils volent si hault que le soleil les cuyt et tue [2] ; et puis quant ils sont cheuz on les menge, et est très bonne viande, et en y a si grant nombre quilz en sont au dit pays tous reffais.

Item, au mont de Tripho, en la partie orientalle, nous avons veu ung chasteau fait d'esquailles de goufliques et une roche de fin or d'un costé, et d'autre costé tout de cristal ; de la quelle montaigne on ne voit point le couppel [3], et de grosseur tout entour deux lieues, et au couppel de cette dicte roche a un oysel que est plus grand que six griffons [4], le quel mengue tous les jours de trois à quatre beufz ; et n'est homme qui se osast trouver sur terre en ces contrées à l'heure de sept ou de huyt, qu'il va re-

1. Tradition orientale qui se trouve dans les *Mille et une Nuits* (histoire des Trois Calanders).
2. C'est ce qui arrivoit au phénix, d'après la légende de Prestre Jehan : « S'en monte vers le ciel sy près du soleil, tant que le feu se prent à ses helles, et puis descend en son nid et se art. »
3. *Coupeau*, sommet.
4. Dans la zoologie fantastique de tous les peuples se trouve un oiseau gigantesque comme celui dont on parle ici. Les Indiens ont le *garouda*, les Arabes ont le *rokh*, dont les *Mille et une Nuits* content tant de merveilles. « Un jour, lit-on dans la 74e nuit, il s'abattit sur un rhinocéros qui venoit d'éventrer un éléphant d'un coup de corne, et il emporta dans ses serres le vainqueur et le vaincu. »

paistre ; et, quant vient environ neuf heures, il s'en va à son dit lieu, et tout le jour il chante si haultement et si melodieusement que on l'ot de plus de 25 lieues, car il resonne son chant si treffort que tous les autres oyseaulx de tout le dit pays laissent à chanter, et chacun oyseau se mussent pour la crainte et tremeur du dit oyseau. Ce dit oyseau est appellé pypharaum. Les œufs qu'il pont sont gros comme ung baril, et ne les peut-on casser, et semble qu'ilz soient paingtz de toutes couleurs. Trois ou quatre fois la sepmaine il volle en l'air ; il a les yeulx si très reluisans que il semble estre feu, et est aucunes fois bien quatre heures sans revenir. En l'air est pour regarder où il prendra sa proye ; il n'espargne foible ne fort ; il se boute plainement en la mer pour prendre le poisson, et s'il treuve une balaine il la mettra à mort.

Item, au pied de la dicte roche a dix grans chasteaulx, les quelz sont tous faitz de pierres precieuses, et y a des femmes qui les gardent ; et en chacun chasteau a sept grosses tours, et en chascune tour a un grand serpent de diverses couleurs, et moult merveilleux, et dit-on que ces sept serpens signifient les sept pechiez mortelz qui guerroient les dix commandemens que les dictes femmes gardent.

Item, nous avons esté en une autre ysle nomée Vulfephaton, en la quelle a une rivière qui descend au fleuve de Gyon [1], qui vient de paradis terrestre,

---

1. Celui qui est appelé Syon dans la légende de Prestre Jehan, et dont nous avons parlé dans une de nos précédentes notes.

et en ceste dicte ysle ne hante que femmes; on ne les peut congnoistre d'avec les hommes, tant sont vaillantes en güerre. Et auprès a une autre ysle qu'on appelle Tripongalagan, et fault qu'ils passent une rivière qu'on appelle Magrouffa quant ilz veulent habiter aux femmes, et se les femmes enfantent ung filz masle, elles l'envoient demourer avec les hommes; se c'est une fille, elles la tiennent et la nourrissent, et lui ardent la mamelle dextre, affin, quant elles sont grandes, quelles puissent mieulx courir la lance, car elles guerroient mieulx que les hommes [1].

Item, pareillement, en ensuivant toutes les choses dessus dictes, nous avons veu ung grant et merveilleux poisson qui saulte sur la mer plus de cinquante brasses en hault et de travers; il nage plus viste et plustost que ung oyseau ne sçauroit voler, et si a les dentz si fortes et si aguës que quant il empoigne

---

1. C'est l'éternelle fiction des Amazones, qui a parcouru toutes les régions. Selon M. de Humboldt, « elle appartient au cercle uniforme et étroit de rêveries et d'idées dans lequel l'imagination poétique ou religieuse de toutes les races d'hommes et de toutes les époques se meut presque instinctivement.» (*Histoire de la géographie du nouveau continent*, t. 1, p. 267.) — Dans le *De monstris*, reproduit par M. Berger de Xivrey dans ses *Traditions tératologiques*, les Amazones apparoissent aussi sous le nom d'*Androginæ*, telles que les avoit représentées Pline (liv. 7, chap. 11), telles qu'on les voit ici. La légende de *Prestre Jehan* en parle aussi : « Et sachez qu'elles se combatent fort, comme si elles fussent hommes; et sachez que nul homme masle ne demeure avecques elles fors que neuf jours, lesquels durant il se peut deporter et solacier avecques elles et engendrer, et non plus, car autrement il seroit mort. »

ung batel, il le dessire et le met en pièces, et quant on le veult appaisier, il convient sonner ung gros tambour. Il a bien douze vingtz piez de long, et de haulteur bien quarante piez; sa teste est toute ronde, ses oreilles pendantes plus de vingt brasses; il a treize cornes, longues bien de sept aulnes; il gette feu par les dictes cornes plus de cent brasses à long; les yeulx plus gros que une chauldière à tainturier, et est couvert d'esquailles, et ot-on sonner les esquailles, quant il naige, de cinq ou sept lieues loing; il a la queue fourchée en quatre, et fait esclisser la mer de sa queue plus d'une lieue de hault [1].

[1]. Ce poisson nous semble être tout à fait de la même famille que le fameux *Kraken*, dont il est tant parlé dans les relations des anciens voyageurs et dans quelques livres de savants, tels que l'*Histoire anatomique* de Bartholinus, le *Mundus mirabilis* d'Happelius et le *De piscibus monstruosis* d'Olaüs Wormius, où il est appelé *Hafgufa*. C'est le dernier venu de ces poissons merveilleux : il n'y a pas cinquante ans qu'un navigateur prétendit encore l'avoir rencontré dans les mers du Nord, au milieu des îles Orkeney; mais celui-là venoit trop tard, en 1808, pour accréditer son mensonge. La science alors avoit dit son mot sur le *Kraken*; l'on sçavoit que, sauf les immenses proportions dont l'avoit gratifié la terreur populaire, ce n'étoit autre chose qu'une sorte de sèche gigantesque, appelée *sèche à coutelas*, qui se rencontre parfois dans les mers du Nord. Le peuple, lui-même, n'y croyoit plus guère en 1808, et je penserois volontiers que le mot *craque* (mensonge) étoit un souvenir de ce pauvre *Kraken* dont on lui avoit fait peur si long-temps, et auquel il ne vouloit plus croire. Le comte de Provence, qui auroit pu être l'un des premiers incrédules, fut aussi l'un des derniers qui tâcha de s'en amuser. On connoît

LES NOUVELLES ADMIRABLES. 169

Mon très chier cousin, j'ay entendu que aucuns de nos gens ont veu des lymaçons qui sont gros comme des tonneaulx, et pareillement des hanetons qui

l'article qu'il publia dans le *Journal de Paris*, puis en brochure, sur la *grande harpie de mer*, appelée Cœleno, nom sous lequel on voulut retrouver une altération de celui de M. de Calonne, le rapace ministre (V. nos articles sur les *Rois journalistes*, *Constitutionnel* des 4 et 5 août 1852.) Au temps où parut la pièce donnée ici, l'on croyoit sérieusement à l'existence de poissons de l'espèce du *Kraken*. Le passage qui motive cette note en est la preuve. Dans le *Nova typis transacta navigatio novi Orbis Indiæ occidentalis*, etc., livre très singulier décrit par le *Manuel*, on peut lire le merveilleux récit d'un monstre de cette sorte qui, après avoir soulevé un navire, laisse les marins dire très dévotement la messe sur son dos, puis replonge dans la mer, remettant ainsi le bâtiment à flot sans avaries. Dans un autre curieux ouvrage : *Recueil de la diversité des habits qui sont de present en usaige tant ès pays d'Europe, Asie, Afrique et illes sauvages, le tout fait après le naturel* par François Deserpz, Paris, 1562, in-8, se trouve le portrait de l'*evesque* ou *moine de la mer*, dessiné d'après les dessins de *défunt* le capitaine Roberval et décrit très sérieusement : car, encore une fois, l'on croyoit alors aux monstres dont on parloit, et l'on ne faisoit pas comme le comte de Provence ou comme l'excellent père Bougeant, de qui, selon Voisenon, la fabrication des monstres étoit l'industrie : « Quand il avoit besoin d'argent pour acheter ou du café, ou du chocolat, ou du tabac, il disoit naïvement : *Je vais faire un monstre qui me vaudra un louis*. C'étoit une petite feuille qui annonçoit la rencontre d'un monstre très extraordinaire qu'on avoit vu dans un pays très éloigné et qui n'avoit jamais existé. » (*Œuvres complètes* de Voisenon, t. 4, p. 126.)

sont si grans et si merveilleux qu'il n'est homme qui y puisse demourer.

Item, nous avons esté gettez si arrière le plus merveilleusement que jamais homme vit du vent et de l'orage, qui nous a transporté en bien peu de temps jusques au bas occident; et là nous n'avions point de nuyt, et y avons esté trois moys sans revenir, et y avons veu plusieurs et divers pays.

Nous avons esté en une grande et merveilleuse cyté, nommée la cyté de Montane, où nous avons veu une montaigne la quelle a plus de cent lieues de hault, et est ung pays de bestes sauvages, où les tygres sont, les panthères et autres bestes moult merveilleuses; et si y a des pyes qui sont plus grandes que grues, et n'est homme qui osast aller seul sans estre accompaigné de cinq ou de six hommes, pour les pies et autres oyseaulx qui sont dangereux et à craindre, et ont les dictes pies le bec long bien une aulne.

Item, en ces pays a grans forestz, et sur tous autres arbres nous avons veu ung grant arbre le quel a plus de trois lieues de tour de ses branches, et n'en voit-on point le couppel, et est environné tout d'eaue, et le fruyt qu'il porte est long comme une andouille et rend le jus vermeil comme sang, et n'est point de si excellent vin, et dedans chascun fruyt a une pierre precieuse qui esclère la nuyt comme le jour, et ne porte le dit arbre que de trois ans en trois ans, et auprès du dit arbre est la roche de Videquin, où toutes les bestes sauvages du dit pays vont coucher dedans la dicte roche, pour la crainte des chahuans, qui leur portent guerre la nuyt, car ilz sont plus grans que griffons et sont en grant nombre.

Item, nous avons esté en ung lieu bien plus approuchable, venant vers les parties de paradis terrestre, où il y a un prestre françois, au quel prestre Jehan ou son vicaire a donné la cure de Cytrie, en la quelle le dit curé a de disme du plus excellent blé que l'on sçauroit demander, et pareillement des meilleurs vins, et tous les ans bien cinq cens oysons, cinquante veaulx, deux cens aigneaulx qui portent la laine verte, et n'ont non plus de queue que ung cynge, et n'ont que une corne; outre plus bien quarante barilz de miel, car les mousches sont grandes comme poulles [1].

Item, nous avons esté au pays de Garganie par la mer Rouge, près de paradis terrestre, où nous avons veu des choses admirables, comme bestes sauvages et autres, et est ce dit pays tant fertille de tous biens que cest merveilles. *Item*, nous avons veu la fronde et la pierre de quoy David tua Goliath, et plusieurs autres choses qui seroient trop longues à raconter.

Item, les poulles sont grandes à merveilles et n'ont point de creste ne de queue non plus qu'un cynge, et n'ont aussi qu'une corne, et ponnent les œufs aussi gros que oes; et y a tant de paons qu'on n'en scet que faire, si non que le dessus dit curé seroit bien joyeux qu'il y demourast plusieurs Fran-

---

1. Prestre Jehan, dans sa légende, conté les mêmes merveilles du pays qu'il habite : « *Item*, en nostre terre, y a habundance de pain, de vin, de chairs et de toutes choses qui sont bonnes à soustenir le corps humain. »

çois avec lui pour vivre des biens qu'il a en la dicte cure ; mais les gens de ce pays n'y sçauroient bonnement vivre, pour l'intemperance de l'air, dont est dommage.

Autre chose ne vous sçauroy que rescripre pour le present. Recommandez-nous à tous noz amys de par delà. Dieu vous doint bonne vie et longue.

Escript en la cité d'Arjelle, le vi jour de may.

Le vostre

VILLAGE
Conducteur des gallées de Provence.

Cy finent les Nouvelles admirables que les capitaines des gallées ont veues en diverses ysles de mer vers les parties orientalles.

Le Gan de Jean Godard, Parisien.
A N. Thibaut G. P.
A Paris, chez Daniel Perier, demeurant rue des
Amandiers, près le Colège des Crassins.
1588. — In-8[1].

EPIGRAMME.

Tu chantes si bien, mon Godard,
La nature du gand mignard,
Que qui liroit ton escriture,

1. Jean Godard fut l'un des poètes les plus en renom de son temps. Dans les stances ou sonnets mis en tête de ses poésies, l'on ne va pas moins qu'à l'égaler à Ronsard. Il étoit né à Paris en 1564, et mourut en 1630, après avoir été jusqu'en 1615 environ lieutenant général au bailliage de Ribemont. Villefranche en Beaujolois fut le séjour ordinaire de ce poète, qui pourtant, en souvenir de sa ville natale, ne manque jamais de prendre le titre de *Parisien*. C'est à Villefranche, selon les *Mémoires* du jésuite Jean de Huissière sur cette ville (1671, in-4, p. 86), qu'il fit tous ses ouvrages, « remarquables par leur mérite et par leur nombre. » Deux pièces dramatiques, *la Franciade*, tragédie en cinq actes, et *les Desguisés*, comédie en cinq ctes, avec prologue en vers, qui vient d'être réimprimée dans

Si bien elle le raviroit,
Que, fut il hiver, il n'auroit
A ses mains aucune froidure.

J. HEUDON, Parisien [1].

Le Gan de Jean Godard, Parisien.

Bien souvent les bienfaits sont mis en oubliance;
Mais ce n'est pas de moy : j'ai tousjours souvenance
De l'honneur, du present, du don et du bienfait,
Tant soit grand ou petit, que quelque homme me fait,

le t. 7 de l'*Ancien théâtre françois* de la Bibliothèque elzevirienne, sont ce qu'il écrivit de plus considérable. On les trouve dans ses *Œuvres poétiques*, Lyon, 1594, 2 vol. in-8, avec un grand nombre de pièces en tous genres, odes, élégies, *trophées au roi Henri IV*, etc. Jean Godard n'a toutefois pas réimprimé dans ce recueil, non plus que dans la seconde édition qu'il en donna à Lyon en 1618, in-8, sous le titre de la *Nouvelle muse, ou les Loisirs de Jean Godard*, Parisien, la pièce singulière que nous reproduisons ici. C'étoit une œuvre de sa jeunesse, qui pouvoit lui sembler sans intérêt, mais qui n'en a pas moins beaucoup pour nous. L'abbé Goujet la connoissoit, et dans l'article qu'il consacre à notre poète, au t. 15 de sa *Bibliothèque françoise*, p. 248-249, il la mentionne comme très curieuse, sans toutefois en rien citer, ce que l'abbé Mercier de Saint-Léger lui reproche presque, et avec raison. (V. ses *notes mss.* sur la *Bibliothèque de la Croix du Maine*, art. *Jacques Godard*.) Nous la donnons d'après l'exemplaire que possède la Bibliothèque impériale, et que l'abbé de Saint-Léger ne semble pas avoir connu. Celui qu'il eut entre les mains se trouvoit à la bibliothèque Mazarine, n° 21,657. Il a disparu depuis.

1. Jean Heudon, fils d'un riche bourgeois de Paris, étoit

Jusqu'à là mesmement qu'à rendre la pareille,
Ou soit tard, ou soit tost, tousjours je m'appareille :
Aussi l'homme bien né vraiment recognoistra,
De parolle ou de fait, le bien qu'on luy fera.

 Thibaut, il me souvient qu'aux dernières estrainnes,
D'une paire de gands tu me donnas les miennes.
Je te veux ore faire un semblable present :
Je veux le gand chanter en ton nom à present,
Affin que, si mes vers sur le temps ont victoire,
Ton nom et ton present soient de longue memoire,
Ou bien à tout le moins pour te faire sçavoir
Que je ne veux manquer à faire le devoir
A l'endroit de celuy qui m'oblige et qui m'aime,
Ainsi comme tu fais, autant comme lui-mesme.

l'ami de collége de Jean Godard. Au sortir des études, comme celui-ci manquoit de ressources, il lui étoit venu en aide, et leur amitié s'en étoit augmentée. Godard fit son chemin dans les emplois, et aussi dans la poésie et au théâtre. Heudon souhaita les mêmes succès, et ce fut alors Godard qui lui tendit la main. (V. *Hist. du théâtre françois*, t. 3, p. 539.) Heudon fut moins heureux : sa réputation n'égala jamais celle de son ami. Ses tragédies de *Saint-Clouaud* et de *Pyrrhe* sont détestables, comparées à toutes les pièces de son temps, et en particulier à celles de Godard. Cette inégalité de succès n'altéra point leur amitié. Dans les poésies de Godard, les principales pièces sont dédiées à Jean Heudon (V. t. 2, p. 239, 245, etc.); d'autres sont adressées à son frère Audebert Heudon, à qui Godard semble avoir voué les mêmes sentiments. Tous deux moururent avant lui, laissant chacun un fils, Jean et Thomas, qui héritèrent de l'affection que J. Godard avoit eue pour leur père. Les stances qui terminent la seconde édition de ses poésies, *la Nouvelle muse*, etc., leur sont adressées, sous ce titre touchant : *l'Amitié héréditaire*.

Mais changeons de propos, et venons à nos gans
Dont il est question. Ce n'est pas de ce temps
Seulement que l'amour l'œil de larmes nous mouille,
Qu'il nous tient en souci, que la teste il nous brouille
De mille passions, qu'il nous glace de peur :
Aussi bien au passé ce petit dieu pipeur
Tourmentoit les humains d'extresme fascherie,
Voire mesme les dieux ont senti sa furie.
Tesmoing soit Juppiter, qui tient le premier rang,
Changé tantost en or, en cigne, en taureau blanc;
Et mesme, qui plus est, Venus, sa propre mère,
N'ha pas peu s'affranchir de sa douleur amère.
Maintenant la navrant, la faisoit suspirer
Pour l'amour du dieu Mars; tantost pour un berger
Qui menoit ses troupeaux sur les rives du Xante;
Tantost il luy faisoit une playe recente
Dans son cœur enferré d'un beau trait pris aux yeux
D'Adonis, le plus beau qui fut dessous les cieux.
Ce jeune fils de roy, chef-d'œuvre de nature,
Passoit en grand beauté tout autre creature :
Narcisse auprès de luy n'estoit que vain abus,
Ni mesme Cupidon, ni le plaisant Phœbus,
Si bien qu'il eust semblé que sa beauté celeste
Fust venue icy-bas affin d'estre moleste
A tous hommes mortels, leur versant dans les yeux
Un dangereux poison, toutesfois gracieux.
   Mais s'il avoit le corps beau jusques à merveille,
Aussi son ame avoit une beauté pareille;
Son cœur estoit royal et de vertu rempli,
Estant du tout en tout parfait et accompli.
De ses esbatemens la chasse fut l'eslite,
En imitant Diane, Orion, Hipolyte:

Car, fut que le Soleil retira ses chevaux
De l'estable marine, annonçant les travaux,
Ou qu'au milieu du ciel il traina sa charrette,
Ou bien, ayant couru sa jornalière traite,
Qu'il s'en alla coucher chez sa tante Thetis,
Tousjours estoit aux champs le gentil Adonis,
Ou bien chassant le cerf à la teste branchue,
Ou le grondant sanglier armé de dent crochüe.
Venus, qui dans le sin brusloit de son amour,
Ne le pouvoit laisser ny la nuit ny le jour,
Courant tousjours après ses beaux yeux et sa face,
Et fust-ce mesmement qu'il allast à la chasse,
Qu'il allast à la chasse au profond des forests,
Qui sont pleines d'horreur, pour y tendre ses rets.
Un jour elle l'y suit, brassant[1] à l'estourdie
Des espineux halliers : une ronce hardie
Luy vint piquer la main, d'où s'escoula du sang,
Lequel, depuis germé dans le fertile flanc
De la mère commune, a donné la naissance
A la rose au teint vif, qui luy doit son essance.

 Tout depuis ce temps-là, la fille de la mer,
Venus au front riant, sa main voulut armer
Contre chardons, et ronces, et piquantes espines.
Elle fit coudre adonc de leurs esguiles fines,
Aux Graces au nud corps, un cuir à la façon
De ses mains, pour après les y mettre en prison.
 Les trois Charitez[2], sœurs à la flottante tresse,
En usèrent après ainsi que leur maistresse.

---

1. Écartant avec les bras.
2. Les trois Grâces, *Charites* en grec.

Voilà comment Venus nous inventa les gands,
Lesquels furent depuis communs à toutes gens,
Non pas du premier coup : les seulles damoiselles
Long espace de temps en portèrent comme elles.
 Depuis, les puissans roys s'en servirent ainsi,
Et puis toute leur court, puis tout le peuple aussi.
 Mais, bien qu'ores chacun les mette à son usage,
Le petit et le grand, et le sot et le sage,
Si ont-ils toutes fois encore authorité
De servir de signal à la grand' dignité
Des prelats reverends : un chacun d'eux en porte
Qui de laines sont faits, mais en diverse sorte,
Comme ils ne sont tous uns; selon qu'ils tiennent rang.
Les uns les ont de rouge et les autres de blanc.
Encores par dessus leurs laines sont couvertes
De turquoises, rubis, et d'esmeraudes vertes [1],
Que portent les prelats, en signe de l'honneur
Qu'ils sont les lieutenants du souverain Seigneur,
Qui, dans le ciel assis, darde dessus la terre,
Ainsi que traits flambants, les esclats du tonnerre.
 Par ce moyen-là donc en honneur sont les gands,
Qui jusques aujourd'huy sont la marque des grands,
Qui les ont par honneur, et davantage j'ose
Coucher dedans mes vers qu'il n'y ha nulle chose
Qui sert à nostre corps, le couvrant et vestant,
Qui les puisse esgaler ny qui valle bien tant :

---

1. On laissoit aux prélats ces gants ornés de pierreries. Georges Cliffort, comte de Cumberland, enrichit pourtant de cette manière le gant qu'Élisabeth lui avoit donné en signe d'estime. Il s'en fit une parure; dans les tournois, il ne portoit pas autre chose à son chapeau.

Car s'il m'est accordé, ce qui me le doit estre,
Et si l'on ha respect au vallet pour le maistre,
Ils emportent le prix, puis qu'ils servent la main,
Qui proffite le plus de tout le corps humain.
　C'est elle qui fait tout, disposte et bien legère,
Sans cesse travaillant comme une mesnagère.
Elle coud, elle file, elle va labourer :
A tous cous il luy faut le travail endurer.
　Elle taille la vigne, elle esbranche les arbres,
Elle peint les tableaux, elle grave les marbres,
Elle affile l'espée et tous les ferremens,
Puis elle en donne après le camp des Allemans ;
Elle nous fait du feu quand le corps nous frissonne
De froid en janvier ; les bleds elle moissonne ;
Elle assemble la gerbe, elle la bat après,
Elle en tire du grain, et du grain du pain frais,
Sans cesse travaillant pour ce gouffre de ventre
Où de tous ses travaux le fruit et salaire entre.
Par elle Jupiter tient son sceptre orgueilleux ;
Par elle Juppiter sur les monts sourcilleux
Darde son foudre aislé ; par son aide Neptune
Tient son sceptre à trois dents ; par elle la Fortune
Tient ses riches joiaux ; par son aide Pluton
Porte un sceptre obei du bouillant Phlegeton.
Jadis par son moyen l'invaincu Charlemagne,
Sainct, estoit de nos roys descendus d'Allemaigne,
Des Espagnes vaincueur le triomphe emporta ;
Jadis, par son moyen, sur sa teste il planta
D'un bras non engourdi la marque imperialle,
Ayant jà sur le chef la couronne royalle.
　Par son aide jadis le grand Henri second,
Qui de palme et laurier s'ombragea tout le front,

Fit fuir l'empereur, à son grand vitupère,
Dans son propre pays en ravageant son père.
Par sa guerrière main nostre prince, son fils,
Invaincu se fit voir à deux osts desconfits
A Dreux et Montcontour; et par sa main puissante
Loys, père du peuple, en l'Itale plaisante,
Deffit près Aignadel le camp venitien,
Faisant trembler Venise et reprenant le sien.
 Bref, cette main fait tout ce qu'on peut faire, et dire,
Et si ce qu'elle fait seule elle peut escrire;
Elle habille le corps de laine de brebis;
Mais sans l'ayde d'aucun elle fait ses habits,
Je di ses gands fourchus, qui font qu'elle n'endure
Ni le chaud de l'esté, ny la gourde froidure
De l'hyver glaçonneus. Aussi font-ils fort bien
De la garder de mal, puisque tout nostre bien
D'elle seule despend : ainsi le gand utile
Contregarde la main mesnagère et subtile.
 Combien est-il heureux de toucher quelques fois,
Ou plus tôt si souvent, la main blanche et les doits,
Tout à l'aise et loisir, de ces belles pucelles,
De ces fleurs de beauté, de tant de damoiselles!
Je croi, quand est de moy, que cinq cens mille amants,
Pour jouir de cest heur voudroient bien estre gans,
Ne deussent-ils jamais avoir nature d'home.
 Il est temps de parler des gans blancs de Vendosme [1],

---

1. « Il suit de là, dit l'abbé Mercier de Saint-Léger dans sa note manuscrite déjà citée, que cette fabrique de gants fins à Vendôme existoit en cette ville dès le XVIᵉ siècle. L'abbé Goujet, dans l'extrait qu'il donne de ce petit poëme, n'a pas remarqué ce fait. » Dans les *Mélanges d'une grande bibliothèque* HH, p. 123, l'on avoit déjà constaté l'existence au XVIᵉ siècle

Qui sont si delicats que bien souventes fois
L'ouvrier les enferme en des coques de nois ;
On en parle aussi tant que leur ville gantière
Reçoit presque de là sa renommée entière.
Si prisé-je bien plus pourtant les gans romains [1],
Qui servent plus aux nerfs que ne font pas aux mains.
Ny le musque indien, ny l'encens de Sabée,
Ny le basme larmens qui pleure en la Judée,
Ny tout l'odorant bois de quoy l'unique oyseau [2]
Son sepulcre bastit dessus un arbrisseau,
Ny tout ce que l'Arabe a de senteur, en somme,

d'une fabrique de gants qui avoit pu donner naissance à celle de Vendôme : c'est la fabrique de Blois. « Il est certain, y est-il dit, que l'usage des gants blancs nous est venu d'Italie; cependant, au XVIe siècle, les gants de la fabrique de Blois en France étoient déjà fort renommés. » Savary (*Dict. du commerce*) parle de ces gants de Blois et de ceux de Vendôme. C'étoit, avec Paris, dit-il, la ville où l'on en fabriquoit le plus de son temps.

1. La réputation des gants de Rome se soutint jusqu'à la fin du XVIIe siècle. M. de Chanteloup chargea souvent Poussin de lui en acheter. Le 7 octobre 1646, celui-ci lui écrit à propos d'une de ces commissions « qu'il y a employé un sien ami, connoisseur en matière de gants. » Du tout il a fait un paquet. « Il y en a, dit-il, une douzaine, la moitié pour les hommes, la moitié pour les femmes. Ils ont coûté une demi-pistole la paire, ce qui fait dix-huit écus pour le tout. » Dans sa lettre du 18 octobre 1649, il écrit encore à M. de Chanteloup qu'il lui a acheté de bons gants à la *frangipane*, c'est-à-dire de ceux qu'on parfumoit selon la mode introduite du temps de Catherine de Médicis par le comte de Frangipani. C'est, dit Poussin, la signora Magdalena, «femme fameuse pour les parfums», qui les lui a vendus.

2. Le phénix.

Ne sentit pas meilleur que font ces gans de Rome[1].
D'autres il y en a, bien richement brodés
De soye ou de fil d'or, à l'eguille et au dés [2],
En petit entrelas et mignarde peinture
Où se lit mainte hystoire et estrange adventure.
D'autres sont enperlez. Si prisé-je pourtant,
A cause du plaisir, les gands de chasse autant[3].
Sans eux l'oyseau de poing n'yroit point à la guerre.
Qui pourroit endurer son espinneuse serre
S'il n'estoit bien ganté? Si le plaisir est grand
De la fauconnerie, on le doit tout au gand.
Aussi lui devons-nous presque tout nostre ouvrage,
La perche, les charrois, et tout le labourage
Qui se fait en hiver : car en telle saison
On n'oserait sortir, ny laisser la maison,
Ny travailler dehors, qui n'a la main armée
De bons gros doubles gands à couleur enfumée.
Sans eux le laboureur ne pourroit en hiver
La mencine [4] tenir, ni les champs remuer;
Sans eux le vigneron n'yroit point à la vigne,

1. Dans le *Parfumeur royal*, par Barbe, parfumeur, Paris, 1689, au chapitre des *gants de senteur*, on trouve la manière de parfumer les gants avec de la gomme odorante ou des fleurs.

2. Au moyen âge l'on portoit déjà des gants ornés de fils d'or :

Il l'en donna le gant à l'or paré.
(*La Chevalerie Ogier de Danemarche*, t. 1, p. 103, v. 2489.).

3. Le *gant de fauconnier*, dit Savary, *Dict. du commerce*, « est un très gros gant d'un cuir très épais, ordinairement de cerf ou de buffle, qui couvre la main et la moitié du bras du fauconnier pour empêcher que l'oiseau ne le blesse avec son bec ou avec ses serres. »

4. La *manchine*, manche de la charrue.

Le pescheur ne pourroit sans eux tenir sa ligne
Dessus les froides eaux, alors que le poisson
Lubre [1] ne peut nager à cause du glaçon
Qu'il rencontre à tous coups ; ou si d'un bon courage
Ils s'en alloient sans gands à leur penible ouvrage,
Outre qu'ils ne pourroient besongner à demy,
Sans cesse estant frappés par le froid ennemy,
Les doits leur gelleraient, et les deux mains lassées
Ils auroient à tous coups en hyver crevassées,
Où c'est que chaudement du gand nous nous servons
En chose qui que soit, car nous en escrivons
De la prose et des vers, ayant la main delivre [2] :
Gantez nous feuilletons un grec ou latin livre,
Nous taillons bien la plume avec le canivet [3],
Parmy d'autres papiers nous cherchons un brevet.
Une femme gantée œuvre en tapisserie,
En raizeaux deliez et toute lingerie.
Elle file, elle coud, elle fait passements
De toutes les façons, ayant en main ces gands
Que l'on nomme coupés [4], gands autant necessaires

1. De *lubricus*, glissant.
2. C'est-à-dire *agile*, *en liberté*. On disoit plutôt encore *à delivre*, comme dans cette phrase de la 124ᵉ *nouvelle* de Despériers : « N'ayant la langue si *à delivre* pour se faire entendre. »
3. Le canif. (V. notre t. 1, p. 217.)
4. C'est ce que nous appelons aujourd'hui des *mitaines*, mot qui autrefois étoit synonyme de *mouffle*, et qui, au lieu de désigner ces demi-gants de femme, s'employoit pour ces gros gants fourrés qui n'avoient qu'une séparation entre les quatre doigts réunis et le pouce. Ces sortes de gants se vendoient chez les bonnetiers, qui, pour cela, se faisoient appeler *mitonniers*. (V. le

Que le soleil au jour, que la rame aux galéres.
Les hommes d'à present, qui cognoissent combien
Ils nous font de profit, de plaisir et de bien,
Les honorent aussi de mainte broderie
Faite subtilement, de riche orfevrerie,
De senteurs, de parfums. Les uns sont chiquetés
De toutes pars à jour, les autres mouchetés
D'artifice mignard ; quelques autres de franges [1]
Bordent leur riche cuir, qui vient des lieux estranges [2].

volume déjà cité des *Mélanges d'une grande bibliothèque*, p. 11 et 121.)

1. Sur ces *gants à frange*, V. notre t. 3, p. 247. C'étoit un des grands luxes de cette époque. « On lit dans un vieux bouquin imprimé à La Haye en 1604 que les habitants de Cambray, pour recevoir dignement le roi, qui devoit passer par leur ville, eurent l'attention délicate de faire la barbe à un pendu qui étoit exposé aux fourches publiques, et de mettre un *gant avec une frange d'or magnifique* à une main de bois qui servoit de guide sur le grand chemin de la ville. » (*Essai historique sur les modes et la toilette françoise*, Paris, 1824, in-12, t. 2, p. 95.)

2. Le meilleur cuir pour les gants venoit d'Espagne. On disoit alors *souple comme un gant d'Espagne*, proverbe qui a survécu, mais mutilé. (V. *Francion*, 1663, in-8, p. 63) L'on disoit, lisons-nous dans les *Mélanges d'une grande bibliothèque*, *loc. cit.*, « que, pour faire de beaux et bons gants, il falloit que trois royaumes y concourussent : l'Espagne, pour préparer et passer les peaux ; la France, pour les tailler ; l'Angleterre, pour les coudre, parceque les Anglois avoient déjà imaginé des aiguilles particulières pour bien coudre les gants, ce qui est assez difficile. » Du temps de Savary, le proverbe que nous venons de citer n'étoit déjà plus vrai : la France suffisoit pour faire de bons gants.

Tel est souvent d'un roy le condigne present,
Et vaut cent fois plus d'or qu'il n'est lourd et pesant ;
Tel sent mille fois mieux que le musque ou civette
Qu'on voit à Saint-Denis. Il n'est tant de poissons
Dans le large Ocean qu'on en voit de façons [1].
C'est pourquoy je ne veux et ne peux les escrire ;
Si veux-je toutefois encor un mot en dire,
Et puis c'est tout. Aussi les nouveaux mariés
En donnent par honneur aux parens conviés :
C'est l'antique façon [2]. Ceste façon louable
Monstre combien le gand fut jadis honorable.

O gans saints et sacrés ! la marque des prelats,
Brancheus estuy des mains qui nous pendent au bras,
Garde-mains, chasse-chaud, chasse-froid, chass'ordure,
Port'anneaus, mesnagers, à la riche bordure,
Emmusqués, odorants, inventés de Venus,
Vandomois et romains, à cinq branches, cornus,
Nuptiaus, estreneurs, à la gueule beante,
Mais pères des manchons, race bien faitiente,
Pour vous avoir chantés le premier, des Romains,

1. J. Godard auroit en effet encore pu parler des *gants de Grenoble*, des *gants de Niort*, qui sont restés célèbres, et d'une espèce de gants appelés *gants gras*, qui se mettoient pour adoucir les mains. Il en est déjà longuement question dans les *Mémoires* de La Force, t. 2, p. 457. On les fabriquoit à Ham. « On les appeloit aussi *gants de chien*, dit Savary, parcequ'ils se faisoient de la peau de cet animal passée en l'huile. »

2. Elle se conserve encore dans quelques villes de province, où l'on donne des gants aux conviés d'une noce ou d'un enterrement. C'est un reste de l'usage des *paraguante*. V. une note de notre édition du *Roman bourgeois*, p. 103.

Des Grecs et des François, gardés-moy bien les mains,
Et celles de Thibaut, en hiver de froidure,
Et du hâle au soleil, qu'en esté l'on endure.

SONET.

A peine (mon Heudon) que tout vif je n'enrage
Quand j'entend caqueter ces benets et badaus,
Qui sont faits seulement de chair, de sang et d'os,
Mais, ce crois je, sans cœur, sans ame et sans courage.

On les oroit conter qu'un homme n'est pas sage
Qui escrit en françois, tant sont ces gros lourdaus,
Et que l'on ne doit point remporter aucun los,
Si non par un latin ou par un grec ouvrage.

Comment peuvent-ils tant priser et louanger,
Vituperant le leur, un langage estranger
D'une langue impudente et digne de torture?

Puisque (ainsi comme on dit) que son nid semble beau,
Par instinc naturel, tousjours à chaque oyseau,
C'est vraiment donq qu'ils sont homes contre nature.

SONET.

Ce genereux guerrier, ce père des sciences
Qui reluit à Paris, ce puissant roy François,
Abolit le latin, et voulut qu'en françois
Les juges et plaideurs parlassent aux sceances.[1]

1. Allusion à l'ordonnance de 1539, par laquelle François Ier décida qu'à l'avenir l'on emploieroit la langue françoise dans

Nostre langue cessa de faire doleances
Pour son triste mespris, sous ce grand de Valois ;
Elle fut en honneur à la cour des grands rois,
Et le latin cassé perdit ses vieilles censes.

Lors entour nostre langue on vit les bons esprits ;
Mais quelques uns pourtant les en ont à mespris,
Comme si en françois ils ne pouvoient bien dire ;

Et, les jugeant comme eux, soit à mal, soit à bien,
Car, disant qu'en françois il ne faut pas escrire,
Je te promets, Heudon, qu'ils ne parlent pas bien [1].

la rédaction des actes et dans les débats judiciaires. S'il falloit en croire une anecdote bien connue, cette sage mesure lui auroit été inspirée par quelques paroles d'un plaideur, nouvellement arrivé à Paris, que la cour avoit *débouté* (debotaverat) de son action, et qui se croyoit tout bonnement *débotté* par elle. (V. Dreux du Radier, *Tablettes historiques et anecdotes des rois de France*, t. 2, p. 152.)

1. L'abbé Goujet n'avoit pas remarqué ces deux sonnets, dans lesquels se retrouve l'une des préoccupations favorites de Jean Godard : la langue françoise et la grammaire. On a de lui un *Discours sur la lettre H*, etc. — Au lieu de parler de ces deux sonnets, l'abbé a dit par erreur (*Biblioth. franç.*, t. 15, p. 248-249) que cette pièce du *Gant de J. Godard* se termine par un sonnet et un sixain de J. Heudon.

Discours de deux marchants Fripiers et de deux maistres tailleurs, estant invités à souper chez un honneste marchant. Avec les propos qu'ils ont tenu touchant leur estat.

M.DC.XIV.
In-8 [1].

Tout comme à Titius [2], meschant homme et pervers,
Phebus, qui ses rayons estend sur l'univers,
Envoya l'oiseau qui, de son cœur renaissant,
Iroit de jour en jour iceluy repaissant,
Ainsi nous semble-il que ce monstre d'envie,
Provenu des enfers, soit mis en cette vie
Pour ronger aux mortels l'esprit, non pas le cœur,
Qui jamais ne consomme, ains est tousjours vainqueur :
Il attacque les grands, attacque les petits,

---

1. Nous donnons cette pièce telle que nous l'avons trouvée imprimée, avec toutes ses incorrections et ses vers faux.

2. Le fameux géant Tityus, qu'Apollon et Diane tuèrent à coups de flèches pour le punir d'avoir voulu faire violence à leur mère Latone. Une autre version, suivie ici, nous le représente souffrant doublement le supplice de Prométhée, c'est-à-dire ayant le foie dévoré par deux vautours, en punition du même crime.

Discours de deux Fripiers

Attacque les fripiers, vendeurs de vieux habits,
Comme on cognoistera par ceste mienne histoire
De deux fripiers remplis de superbe et de gloire.
    Un honneste marchand, pour la rejouissance
Qu'il eut d'avoir d'un filz la seulette naissance,
Fit prier de souper deux maistres teinturiers,
Et, de ce mesme pas, deux maistres couturiers.
Sa femme, de sa part, prie deux frelampiers [1],
Qui se disoient tous deux estre marchands fripiers.
Ceux-cy donc, fort joyeux d'avoir telle lipée,
Pour n'avoir dans le vin la lèvre detrempée
Le long du jour, s'en vont tous deux, se depeschant,
Pressez de faim et soif, au logis du marchand.
Cestuy, les saluant : Vous arrivez bien tost !
C'est mon [2], ce disent-ils, c'est pour soigner au rost.
    Entrez qu'ils sont dedans pour faire les valets,
L'un prend la palette [3], et l'autre les molets [4]

    1. Pauvres diables, misérables, comme les frères qui sont chargés de préparer les lampes dans les couvents. Telle est du moins l'origine que Fleury de Bellingen donne à ce mot dans son livre de l'*Etymologie des proverbes françois*. Borel veut que *frelampier* se soit pris pour charlatan ; enfin, selon d'autres, il viendroit du mot *frelampe*, par lequel le peuple désignoit une petite monnoie de billon valant 12 ou 15 deniers.

    2. Interjection affirmative très commune alors chez le peuple. Nous l'avons déjà rencontrée. On disoit aussi *ce mon, ça mon*. Molière l'a employée sous cette dernière forme dans *le Bourgeois gentilhomme*, act. 3, sc. 3, et dans *le Malade imaginaire*, act. 1, sc. 2. M. Paulin Paris en a fait l'objet d'une longue note dans son édition de Tallemant des Réaux, t. 4, p. 84.

    3. La *pelle*.

    4. Sorte de petites pincettes dont se servent encore les orfèvres.

L'un soufle le feu, et l'autre le ratise :
Voilà le cuisinier qui perd sa chalandise.
Un, certes plus friand qu'une chatte d'hermitte,
Pour gouster au brouet descouvre la marmitte.
Disant : Mets, compagnon, ces viandes à la broche,
Car voicy du souper l'heure qui est fort proche ;
Mets ce cochon de laict, ce canar et cest oye;
Retiens pour fricasser les polmons et le foye ;
Embroche ce chapon et ces deux lapereaux,
Et ces deux espaules de petits chevreaux.

Sur l'heure du souper, viennent les tainturiers ;
Un peu après aussi vindrent les cousturiers,
Lesquelz, tout aussi tost qu'on a la porte ouverte,
Vont saluer le marchand la teste decouverte.

Le soupé preparé : Prenez place à la table,
Ce dict-il aux tailleux d'une voix delectable.
Il fit après assoir ces maistres teinturiers,
Qui vis-à-vis s'assirent des maistres couturiers.
En après fit assoir ces maistres friponniers
Qui, n'estant que frippiers, faisoient les cuisiniers,
Les quelz, en murmurant contre les deux tailleurs,
Qui leur sont preferez en de si grands honneurs,
Sortiroient volontiers s'ilz n'etoient retenuz
De la honte et la gueule, des quelz ils sont pourveuz.

C'estoit presque soupé quand voylà la Discorde,
Qui, embrasant son feu, les met tous en desordre
Par le moyen d'un poux, qui, cherchant son repas,
De l'un de ces fripiérs couroit dessus le bras,
Qu'il avoit attiré en refaisant les plis
De quelques vieux habits, qui en estoient remplis.
Un tailleur, le monstrant, dict tout bas au fripier :
Monsieur, ne vous faschez : c'est le faict du mestier.

Le fripier alors, tout ennivré de vin ,
Commença à jetter son dangereux venin :
Car au lieu de remercier le tailleur qui l'avoit
Adverti de ce poux qui sur son bras couroit,
Assez mal à propos luy dit : Sot, taisez-vous,
Car je vous fais certain que je n'ay point de poux.

Le tailleur, bien appris, endura cest injure,
Replicquant : Je ne suis perfide ny parjure ;
Et qu'il ne soit ainsi, Messieurs, regardez tous
Au devant du pourpoint, vous y verrez le poux.

Le fripier alors, qui crevoit de despit,
Pour sauver son honneur luy livra un deffit
Lequel des deux mestiers estoit plus honorable.
Ce qui fut au tailleur grandement aggreable ;
Le maistre du souper arbitre fut esleu
Pour porter jugement quand on auroit conclud.

Le fripier commença à discourir des mieux,
Si bien vous l'eussiez pris pour quelque procureur [1],
Et se mit dans sa chaire en telle posture
Que l'eussiez pris diseur de bonnes adventures.

« Je ne suis pas si tost sorti de ma couchette
Que voicy des marchands qui sonnent ma clochette ,
Demandant un habit de serge de seigneur [2];
Les autres de velours d'une belle couleur ;
Les uns un beau manteau tout bordé de clincant ,

---

1. La désinente *eur* se prononçoit *eux* dans la plupart des mots. Aujourd'hui encore les chasseurs disent *piqueux* pour *piqueur*.

2. Serge fine et luisante dont les *seigneurs* s'étoient longtemps vêtus. On la fabriquoit à Reims. C'est une de ces étoffes, si recherchées dès le temps de saint Louis, qu'on trouve appelées par les chroniqueurs *serica Remensia*.

ET DE DEUX TAILLEURS.

Pour affin d'esblouir les yeux des regardant.
Aux uns de bas estat, aux autres de plus grand,
Je baille des habits pour chacun leur argent,
Les grands me recherchant, et aussi les petits,
Pour tirer de l'argent de quelques vieux habits.
A tailler des chausses je ne passe la nuict,
Pour les quelles avoir fait, bien souvent il vous cuit ;
Mais en n'y pensant point, et presque en me jouant,
Je suis tout esbahy qu'il me vient de l'argent.
Donc, ô tailleurs d'habits ! vous n'estes qu'artisans,
Et nous, qui les vendons, nous sommes les marchands.
Or jugez maintenant lequel est plus capable,
Ou de celuy qui vend, ou celuy qui travaille ?

    Après que le fripier eut fini son propos.
Le tailleur commença lui respondre aussi tost

    Je sçay bien que souvent vous estes frequenté,
Mais ce sont des chalans de peu d'authorité :
Car n'ayant pas d'escus la bource bien garnie,
Pour avoir des habits vont à la friperie,
Ce sont le plus souvent des coureurs de pavé
Qui au soir à six heures n'ont encore disné ;
Ce sont tous des chercheurs de franche lipée [1],
Qui n'ont ny pot au feu ny escuelle lavée ;
Qui, n'ayant le moyen d'avoir des habits neufs,

---

1. On appeloit les parasites chercheurs de *franches lippées*. (Le P. Labbe, *Etymologie des mots françois*.) La Fontaine, dans sa fable du *chien et du loup*, a aussi employé ce mot de *franches lippées* pour repas happés gratis, et Regnier, sat. 10, v. 282-285, parle ainsi des gens qui s'en mettent en quête :

> L'un en titre d'office exerçoit un berlan,
> L'autre estoit des *suivants de madame Lippée*
> Et l'autre chevalier de la petite espée.

S'en vont vers vous (fripiers) pour en avoir de vieux.
Ceux qui vous font gaigner sont les tireurs de laine
Desquelz ceste cité est de tout temps si pleine.
 Si de vos caves estoyent les soupirails bouchez,
Tant de menteaux de nuict n'y seroyent tresbuchez [1] :
Car, à ce que je voy, ils sont si bien hantez
Que jamais (ô araignes!) vos toilles n'y tendez.
Si ces bales estoyent de vos boutiques ostées,
Plusieurs pièces d'estoffes ne nous seroyent robées.
 Tous les habits qu'avez viennent de ces panduz,
Ou bien de ceux qui sont sur la roue rompuz,
Ou bien de quelque noble qui, pour un coup d'espée [2],
Dessus un eschaffaut a la teste tranchée [3],

---

1. Dans une pièce de notre t. 1, p. 198, il a déjà été parlé de ces connivences des fripiers avec les voleurs qui infestoient alors Paris, surtout avec la bande des Manteaux-Rouges. De ceux-ci, y est-il dit, on en prit d'une seule raffle vingt-deux « qui estoient à gage et qui jetoient par le soupirail des caves ce qu'ils avoient butiné par la ville. »

2. L'année précédente (1613), à l'occasion du duel entre le baron de Luz et le chevalier de Guise, dans lequel le premier fut tué, il avoit paru une déclaration du roi contre les duels, « avec protestation de n'accorder jamais la grace. » On ne l'avoit pourtant pas encore mise à exécution.

3. Les fripiers garnissoient leurs boutiques avec les défroques des suppliciés, que le bourreau leur vendoit. C'est ce qu'on voit par un passage des *Visions du Pelerin du Parnasse*, Paris, J. Gesselin, 1635, in-8, p. 121-122, très curieux volume que nous aurions peut-être fait entrer tout entier dans notre recueil, si quelques unes des pièces que nous avons données déjà ne s'y trouvoient à l'état de simples chapitres. Ainsi, l'une de celles qui précèdent, *Réglement d'accord sur la préférence des sa-*

Ou bien d'un verolé qui, se faisant suer,
Est mort entre les mains de monsieur le barbier [1].
   Vous me faictes bon jeu de dire que les grands
Vendent leurs vieux habits pour avoir de l'argent !
Encor pour les petits je prendrois patience,
Pour estre à ce contraincts par la folle indigence.
Vous passez bien les jours, vous passez les nuitées
A refaire les plis des chausses dechirées,
D'où les poux affamez, sortant en abondance,
Vous mordent bien serré les costez et la pance.
   Vous resemblez au gay qu'Esope le bossu
Produit estant d'un pan des plumes revestu ;
Mais ce fut bien le pis, car, estant recogneu,
Il fut crié, mocqué et d'un chacun battu.
Ainsi vous, Messieurs, soubs ce nom de marchand,
Vous vous glorifiez et faictes les galands :
Mais, si dedans Paris messieurs les savetiers

---

vetiers cordonniers (V. plus haut, p. 41-58), y forme le 19ᵉ chapitre. Voici le passage relatif aux fripiers : « S'il (le chaland) estoit si faquin de s'aller habiller en ce païs là, il y auroit danger qu'il ne devint héritier des despouilles de quelque pauvre diable qui huit jours auparavant auroit passé par les mains discrètes du subtil Jean Güillaume. » Jean Rozeau, le bourreau de la Ligue, cet habile homme qui, lit-on dans le *Scaligerana*, p. 37, « défaisoit fort bien en laissant seulement tomber l'épée », avoit fait comme fit plus tard son successeur Jean Guillaume. C'est même pour s'être trop hâté de pendre le président Brisson, afin de le dépouiller de son riche manteau de peluche, qu'il fut pendu à son tour sous Henri IV. (V. plus haut, p. 52, et *Lettres* d'Estienne Pasquier, in-fol., t. 2, p. 485).

1. Barbiers-chirurgiens, *carabins de Saint-Côme*, ainsi qu'on les appeloit. Ils s'occupoient surtout de la cure de ces maladies.

Estoyent à preferer à tous les cordonniers,
Il seroit très juste et plus que raisonnable
Que vous fussiez aussi plus que nous honorables.
 Le tailleur faisant fin, le marchand commença,
Et dict ouvertement ce qui luy en sembla :
 Vous, messieurs les fripiers, n'ayez à contre-cœur
Si les tailleurs vous passent en vertu et honneur ;
Confessez librement leur estre redevables,
Car peut-estre sans eux vous seriez miserables.
 Iceux sans dire à Dieu se retirent chez soy,
Ce qui les aultres mit en un très grand esmoy.
 Le tailleur, qui n'avoit rien dit de son costé,
A de telles paroles le marchand accosté :
 Monsieur, je suis mary que pour rejouyssance
Vous n'avez eu icy que plaintes et mesdisence.
Si de ces deux fripiers vous sçavez l'arrogance,
Sans doubte vous mettez sur eux toute l'offense.
Ils desirent sur tous emporter le dessus,
Enfin estre honorez tout ainsi qu'un Phœbus ;
Et, encore qu'ils soyent à chacun dommageables,
Ils se disoyent pourtant estre à tous profitables.
Mais sus ! Je finiray en vous disant à Dieu,
Tout praist à vous servir en toute place et lieu,
En vous remerciant d'un si bon traictement
Et pour avoir porté un si beau jugement.
 Tout droit à leur logis s'en vont les cousturiers.
Aussi après l'adieu s'en vont les teinturiers,
Qui n'osèrent parler, de peur de plus grand noise
Et de peur de jetter du bois à la fournaise.
 La femme du marchand, qui bouilloit de cholère,
Luy demande soudain qui l'a meu à ce faire,
D'abaisser ses parents du costé maternel

Pour exalter les siens du costé paternel ;
Poussée de courroux, le va charger d'injure,
Que pour une, deux fois, jusque à trois, il endure,
Mais dict en se mocquant : Ce vous est de l'honneur
D'avoir ces deux parents si curieux de l'honneur.
La dame, bien fachée et plus qu'auparavant,
Luy dict : Holà ! marchand, ne blasmez mes parents ;
Car je vous fais certain qu'ils vallent bien les vostres,
Soit en bien et honneur, ou en toute autre chose.

Femme, si tes parents et ceux de leur estal
Estoyent hors de Paris, nous n'irions qu'à cheval,
Et vous, femmes, en carroce tiré de six chevaux,
Irions nous promener avec les principaux.

La femme, convoyteuse d'un si très grand'honneur,
Dict lors à son mary : Je cognois mon erreur ;
Dict, demandant pardon : Prenez-moy en pitié,
Car je vous veux servir en toute humilité.

Or donc, ne vous faschez, Marguerite m'amie,
Si je fais qu'un chacun sçache toute leur vie.

Discours admirable d'un magicien de la ville de Moulins qui avoit un demon dans une phiole, condemné d'estre bruslé tout vif par arrest de la Cour de parlement.
A Paris, chez Antoine Vitray, au collège Sainct Michel.
1623. In-8.

Le 14 juin dernier, le lieutenant criminel de Moulins, ayant receu plusieurs plaintes qu'un nommé Michel, menuisier, usoit d'arts magiques et qu'il faisoit une infinité de maux dans la dicte ville, le feit constituer prisonnier. Le lendemain, le concierge

1. C'est Antoine Vitré, l'un des plus fameux imprimeurs de Paris au XVIIe siècle. Il n'y avoit que deux ans qu'il avoit commencé à imprimer quand il publia cette pièce. *Le Bruslement des moulins des Rochelois en* 1621 est, à ce qu'on croit, la première chose qui sortit de ses presses. Il exerça jusqu'à sa mort, en 1674. Il n'avoit pas moins de 85 ans alors, car en 1670, dans l'*avis* qu'il donna au sujet de la grande affaire du *Pain mollet*, pour lequel il eut la collaboration d'un Poquelin, peut-être celle de Molière lui-même, il est dit qu'il a 81 ans. V. notre article *Molière et le procès du pain mollet* (*Revue françoise*, 20 juillet 1855).

alla trouver le dit sieur lieutenant criminel pour l'advertir que le dit Michel se tourmentoit extraordinairement dans son cachot, et qu'il luy avoit dit, en presence de plusieurs personnes, qu'il estoit venu à luy quelqu'un qui l'avoit voulu estrangler et qui l'avoit merveilleusement excedé, battu et traîné par les bras, voulant qu'il reniast Dieu et son baptesme, et qu'il demandoit quelque confesseur qui fust habile homme, et qu'à cause des tourmens qu'il disoit recevoir, il avoit furieusement crié qu'on le tuoit et estrangloit, demandant secours. Le dit sieur lieutenant commanda aussitost au dit concierge d'aller querir le père recteur des PP. Jesuittes, et le prier d'aller consoler le dit Michel et l'assister en la confession sacramentalle qu'il disoit vouloir faire ; pendant quoi il alla aussi en la Conciergerie pour interroger quelques autres prisonniers, où, ayant trouvé le dit P. recteur, il le pria d'avoir soin de l'ame de ce pauvre miserable. Le P. recteur luy dit qu'il estoit grandement tourmenté, qu'il feroit ce qu'il pourroit, et qu'il luy avoit donné un *Agnus Dei* pour le conserver des apparitions du diable desquelles il se plaignoit (mais il faloit un cœur contrit, qui est bien rare en telles personnes), et puis s'en alla pendant que le dit sieur lieutenant demeura là pour ouyr d'autres prisonniers, auquel, incontinent après, le geollier retourne dire que le dit Michel crioit tant qu'il pouvoit qu'on le vouloit estrangler et qu'il demandoit du secours. Aussitost il commanda au dit geollier de luy aller ouvrir le cachot, et s'y transporta sur l'heure, où il le trouva le visage gros et enflé, et livide comme de quelques tumeurs, les

yeux fermez, et se plaignoit sans pouvoir cognoistre
le dit sieur lieutenant, qui luy demanda par deux ou
trois fois ; mais enfin, ayant repris ses esprits, il le
recogneut et luy reïtera ses plaintes, luy disant qu'il
avoit esté bien battu par quelqu'un qui luy avoit
voulu faire nier Dieu et son baptesme, quoy que cet
abominable eust desjà renié Dieu, ainsi qu'il en demeura d'accord après, comme vous verrez tantost.
Il advoua aussi avoir toutesfois fait des invocations
d'esprits et sacrifié une tourterelle [1], et qu'il s'estoit
servy d'un livre de caractères escrit à la main en
langue françoise. Là-dessus, le dit sieur lieutenant
luy remonstra que le diable n'auroit point eu la
puissance de luy nuire, si ce n'eust esté en vertu du
pact qu'il avoit avec luy, et puis l'interrogea en
quelle forme cela luy estoit apparu. A quoy il respondit que la première fois il n'avoit point de forme,
à la seconde et troisième il estoit en feu, qui l'avoit
non seulement batu, traîné par le bras et par les
jambes, mais qu'il luy avoit mis les pieds dans un
trou qui estoit au dit cachot, le menaçant de le precipiter s'il ne faisoit la renegation. Voylà pas un bon
maistre et qui flatte bien ses serviteurs ! Il dit encore
que le livre duquel nous venons de parler luy avoit
esté bruslé, par arrest de la cour, en presence de luy,
qui avoit fait amende honorable et banny pour cinq ans
pour s'estre meschamment et impieusement appliqué
aux arts magiques et invocations des demons, dont

---

1. C'est la première fois que nous voyons cet inoffensif
oiseau tenir dans les invocations la place de la fameuse
poule noire ; mais celle-ci interviendra tout à l'heure.

il avoit demandé pardon à Dieu, au roy et à justice, et qu'il executa cet arrest dès le 15 octobre 1605. Chose etrange que l'aveuglement des hommes ! Cela luy devoit servir à mieux vivre, cet auguste senat luy en donnant mesme un si excellent moyen. Mais bien au contraire, ce mechant homme, mesprisant les salutaires remonstrances que la cour du parlement luy avoit faites sur la sellete, s'en alla en Allemagne, en Angleterre, en Espagne et à Venise, où il dit qu'il acheta une phiole dix escus, dans laquelle il y avoit comme un peu d'eau blanche, et que, quand il vouloit sçavoir quelque chose, il disoit : *Phiole, fais-moy sçavoir cecy ou cela*, et qu'après il se mettoit à sommeiller, et en reposant il luy estoit revelé ce qu'il vouloit sçavoir; et, le temps de son bannissement accomply, il retourna à Moulins, où, par le moyen de ceste phiole, il recommença de faire mille mechancetez, lesquelles, enfin decouvertes, font qu'il est remis prisonnier comme je vous ay dit; et comme le sieur lieutenant criminel, qui est un très sçavant homme, luy eust dit qu'il falloit qu'il eust fait abnegation de la foy, des bonnes œuvres de l'Église et des siennes pendant qu'il avoit eu cet esprit, il dit que non ; mais, ayant affaire à un homme qui sçait fort bien son metier, il le sceut si bien prendre par ses paroles qu'il advoua avoir renoncé à Dieu, à ses bonnes inspirations et aux prières des saincts, entre les mains de celuy qui luy avoit vendu la dite phiole, et qu'il repetoit cela tous les ans le 14 septembre à son esprit, qui luy apparoissoit en feu, lequel esprit s'appeloit Boël[1]; il dit aussi qu'il

1. Dans le *Diable boiteux* imité de l'espagnol par Lesage,

estoit aërien, vapeur de la region d'Orient. Il fut trouvé saisy d'un Agrippa[1] dont il se servoit pour faire des caractères[2] ; et comme on luy eust demandé qu'il avoit fait de la dite phiole, il dit qu'il l'avoit cassée, et puis il dit qu'il l'avoit vendue, mais qu'il avoit juré qu'il ne le diroit point, et qu'il avoit fait un pact tacite avec son diable de luy donner tous les ans une poule[3] avec les suffumigations qu'il faisoit tousjours le dit jour 14 septembre. Il dit que quand le sorcier donne un malefice à mort, le diable leur donne six sols huict deniers, et à un animal la moitié. Il advoua avoir esté en une assemblée qui

c'est Asmodée qui joue le même rôle. Celui-ci est un démon bien plus ancien et bien plus célèbre que ce *Boël*. Il est déjà question de lui dans la Bible. V., pour l'étymologie de ce nom, *Revue archéologique*, t. 4, 1re part., p. 326.

1. Le livre de Cornelius Agrippa de Nettesheim, *De philosophia occulta*, si fameux encore au XVIIIe siècle qu'on en publia en 1727 une traduction françoise, 2 vol. in-8.

2. Ce mot se disoit « de certains billets que donnoient les charlatans ou sorciers, et qui, à cause des figures talismaniques dont ils étoient marqués, pouvoient, disoient-ils, produire toutes sortes de prodiges. Il est utile de connoître cette acception du mot *caractère* pour bien comprendre ce passage du rôle de Crispin dans *les Folies amoureuses* de Regnard (act. 1, sc. 5) :

> ... Tout le temps de ma vie
> J'ay fait profession d'exercer la chymie.
> Tel que vous me voyez, il n'est guère de maux
> Où je ne sache mettre un remède à propos,
> Pierre, gravelle, toux, vertiges, maux de mère.
> On m'a même accusé d'avoir un *caractère*.

3. V. l'une des notes précédentes.

s'estoit faite en Bourgongne, et que les assemblées des magiciens ne se font que de huict en huict ans, où ils parlent tous en l'oreille d'un demon qui paroist de sept pieds de hauteur, auquel ils demandent ce qu'ils veulent, et que luy parlant avoit demandé de pouvoir guerir les maladies, et qu'après avoir mangé ils sont tous reportez chacun en leur demeure.

Il dit encore que son esprit le dispensoit d'aller aux assemblées, à cause du gage qu'il lui donnoit tous les ans, et que la dernière des dites assemblées se feit en l'an mil six cents quatorze, et que s'il ne se fust defait de sa phiole, il y fust allé la veille de Noël, qui est le jour où elle se fait tousjours.

Ce meschant homme estant interrogé combien il avoit gardé la phiole de laquelle nous venons de parler, il dit qu'il l'a gardée onze ans, et qu'il faisoit brusler de la semence de baleine dans un rechaut pour parfumer la dite phiole en disant : *Je te parfume en vertu de ce que tu m'as esté donné*, comme il s'y estoit obligé. Il se mesloit de donner des feuilles d'herbes sur lesquelles il escrivoit certains mots qu'il disoit guerir des fièvres, et s'il n'estoit bien payé, il faisoit mourir les malades.

Il dit qu'il advertit un jour le curé de Saint-Bonnet qu'un procez qu'il avoit pendant en la cour venoit d'estre jugé, et qu'ils estoient, sa partie et luy, hors de cour et de procez, ce qu'il sceut le jour mesme dans la ville de Moulins par le moyen de son esprit.

Le dit sieur lieutenant luy ayant demandé s'il y avoit quelque caractère dessus la phiole, il respondit qu'il y en avoit un sur du parchemin et qu'il estoit noir. Ce ne seroit jamais fait qui voudroit dire toutes les meschancetez de cet imposteur, contre lequel il y avoit une infinité de plaintes qui furent cause que le dit lieutenant, ayant instruit son procez, le condamna d'estre pendu et bruslé, et quelques autres de sa cordelle [1] pendus. Le procez estant sur le bureau, il le feit amener pour l'entendre sur la sellette, où il se met à pleurer, disant qu'il avoit bien offencé Dieu en le reniant l'espace de dix ou unze ans, comme il avoit tousjours fait, et qu'il avoit aussi offert tous les ans, le 14 septembre, une poulle en sacrifice à un esprit nommé Bouël, lequel il adoroit enfermé dans une phiole, le parfumant avec de la fumée de semence de baleine, comme celuy qui luy avoit vendu luy avoit obligé. La sentence de mort luy estant prononcée, il appella en ceste ville pardevant messieurs de la cour, et quelques autres qui estoient condemnez à mort par la mesme sentence ne voulurent point appeler; toutesfois, le juge de Moulins, qui, comme j'ay dit, est un très habile homme, a envoyé ce Michel appellant et gardé les autres pour voir ce que le parlement en fera.

Estant icy, et la cour l'ayant ouy et recogneu que c'estoit un très meschant esprit qui n'estoit capable que de faire du mal, et qui sçavoit à autre chose

---

1. De sa compagnie. Ce mot s'employoit pour *société*, *liaison*. On lit dans l'*Apologie pour Hérodote*, par Henry Estienne, « le stratagème duquel usa une femme d'Orléans pour parvenir à son intention, qui estoit *d'attirer à sa cordelle* un jeune escholier duquel elle estoit amoureuse. »

que faire des chevilles et des martoises¹, que mesmement il avoit esté banny par arrest pour des impietez dès l'an 1605, le renvoya à la fin du mois dernier à Moulins pour y estre bruslé tout vif, et ordonna encore la dite cour que les autres seroient menez en la Conciergerie pour, leur procez veu, estre ordonné ce que raison.

J'avois oublié de vous dire que ce magicien, pour attraper de l'argent, en faisoit porter certain nombre de pièces sur les croix de cimetières ou sur le seuil des eglises par ceux qui venoient à luy pour leur santé, et disoit qu'on ne pouvoit rien faire sans cela, et qu'il falloit que ce fust la nuict ; et puis il y alloit et prenoit les pièces, qu'il mettoit dans sa bourse pour la guarir de l'evacuation qu'elle avoit, tellement que par ce moyen il en guarissoit deux à la fois.

L'on peut veoir par ce discours que la fin de ces gens-là est tousjours deplorable, et que le diable ne tend à autre chose qu'à leur faire renier celuy pour la confession duquel ils devroient exposer mille vies, parce qu'il sçait bien qu'un homme qui a perpetré ce crime n'a jamais son esprit en repos, et que sans cesse la justice de Dieu l'espouvante, l'astuce du malin esprit estant telle, afin que, quand il a reduit à ce point quelque pauvre insensé, il le tourne et le manie à sa guise, luy promettant tout et ne luy donnant jamais rien, n'ayant pas de quoy se bien faire à soy-mesme.

Au contraire, pour recompense de dix ou douze

1. Mortaises.

ans de service, ils les battent tout leur saoul, comme il a fait ce pauvre miserable, et leur representent ce qu'ils ont fait de mal toute leur vie afin de les desesperer. Il vaut donc bien mieux (sans comparaison) advouer Dieu, qui donne le ciel pour un verre d'eau froide, et une eternité de contentement pour recompense d'une œuvre de charité qu'on aura seulement fait en son nom, et renier le diable, qui se sert des hommes comme des chevaux de bagage, et, après les avoir fait suer d'ahan en ce monde, n'a rien pour les faire rafraîchir en l'autre qu'un estang de feu et de souffre qui n'estaindra jamais.

Vraye Pronostication de Me Gonnin[1] *pour les mal-mariez, plates-bourses et morfondus, et leur repentir.*
A Paris, Chez Nicolas Alexandre, rue des Mathurins.
M.DC.XV. In-8.

Les plus sages bien souvent sont les plus fols, et leurs folies quelquesfois preparent aussi bien à rire à plusieurs, parceque les fols sont de saison en tout temps, voire en plus grande abondance que pistoles et es-

1. Nous avons déjà dit quelques mots des farceurs qui se firent appeler *maître Gonin* (V. notre t. 3, p. 53, note); nous allons revenir plus longuement sur leur compte. Le nom de *Gonin*, qui appartient, plus ou moins modifié suivant les pays, à toute une famille de bouffes italiens, françois, etc., me semble venir de la *gonne* ou *gonnelle*, sorte de longue cotte dont ils s'habilloient. Tabarin, farceur de pareille espèce, emprunta ainsi son nom au *tabar* qui lui servoit de costume, et le Charlatan (*Scarlatano*), prototype des autres, qui opéroit vers le même temps sur le Pont-Neuf, ne dut d'être ainsi nommé qu'à l'habit d'*écarlate* dont il étoit vêtu. Dans ce monde de farceurs, c'étoit donc toujours l'habit qui faisoit, sinon l'homme tout entier, du moins son nom. La *gonne* ou *gonnelle* dut avoir d'autant mieux ce privilége pour

cus. Tels fureut autrefois (sauf leur honneur et meilleur advis) le bon homme Aristophane pour le premier, qui s'est amusé à faire un long discours

les bouffons dont nous parlons, qu'elle avoit d'abord été robe de moine et d'écolier, et par là tout à fait prédestinée à la malice et aux bons tours. La Fontaine semble avoir eu vent de cette origine quand il a dit, au commencement de son conte de *l'Ermite* (11, 15) :

> Gardez le froc, c'est un maître Gonnin.

M. Walckenaer, prenant l'éveil sur ce vers, mit en note : « Le mot *gone*, en ancienne langue romane, signifioit toutes sortes d'habillements, et surtout une robe de moine. Je crois que le mot *gonin* en est dérivé. » C'est ce que nous soutenons, en tâchant de le prouver plus complétement. Nous trouvons en Italie, dès le XIV⁰ siècle, un bouffon qui prit ainsi son baptême de la malicieuse robe ; seulement, comme on ne l'y désignoit que par son diminutif *gonella*, c'est aussi par ce diminutif qu'on désigna le farceur : on l'appela Pietro Gonella. Il vivoit à la cour d'un duc de Ferrare, dont il semble avoir été le fou en titre d'office. Ses bouffonneries, qui sont souvent citées dans les Nouvelles de Sacchetti, et dont on fit un recueil dès le commencement du XVI⁰ siècle, *le Bufonerie del Gonnella*, Firenze, 1515, in-4, coururent toute l'Europe. En Espagne elles étoient si populaires que Cervantes, pour dépeindre d'un trait la maigreur de Rossinante, se contenta de dire, sûr d'être compris, qu'il avoit plus triste apparence que le cheval de Gonéla. C'étoit une allusion à l'histoire, tant de fois rajeunie depuis, de cette pauvre rosse étique et décharnée que notre farceur avoit mise en défi avec le meilleur cheval du duc. Il avoit parié qu'elle sauteroit plus haut : il la fit jeter du haut d'un balcon, et, comme le duc ne se soucia point de l'épreuve pour son cheval, Gonella gagna le pari. Cette popularité du Gonella italien, qui dut se répandre en France plus facilement

des nues, situées en la region des oiseaux [1]. O le beau païs! C'est ordinairement le sejour des folles pensées de tout temps, et d'aujourd'huy dea! O que les grands remueurs d'affaires y feroient bien leur cas! Qu'y fussent-ils tous! ils ne nous eussent donné tant d'empeschement et de malheur que nous en recevons. Nostre Aristophane donc estoit-il pas bien sage, à votre advis, d'avoir entrepris ce folastre dis-

encore qu'en Espagne, donna sans doute de l'émulation à nos bouffons françois, et fut cause peut-être que, comme ils avoient pris le même habit, ils reçurent à peu près le même nom. Le premier maître Gonin que nous trouvons en France dit ses farces et fait ses tours, souvent fort libertins, à la cour de François Ier. (V. Brantôme, *Dames galantes*, discours 2, art. 3.) — Il eut, suivant le même écrivain, un petit-fils, qui vivoit sous Charles IX, et qui fut moins habile que lui. Depuis, maître Gonin ne reparoît plus à la cour, ce qui ne l'empêche pas pourtant de se mêler des affaires de l'État. Il est simplement, comme ici, faiseur de pronostications politiques, diseur de bons contes, ou joueur de gobelet sur le Pont-Neuf. Sorel, qui le connut sous le règne de Louis XIII, nous a parlé de la grande escarcelle dans laquelle il mettoit ses instruments pour faire ses tours de passe-passe. » (*Hist. comique de Francion*, p. 177.) Ce sont ces mêmes tours qui ont perpétué sa réputation. Dans la scène 22 de *la Maison de campagne*, petite comédie de Dancourt, il est encore question des *tours de maître Gonin*. — Nous le trouvons aussi en Allemagne. Aux noces de la princesse Sophie de Bavière, Gonin, chef des magiciens bavarois, est avalé par Zytho, magicien de Bohême. (Goerres, *Hist. du doct. Faust*, dans son ouvrage sur les *Livres populaires en Allemagne.*)

1. L'auteur réunit ici dans une même allusion deux des comédies d'Aristophane, *les Nuées* et *les Oiseaux*.

cours de nues? A quel propos? n'en voit-on pas assez icy tous les jours et partout? Voyons l'autre : c'est Homère, qui se mit autrefois à escrire en vers grecs (ô la grande folie!) une imaginaire bataille survenue entre les rats et les grenouilles, qu'il appelle en grec *Batracomiomachie*, d'un nom aussi long qu'une perche de huict pieds, en huict syllabes. Là il represente une cruelle et dangereuse meslée, tant par eau que par terre, leurs saillies, leurs ruses, leurs embusches, bref tous les petits tours et finesses de guerre qu'on sçauroit excogiter [1]; et je croy que, si ces petits animaux eussent un peu estez dressez au manége, pour apprendre quelque civilité bestiale, ils eussent bien fait parler de leur vie, et en eut-on raconté merveilles, veu leur grand courage qui reluisoit sur leurs armes, presque aussi furieux et boursouflans que les Cyclopes du temps passé, qui, voulans escheler [2] les cieux, se virent en un instant foudroyez de l'inevitable bras du haut Juppiter. Je voudrois qu'il m'en eut cousté quinze, voire quarante-cinq (je ne m'en soucie pas, je joue assez bien) et qu'il fussent en vie : ils feroient, j'ose dire, merveilles; ils trouveroient de merveilleux subjects pour exercer leur style et eloquence, non pas à une fantastique description de nues, ou d'une guerre de rats et grenouilles, cela n'est point digne de la gran-

1. *Excogitare*, penser.
2. *Escalader*. Ce mot étoit déjà suranné, mais on l'employoit encore quand il s'agissoit de rappeler la lutte des Titans contre Jupiter. « Laissez-le venir, ce géant qui menace d'escheller les cieux », lit-on dans *l'Astrée*, 4ᵉ part., liv. 2.

deur de si hauts, si sublimes, si relevez et scientifiques esprits comme le leur; je les voudrois cognoistre, s'ils estoient en vie : je les prierois d'employer quelques heures de temps à plus belle et haute recherche : ils en seroient louez, et peut estre recompensez, on ne sçait; le monde ne sera pas tousjours pauvre ny chiche; chacun aura de l'argent, car la paix qui arrive bientost[1] fera vendre toutes les harquebuses, piques, mosquets et halebardes : aussi bien cela faict trop de bruit pour rien. Mais helas ! *garda filiol*, dit l'Italien, je voy desjà les taverniers qui deviennent fort bleus[2], principalement ceux d'auprès les portes : ils vont donner du cul à terre, car, puis qu'il n'y aura plus de soldats aux portes, que la paix les fera toutes ouvrir comme auparavant, la grande peur qui pensa esbranler tous nos fauxbourgs, qu'aurons-nous à faire d'en avoir tant? Et à quel propos encor le vin à cinq, six et huict sols, puis que l'Auvergne, le Languedoc, la Provence, la Gascogne et la Bourgongne en regorgent de tous costez? Chacun son tour, dit la devise : mettez donc

1. La paix entre la reine mère et les princes mécontents avoit été signée le 15 mai 1614 à Sainte-Menehould. Ce passage, qui nous montre cette pacification comme étant seulement en espérance, nous feroit penser que *la Vraye pronostication de maître Gonnin* est des premiers mois de 1614. L'édition que nous suivons, et qui porte, comme on l'a vu, la date de 1615, n'est donc certainement pas la première.

2. On disoit devenir *bleu*, et surtout faire des *coups bleus*, pour *tenter des efforts inutiles, des entreprises qui ne réussissent pas.* (Leroux, *Dictionnaire comique.*)

les armes au ratelier derrière la cuisine, n'en parlons plus. Traitons d'autre matière plus serieuse. Il m'est tombé en main un certain traicté en façon d'ephemeride, ou prognostic, copié, composé, calculé et diligemment metagrabolisé [1] d'un costé et d'autre, voire à tous visages, aages, lunettes et complexions. O qu'il est beau et bien fait! Il meriteroit d'avoir du rouge parmy [2], car il promet *mirabilia* pour ceste année et l'autre. Ha! que le bon-heur nous en veut bien que maistre Gonnin n'est pas mort! Ce seroit presque, je vous dis, une perte irreparable. Il logeoit sur un haut pigeonnier, pour mieux depuis là dresser ses horoscopes. Il faisoit là le maistre Gonnin, et, conptemplant partout, il voyoit tant de fols que c'est merveilles. Il dit qu'il apperceut non guères loing d'icy certains courriers, sans paquet ny commission, courans de nuict, qui abbayoient contre la belle et claire lune, parce qu'elle ne donnoit ses rayons que là où il luy plaisoit (Regardez la folie!), et ainsi ne cessoient d'esveiller tout le monde par où ils passoient, courans, trottans, allans, venans, gastans tout, sans regarder où ils mettoient les pieds, sautans tantost dans un jardin, tantost dans une vigne, tantost dans les bleds, et, qui pis est, les vit faire de terrible mesnage dans une eglise

1. L'auteur suit pour ce mot la mauvaise orthographe adoptée par Bruscambille; c'est *matagraboliser* qu'il faut lire, comme l'a écrit Rabelais, d'après les trois mots grecs dont il a dérivé cette expression burlesque. (V. liv. 1, ch. 19.)

2. Dans les livres de droit, l'on imprimoit en lettres rouges les titres et les passages importants du texte : c'est ce qu'on appeloit *rubriques*.

près d'Auxerre. Je ne parleray point des coups de mousquets contre le crucifix, et du vol du sainct calice, du mesprix faict au Saint-Sacrement, et du violement en icelle eglise [1]; non, je n'en veux dire mot, parce qu'aucuns de ces courriers sans envoy furent traictez comme il falloit; je parleray seulement de la trongne qu'ils faisoient à ceste belle lune (entendez bien), la poursuivans comme folastres cinges; mais elle s'en rioit et n'a laissé de faire son cours, portée honorablement sur cest hemisphère, sans se soucier de leur abbayement, parceque, comme ils disent en Languedoc et Provence, *bran d'aze ne monta ou seou*, c'est-à-dire brayement d'asne ne monte point au ciel. Ces courriers donc et postillons d'Æole, n'estant que vent, sont-ils pas mal mariez?

1. Les ravages auxquels il est fait allusion ici, et qu'avoient commis les soldats des princes mécontents, donnèrent lieu à plusieurs écrits, où se retrouvoient les plaintes des habitants de la campagne : *La carabinade du mangeur de bonnes gens*, 1614, in-8; — *Ennuis du paysan champestre, adressé à la reine regente*, 1664, in-8; — *Discours de Me Guillaume et de Jacques Bonhomme sur la defaite de 35 poules et le coq faite en un souper par 3 soldats*, 1614, in-8. Après la paix, d'autres livrets avoient paru dans lesquels éclatoit la joie de ces pauvres gens, délivrés enfin de ceux qui les mettoient au pillage : *L'Hymne de la paix chantée par toute la France, par les laboureurs, vignerons et autres paysans qui l'habitent, pour l'assurance qu'ils ont maintenant de paisiblement recueillir le fruit de leurs labeurs;* — *Le Holà des gens de guerre fait par le messager de la paix... dédié à Monsieur, frère du roy, qui donne la sauvegarde aux paysans...,* par Beaunis de Chanteraine, sieur des Viettes, 1614, in-8.

Jan, c'est mon [1], si font, voire avec belle folie. O la gaillarde et prudente femme ! c'est pour faire une bonne et honorable maison. Escoutons encore maistre Gonnin : il dit que, dès le commencement du printemps, et ce qui s'ensuit jusqu'à et *cœtera*, je n'ay peu lire que cecy :

> Aucuns remplis de male humeur
> Verront l'effect des sept planettes,
> Notamment de Juppin l'ardeur,
> Dardant son foudre sur leurs testes.

L'exposition se voit cachée en la page viceversa de l'autre costé, ce me semble, où il parle de ce Dieu Chronien Saturne, tout refrongné, qui mangeoit ses enfans propres quand il estoit en colère, comme dient les Poètes, n'espargnera pas ceux qui comme Icares veulent monter trop haut avec aisles de cire, en danger qu'il ne les envoye avec Vulcan en l'isle de Lemnos faire des lunettes pour voir plus clairement le fonds de leurs affaires ; ou bien aux Indes [2]

---

1. V., sur cette expression, la note d'une des pièces qui précèdent.

2. Après les guerres civiles on voyoit souvent les gens du parti vaincu s'exiler volontairement pour aller offrir leurs services aux princes étrangers, ou fonder des colonies, comme les chefs huguenots Laudonnière et de Gourgues l'essayèrent dans la Floride sous Charles IX. En 1614, ceux qui avoient servi sous les princes et que la paix venoit de laisser sans emploi manifestèrent des intentions pareilles, comme ce passage sembleroit l'indiquer, et comme on le sait d'ailleurs par l'ordonnance royale qui fut alors rendue pour y mettre obstacle : *Lettres-patentes du roi portant defenses à toutes personnes, de quelque qualité et condition qu'ilz*

pescher au fleuve du Gange ces grandes anguilles de trente brasses de long : cela les rassasieroit un petit.

Juppiter estoit un mauvais garçon ; pour regner sans empeschement, il envoya Neptun gouverner les mers, et Pluton les enfers, maintenant ainsi son sceptre avec son foudre trisfulque et formidable.

Mars[1] se sent si fort, qu'il ne voudra point de compagnons : ainsi se fera redoubter en ses canons et estendarts ; c'est bien aussi la raison.

Mercure, fin et subtil, qui entend le pair[2] et le jars[3], fera desormais des merveilles (selon qu'il est predit), car

Quelques uns par trop hasardeux,

soient, de n'enlever aucun soldat hors de ce royaume pour aller servir aucun prince étranger, et enjoint à ceux qui y sont allés de s'en revenir sous peine du crime de lèse-majesté. (22 septembre 1614.) Louis XIV, après la Fronde, persuadé qu'il étoit plus prudent de repousser du royaume ce vieux levain de rebelles que de l'y garder, prit une mesure toute contraire. « On envoya, dit Lemontey, périr à Candie, en Afrique, en Hongrie, les vieux soldats gâtés par la licence des discordes civiles, et le duc de Beaufort, le roi des halles, et le comte de Coligny, qui avoit suivi Condé chez les Espagnols. » (*Essai sur l'établissement monarchique de Louis XIV*, etc. Paris, 1818, in-8, p. 328.)

1. C'est le prince de Condé, chef des mécontents, comme tout à l'heure Jupiter c'étoit le roi.

2. V., sur cette expression, notre t. 3, p. 276-277.

3. On disoit par abréviation *entendre le jars* pour entendre le *jargon* ou *argot* des voleurs. Il est tout naturel que Mercure sût cette langue-là. Si le duc de Mercœur n'étoit mort en 1602, je croirois que c'est de lui qu'on a voulu parler sous ce nom de Mercure, qui se prononçoit comme le sien.

Pour avoir vuidé trop d'ordure,
Se verront frotter de Mercure,
Mais je n'entends pas du fumeux.

Aussi ce minéral Mercure est propre particulièrement à nettoyer les malins ulcères qui gastent et corrompent le corps.

Sol leur donnera bien de la peine, car, ayant trop longtemps demeuré en campagne soubs l'ardeur de ses chauds rayons, en concevront telle douleur de teste, qu'à aucuns faudra une prompte et vive saignée ès parties jugulaires; et aux autres, des restraintifs au gosier pour retenir les humeurs bilieuses et peccantes.

La Lune ne leur sera non plus favorable que les susdits, car, estant de son naturel froide, elle les fera tant tousser, cracher, vesser et roussiner, qu'on sera contraint, les sentens si fort puyr, de les appeler les morfondus à la Lune; mais, comme porte son prognostic,

Le laboureur après l'esté
A ses maux aura récompense,
Mais le fol sera mal traicté
Et puny pour son insolence.

Vénus leur pourroit bien bailler quelque horion; mais elle a pitié d'eux, comme douce et favorable, les voyant si maigres et hideux; mais elle les renvoyera à son ennemie Pallas, qui leur cassera les restes, pour récompense de leurs vains labeurs, ainsi comme est porté par la même prédiction, car

C'est almanach fait de nouveau
Promet par un certain presage,
Non du froid, ny gresle, ny eau,
Mais aux fols un très-grand domage.

Voilà quant au mal mariez avec dame folie, qui, se repentans et sentans maintenant l'hyver arriver, ne trouvans plus rien à fricasser, recèlent et cachent leurs doubles cornes, comme les limaçons, honteux d'estre la matière fabuleuse entre le peuple; on leur pourra dire en riant et sans scandale que

> Il ne faut jà contrefaire
> Et faire semblant d'avoir froid:
> Car tel sera, au contraire,
> Mieux à couvert qu'il ne voudroit.

O la grande folie que c'est de piller le poivre avant qu'avoir le lièvre, se jetter en longues et plausibles espérances! Mais de quoy enfin? de rien. Voilà un mariage bien égal, Maistre fol avec Dame folie! ils feront de beaux enfans, ils auront la barbe en naissant, aux dents.

Je leur conseille de se servir le plus promptement qu'ils pourront de ce mien advis (si toutefois ils en ont le temps), d'assopir le feu de telle fougade[1], et faire comme les anciens Romains, qui avoient des prestres pour appaiser les foudres et tonnerres, et ce par loix expresses portées aux douze tables, qu'ils ayent des amis qui aydent à esteindre le feu qu'ils ont allumé: car, si Juppiter (qui regarde la France tousjours de bon œil) les regarde une fois en courroux, je les voy perdus; il faudra *herbam dare*,

---

1. La *fougade*, *foucade* ou *fougasse*, étoit une sorte de petite mine qu'on préparoit sous un ouvrage qu'on vouloit faire sauter. Ce mot s'employoit aussi figurément. On dit encore dans quelques provinces d'une personne qui va par élans et par fougue: *elle fait tout par foucade*.

comme dit le proverbe, donner le torchon d'herbe au maistre et vainqueur, à la façon des pasteurs, qui, ayant luité un long temps ensemble, à la fin celuy qui est vaincu sur le lieu même arrache une poignée d'herbe et la présente au vainqueur en signe de victoire, il en faudra faire de même ; mes amis (pas trop) ; il faut estre sages, ou estre chastiez, l'un ou l'autre infailliblement ; il en est temps, car

    Voicy l'hyver, avec sa robe grise,
    Qui vous rendra les membres tout perclus.
    Où irez-vous ? Hé ! vous n'en pouvez plus :
    Vous tremblottez soubs un manteau de frise.

Les voilà donc en danger d'estre enroolez soubs le drapeau des morfondus, car d'attendre à l'année qui vient, il n'y faut pas seulement songer. Maistre Gonnin ne veut pas embrouiller ses prédictions de cest article : ils voient arrivé ce qu'il a predit, à sçavoir (prenez bien garde), et retenez les termes icy expressément couchez :

    Que jamais les fols ne joueront bien leur roolet ;
    Que les outrecuideux donneront du nez à terre ;
    Que les ambitieux, pour regarder de trop près le
    Deviendront lousches ou aveuglés, etc.   [soleil,

Hé, ne le voit-on pas ? que sont devenus ces courriers sans commandement ? *Castiga, Castiga, la frusta, la frusta à quelli forfantelli* ; qu'on les chastie ces soldats morfondus.

Et bien donc ? qu'est-ce ? qu'en dites vous ? ha violeurs, mais il faudra estre vieleurs, et sonner le *troin troin* de porte en porte pour gaigner quelque double[1], et n' sçay encor si on leur donnera permission, car, si les sergents de l'hostel de Scipion[2] les trouvent, ils seront incontinent enostelez, fustigez et rasez, et alors on les cognoistra bravement, et chacun dira : Aga mon amy, Aga m'amie, et beau Dieu ! quelles gens sont-ce là ? C'estoient des gaspil-

1. Il est parlé dans l'*Histoire comique de Francion* (Rouen 1635, in-8, p. 689) « des anciennes trompettes revenues des guerres » qui gagnoient leur vie à fanfarer sur le Pont-Neuf aux dépens de la bourse et surtout des oreilles du passant. Selincourt se plaignoit en 1633 de ce qu'on n'employât à la chasse que de simples cors au lieu de trompes, « qui, dit-il, se font entendre de plus de deux lieues, et, ajoute-t-il, de ce qu'on a établi une licence de sonner à la manière des maîtres du Pont-Neuf. » Cité par Le Grand d'Aussy, *Vie privée des François*, édit. Roquefort, t. 1, p. 426.

2. C'est la belle maison bâtie à la fin du XVIe siècle dans la rue de la Barre par Scipion Sardini, gentilhomme italien de la cour de Henri III. Sous Louis XIII cet hôtel devint l'un des *hôpitaux des pauvres renfermez* « pour les hommes et les garçons », lisons-nous dans le *Supplément* aux *Antiquitez de Paris de Du Breul*, p. 46. L'on ne sait pas au juste à partir de quelle époque il reçut cette destination. La Tynna dit, d'après Piganiol (t. 5, p. 122), que ce fut un 1636, M. L. Lazare en 1622 ; mais la date de notre pièce prouve que dès 1614 la transformation de l'élégant hôtel en hospice avoit eu lieu. Par ordonnance du 27 avril 1636 il fut déclaré, ce qu'il est encore, l'une des propriétés de l'hôpital général. Les bâtiments en sont occupés aujourd'hui par la boulangerie des hôpitaux et hospices civils de Paris. Le nom de Scipion a été conservé et a même passé à la rue de La Barre, où se trouve l'établissement. Le vieil hôtel y survit par quelques restes précieux, six arcades surmontées de médaillons en terre cuite. « C'est, dit M. de Laborde,

leurs du pauvre monde, des violeurs de femmes et filles, et maintenant ils sont soldats de plate-bourses, ils se sont mis vieleurs chantans par les portes, *fanfara helas! fanfara soldadons, fanfara bourse-plate.* Et falloit-il faire tant de bruit pour donner du nez si tost à terre. Hélas ! il est arrivé à ces pauvres infortunez tout de mesme qu'aux cigales qui chantent tout l'esté, sans apprehender l'hyver, et, l'automne venu, elles deviennent enrouées, et ne peuvent plus chanter : ainsi ces plate-bourses et morfondus ne chantent plus. Il y a bien des helas cachez dessoubs les boutons du pourpoint ; il y a bien de la demangeaison derrière l'oreille, beaucoup de folie en la teste, et encor plus de repentir au cœur. On entend desjà tant de : helas ! je me repens ! helas ! je n'y pensois pas ! helas ! que feray-je ? j'ay vendu mon espée pour du pain ; au moins si j'avois pour achepter une meschante viéle ! Ha ! qu'on dit bien vray, quand le fol est pris, il a beaucoup plus de temps pour se repentir que pour fuyr ! O que bien a dit le poète[1] parlant de la pauvre Caliston séduite :

Eheu! quam difficile est crimen non prodere vultu!

O qu'il est mal aisé de tenir caché le meffait ! Les voylà donc bien à sec, bien faits de corps, sans

---

un curieux spécimen d'un genre de construction dont nous n'avons pas d'autre exemple à citer dans Paris, et d'une décoration qui n'a que trop d'imitateurs dans nos maisons modernes. » (*Revue nouvelle*, 1er mars 1846, p. 389.)

1. Ovide, au liv. 2 des *Métamorphoses*.

manteau, sans poignard ny espée, encor moins de mousquet! Et pourquoy cela? Parceque

On peint Bellonne et Mars tousjours tous nuds,
Car ceux qui s'y sont pleus, tels en sont revenus.

Ha ha! ils pensoient tout fendre nostre gros bois[1]; mais ils ont faict comme l'ours, qui, pour avoir le miel caché dans le chesne entr'ouvert, s'y enserra gentiment les pattes, parce que le renard osta les coins[2]. Ils se promettoient trop à un coup; mais poisson qui nage n'est pas prest; le *Bouillon*[3] n'en vaut rien, il est trop fade. O qu'ils sont tristes! car

Faute d'argent n'emplit pas la bouteille;
Faute d'argent rend l'homme tout deffaict;
Faute d'argent l'homme gras et refaict
Rend maigre et sec, tremblant comme la feuille[4].

Jamais le peintre Appelles ne depeignit mieux sa

---

1. Cette locution est restée, mais diminuée. On dit seulement aujourd'hui de quiconque promet des merveilles: *il va tout fendre;* d'où le mot *fendant* pour *fanfaron*.

2. *Le Roman du Renart*, publié par Méon, t. 2, p. 24.

3. On joue ici sur le nom du maréchal de Bouillon, qui étoit, avec le prince de Condé, l'un des meneurs des troubles. On a souligné à dessein le nom dans le texte, pour rendre cette allusion plus transparente que toutes les autres qui se trouvent dans cette pièce.

4. Ces quatre vers font partie d'une chanson qui étoit déjà populaire au XVIe siècle, et qui se trouve dans le Recueil que Pierre de Phalèse réimprima à Louvain en 1554. Elle a pour refrain ce vers qui devint proverbe, et que Rabelais cite comme tel (liv. 11, ch. 16):

Faute d'argent est douleur non pareille,

Roger de Collerye a pris cette chanson pour en faire son

Venus que les voylà proprement despeints, et, comme dit la fin de la prediction,

> C'est trop folement despendu,
> Quand pour despendre on est pendu ;
> Qui plus despend qu'il n'a vaillant
> Faict le cordeau dont il se pend.

Qu'on fasse son proficit : baste pour ce coup ! *Motus*, la caille pond. C'est assez, ostez-vous de là.

71e rondeau. (V. ses *OEuvres*, édition elzevirienne, p. 223.) Nous allons rétablir d'après lui les quatre vers cités incorrectement ici :

> Faulte d'argent n'emplist point la bouteille,
> Faulte d'argent rend l'homme tout deffaict,
> Triste et pensif, non pas gras et reffaict,
> Mais mesgre et sec, tremblant comme la feuille.

*La Misère des Apprentis imprimeurs appliquée par
le detail à chaque fonction de ce penible etat.
Vers burlesques.*
S. L. ni D. In-8.

Cher et fidèle amy, dont l'ame bienfaisante
Fut à tous mes malheurs toujours compatis-
Exact observateur des loix de l'amitié, [sante,
Si quelquefois ton cœur fut touché de pitié,
Si jamais d'un amy tu plaignis l'infortune,
Plains de mon triste sort la rigueur importune.
Privez du doux plaisir d'un tranquille repos,
Mon esprit et mon corps sont accablez de maux :
L'ame pleine d'ennuis, de soins, d'inquietude,
Les reins attenuez, rompus de lassitude,
Du matin jusqu'au soir je cherche vainement
Les momens prétieux du moindre allegement.
Toy qui sçais, pour l'avoir eprouvé par toy-même,
Que d'un pauvre apprentif la misère est extrême,
Ne crois pas qu'écrivant ceci par passion,
Je te veuille du vray faire une fiction ;
Ne crois pas qu'excité par un fougueux caprice,
Ou poussé d'un esprit de fiel et de malice,

Var. v.

Je vienne exagerer ici sur le papier
La peine qu'on endure en ce maudit metier.
Moulé sur ton exemple, instruit par tes maximes,
Selon moy, l'imposture est le plus grand des crimes.
Ainsi, sans m'eloigner d'un ou d'autre côté,
Je veux marcher d'accord avec la verité.
Lorsqu'aux vives ardeurs de ma promte jeunesse
L'âge eut fait succeder une lente sagesse,
Elle me suggera de penser murement
A m'ouvrir le chemin d'un etablissement.
Sur le choix d'un état mon esprit en balance
De mes meilleurs amis consulta la prudence.
Alors (par je ne sçay quelle bizarre humeur),
L'un d'eux me conseilla de me faire imprimeur;
Il me vanta si bien cet art noble et sublime,
Et m'en fit concevoir une si haute estime,
Que j'aspiray d'abord avec ambition
Au moment d'embrasser cette profession.
Pour le prix, pour le temps, ayant fini d'affaire,
Je cours chez le recteur, qui de regent severe
Devint traitable et doux en voyant le ducat
Que je luy mis en main pour son certificat[1];
Puis je fus avec zèle (au moins en apparence)

---

1. « Aucun ne pourra être admis à faire apprentissage pour parvenir à la maîtrise de librairie et d'imprimerie s'il n'est congru en langue latine et s'il ne sçait lire le grec, dont il sera tenu de rapporter le *certificat* du recteur de l'Université, à qui l'aspirant sera présenté par le *syndic* ou l'un de ses *adjoints;* et de ladite présentation mention sera faite dans ledit certificat. » (*Règlement pour la librairie et imprimerie de Paris, arrêté au conseil d'Etat du roy, Sa Majesté y étant, le 28 fevrier 1723,* tit. 4, art. 20.) — « Sera tenu ledit apprenti de remettre ès

Au syndic, aux adjoints, faire la reverence [1],
De crainte qu'omettant cette formalité,
Un delay ne punît mon incivilité.
Je parus à la chambre, où par acte authentique
Je fus fait aggregé du corps typographique ;
Je juray d'observer les loix et les statuts,
De former mon esprit à toutes les vertus.
Mon brevet fut ecrit en termes energiques
Et dans tout l'on garda les formes juridiques.
Le jour dejà baissant, je quitte le bureau,
D'où, piqué des accès d'un caprice nouveau,
Ou plustôt transporté de rage et de furie,
Je cours avec vitesse à notre imprimerie.
Là, pour premier objet, je trouve dans les cours
Cinq ou six malotrus ressemblans à des ours.
L'un, des sabots ès pieds, roule à perte d'haleine
Une vilaine peau que partout il promeine ;
L'autre apprête de l'encre, et presente un minois
Qui fait honte en noirceur au moins blanc des trois rois.
Tirant de tout ceci mauvaise conjecture,
De mon choix imprudent je gronde et je murmure,
Quand le prote [2], d'un air dur et rebarbatif :

mains du syndic, pour les affaires de la communauté, la somme de trente livres lors de la passation du brevet, qui sera transcrit sur le livre de la communauté à la diligence du maître auquel l'apprenti sera obligé, et ce dans un mois pour tout délai, à peine de nullité du brevet et des dommages et intérêts de l'apprenti contre le maître. » (*Id., ibid.*, art. 21.)

1. V. la note précédente.
2. Je n'ai pas besoin d'expliquer le sens de ce mot ; je dois dire seulement que, pour le rapprocher encore davantage de sa racine, qui est le mot grec πρῶτος, premier, on l'écrivoit

Est-ce vous qui venez ici pour apprentif?
— Ouy, Monsieur. A ces mots, la main il me presente
Et me fait compliment sur ma force apparente.
Quel compère! dit-il; vous suffirez à tout,
Et des plus lourds fardeaux seul vous viendrez à bout.
Portez donc ce papier, et le rangez par piles.
Moy, qui sens mon cœur foible et mes membres debiles,
Je ne veux pas d'abord chercher à m'excuser,
De peur que de paresse on ne m'aille accuser;
Je m'efforce, et, ployant sous ma charge pesante,
Chaque pas que je fais m'assomme et m'accravante [1];
Je monte cent degrez chargé de grand-raisin [2];
J'en porte une partie au plus haut magazin,
Et, pour le faire entrer dans une etroite place,
Avec de grands efforts je le presse et l'entasse.
N'ayant encore fait ma tâche qu'à demy,
J'entends crier d'en bas : Holà donc! eh! l'amy!
Je descends pour sçavoir si c'est moy qu'on appelle.
Ouy, dit le prote, il faut allumer la chandelle.
— Où l'iray-je allumer? — Attendez, me dit-il,
Je m'en vais vous montrer à battre le fusil.
En deux coups je fais feu. Bon, vous êtes un brave;
Bon cœur! vous irez loin. Descendez à la cave.
Quand vous aurez remply de charbon ce panier,
Vous viendrez allumer du feu sous le cuvier.
Tout fatigué dejà d'un si rude martire,
Je commence à me plaindre, à jurer et maudire.

quelquefois *proto*. C'est avec cette orthographe qu'il se trouve dans le *Mascurat* de G. Naudé, in-4, p. 7.

1. *M'accable*. V. sur ce mot, alors très suranné, notre t. 3, p. 230.

2. Format de papier au-dessus du *carré*.

Tantôt de mon malheur je n'accuse que moy,
Et tantôt je m'en prends à la mauvaise foy,
A l'avis seducteur d'un amy peu sincère
Qui me fit endosser ce collier de misère.
Je prends pourtant courage, et, me faisant raison,
Je monte vite en haut allumer du charbon.
Pour y mieux reussir, par terre je me couche,
Je me sers du soufflet, je souffle avec la bouche.
Des bluettes du feu les yeux tout eborgnez,
J'avale de la cendre et j'en prens par le nez.
A la fin, le charbon se convertit en braise
Et petille avec bruit dans l'ardente fournaise.
Alors, comme bientôt huit heures vont frapper :
Vous pouvez, me dit-on, vous en aller souper.
A peine ay-je entendu cette douce parole
Que precipitamment je m'elance et je vole ;
Je gagne le logis, où, pour surcroît d'ennuy,
J'apprens que pour souper faut attendre à minuit.
Pour moderer l'excès de mon humeur chagrine,
Je prens pour lit de camp un coin de la cuisine,
Où, malgré l'insolence et le bruit des laquais,
Je dors comme au milieu d'une profonde paix.
Justement pour souper me reveillant à l'heure,
A table avec les gens peu de temps je demeure,
Et, dejà degoûté de leurs fades propos,
Je cours avec vitesse au lieu de mon repos.
Dans le coin d'une court à tous vents exposée
Paroist un antre obscur juste à rez-de-chaussée.
Là règne une maligne et froide humidité,
Capable d'alterer la plus forte santé.
Il est vray qu'on n'y craint ni puces ni punaises ;
Mais partout, sur le lit, au plafond, sur les chaises,

On voit par escadrons les escargots courir,
Et d'un germe gluant les murailles couvrir.
C'est dans ce lieu charmant, dans ce sejour aimable,
Que deux ais, vieux debris d'une mechante table,
Servent à soutenir un malheureux grabat
Pour le moins aussi dur que celuy d'un forçat.
Malgré sa dureté, je dors comme un chanoine :
On m'entendroit ronfler du faubourg Saint-Antoine.
Mais, helas! je commence à peine à sommeiller,
Je n'ay pas fermé l'œil, qu'il faut me reveiller!
Car j'entens tirailler une indigne sonnette,
Qui, de son bruit perçant ebranlant ma couchette,
Me dit d'aller ouvrir la porte aux compagnons.
Je saute donc du lit, et, marchant à tâtons,
Souvent transi de froid, je tempête et je jure
De ne pouvoir trouver le trou de la serrure.
C'est encor pis vingt fois quand, au fort de l'hyver,
Je trouve le chemin de neige tout couvert :
Car, voulant promptement faire entrer ces maroufles,
Je traverse les cours sans souliers ni pentoufles,
Je me trace moy-même avec peine un chemin,
Et me guidant bien moins des yeux que de la main,
La voix d'un furieux qui contre moy s'emporte
Me met dans le sentier qui conduit à la porte.
J'ouvre donc, et par grace un d'entr'eux m'avertit
Que je puis, si je veux, m'aller remettre au lit.
Helas! je n'y suis pas que deux de ces belîtres,
Faisant les timbaliers sur un paneau de vitres,
M'annoncent par leurs cris qu'il faut faire du feu.
Comme tout valet neuf doit se contraindre un peu,
Je m'habille à la hâte, et d'un esprit docile
Je feins de trouver tout agreable et facile.

Dès qu'on m'a dit : D***, allez chercher du bois :
— Ouy-dà, Messieurs, plustôt quatre charges que trois.
Aussi tost fait que dit, j'y cours avec grand zèle.
Le bois fendu, j'apprête et nettoye le poêle ;
J'y mets force papiers pour le mieux echauffer ;
Mais, le feu par malheur venant à s'etouffer,
Une noire vapeur remplit l'imprimerie.
Tout le monde deserte, on me maudit, l'on crie,
Pendant que, n'ayant pas l'esprit de m'esquiver,
Je me mets au hazard de me faire crever.
Un des moins violens de la troupe animée
Par son adresse fait dissiper la fumée,
Et (de peur qu'il m'arrive un accident nouveau) :
Laissez le feu, dit-il, allez tirer de l'eau.
— Le baquet put, dit l'autre, on diroit d'une peste ;
Nettoyez le dedans, et vuidez l'eau qui reste ;
Ne manquez pas surtout de le mettre tout plein,
Car nous avons beaucoup à tremper pour demain.
C'est là qu'il faut subir une nouvelle peine :
Le puits est si profond qu'il me met hors d'haleine,
Et pour mon coup d'essay, je me trouve si las,
Que le seau près du bord m'emporte et tombe en bas.
Pour achever pourtant un si penible ouvrage,
De nouveau je m'excite à reprendre courage,
Le baquet plein, j'entends d'une voix de lutin
Cinq ou six alterez crier : D*** ! au vin !
L'un dit : Je bus dimanche au bas de la montagne [1],

[1]. *Le mont Saint-Hilaire*, qui sera nommé plus loin, et sur lequel se groupoient, aux environs de Saint-Benoît et du Puits-Certain, la corporation des imprimeurs, des libraires, et celle des relieurs, qui sont d'ailleurs encore nombreux dans ce quartier. C'est depuis l'arrêté du 1er avril 1620 que les imprimeurs

D'un vin qui, sur ma foy, vaut du vin de Champagne.
Si, sur un tel rapport, quelqu'autre en veut goûter,
Fût ce encore plus loin, il faut m'y transporter;
Celuy-cy veut du blanc, celuy-là du Bourgogne.
Si je tarde un peu trop, ils me cherchent la rogne [1],
Sans songer que souvent pour leurs demy-septiers
Il faut aller quêter chez dix cabaretiers.
A l'un faut du gruyère, à l'autre du hollande;
Un autre veut du fruit, faut chercher la marchande;
Encor ont-ils l'esprit si bizarre et mal fait
Qu'avec toute ma peine aucun n'est satisfait.
Je ne replique rien, mais dans le fond j'enrage
De me voir accablé de fatigue et d'ouvrage,
Et d'être à tous momens grondé mal à propos,
Pendant que ces messieurs déjeunent en repos.
Il faut aller porter en ville quelque épreuve; [pleuve,
Soit qu'il vente, ou qu'il neige, ou qu'il grêle, ou qu'il
Dès que l'on m'a donné mes depêches en main,
Pour arpenter Paris je me mets en chemin.
Ma course la plus rude et la plus ordinaire
Est d'aller du logis ou du mont Saint-Hilaire
A cette belle place où tant de partisans [2]

avoient surtout afflué de ce côté. Ordre y étoit donné « à tous imprimeurs de se retirer au dessus de Saint-Yves (rue des Noyers), avec defense de tenir imprimerie et presse en tout autre lieu, sur peine de la vie. » (V. sur ces libraires et imprimeurs du Puits-Certain une note de notre édition du *Roman bourgeois*, p. 222-223.)

1. Terme d'imprimeur pour dire quereller quelqu'un. (*Note de l'auteur.*)

2. La place Vendôme, qui n'étoit achevée de bâtir que depuis quelque temps. Les magnifiques hôtels qui l'entourent

Ont de si beaux palais bâtis à nos depens.
Le mal est que jamais cette gent de corsaires
Ne daigne d'un seul liard me payer mes salaires.
J'ay beau, pour les servir, employer tout mon soin,
Leur cœur est toujours dur et ne s'attendrit point.
Souvent crotté, mouillé, jusques aux jarretières,
Je reçois sur mon dos les torrens, les goutières ;
Et, ne portant jamais casaque ni manteau,
Pour abri je detrousse et rabats mon chapeau.
Quiconque me verroit en ce triste equipage,
Me prendroit pour un diable arrivant du pillage.
Mais, malgré tout cela, si je reviens de jour,
On m'occupe aussi-tost que je suis de retour.
Si quelque compagnon, ennuyé de m'attendre,
A l'un des magazins est monté pour etendre,
A jeun ou non à jeun, je cours le relever ;
Je me depêche à force et suis prest d'achever,
Quand le prote, brûlant d'une ardeur brusque et promte,
M'appelle pour aller commander une fonte.
Du fondeur il m'envoye au marchand de papier,
Du marchand de papier chez le parcheminier.
De cruches, de balays, c'est moy qui fais emplette ;
S'il faut un seau, de l'huile, il faut que j'en achète.
Loin de pouvoir sur rien le teston accrocher,
En y mettant du mien j'achète encor trop cher.
Parmy tant de rigueurs, si, me fixant ma tâche,
On me donnoit par jour quelque heure de relâche,
Je benirois le ciel au milieu de mes maux ;

avoient en effet été envahis par les traitants. Le plus vaste, celui que le ministère de la justice occupe aujourd'hui, étoit habité par Bouvarlais.

Mais, les jours consacrez par Dieu même au repos,
Les ouvriers, munis d'une succincte messe,
Viennent avidement faire rouler la presse,
Et me font prendre part à la peine qu'ils ont,
Pendant que pour eux seuls est le revenant bon.
Les dimanches il faut qu'eveillé de bonne heure,
Je quitte au point du jour mon humide demeure.
Si je tarde, j'entens notre prote abboyer.
Devinant aisement que c'est pour nettoyer,
Je me prepare encore à ce nouveau deboire ;
Je m'arme du balay, je prens la ratissoire ;
Je commence d'abord à lever tous les ais,
A les bien ratisser et les rendre bien nets.
Curieux de sçavoir si dans l'imprimerie
Tout est mis et rangé par ordre et symetrie,
Le prote me vient voir, et regarde avec soin
Si j'ay bien balayé par tout dans chaque coin.
Pour abattre, dit-il, les toiles d'araignée,
Faites faire au houssoir une longue trainée,
Et souvenez-vous bien que tous les quinze jours
Il faut avoir le soin de balayer les cours.
De crainte qu'après moy sans relâche il ne crie,
Je fais ce qu'il me dit. J'entre en la tremperie,
J'entasse les papiers, je vuide le fourneau,
Et, rinçant tous les seaux, j'y mets de nouvelle eau.
J'amasse en un papier toutes les baliûres,
Et dès le lendemain, epluchant mes ordures,
Je jette chaque lettre au gré de son destin,
La mechante à la fonte et la bonne au castin.
Ce qui par dessus tout me gêne et me desole,
C'est le rude embarras que me donne la colle :
Car, étant obligé de la faire au logis,

Les laquais les premiers murmurent du taudis;
La servante à son tour, faisant le diable à quatre,
S'emporte quelquefois jusqu'à me vouloir battre,
Et jure effrontement que ses pauvres chaudrons
Sont perdus sans ressource et brûlez jusqu'au fonds.
Transporté de dépit et perdant patience,
Ma main d'un bon soufflet couvre son arrogance.
Aussitost grand debat, grand bruit, nouveau courroux.
Je l'appaise pourtant et luy fais filer doux
(En effet, on le sçait, il n'est que telle aubaine
Pour rendre douce et souple une femme hautaine).
Comme dans le metier je suis encor nouveau,
Je detrempe ma pâte avec un peu trop d'eau,
De sorte que, la colle etant beaucoup trop claire,
Chacun des compagnons entre en grande colère;
Les plus malins sur moy font rouler l'entretien
Et me taxent tout net de n'être bon à rien.
Si je veux m'excuser d'avoir mal fait la colle,
Ils me ferment la bouche et m'ôtent la parole,
Crians tous en chorus : *C'est la piau ! c'est l'epron !*
Car notre illustre corps parle un plaisant jargon[1].
Ils donnent à l'argent le nom de *colle forte*,

---

1. De tout temps les ouvriers imprimeurs avoient employé entre eux un langage et des signes particuliers, notamment ce qu'ils appeloient le *tric*, « signal de quitter le travail pour aller boire », dit Saugrain, *Code de la librairie*, p. 176. Le règlement de 1618, art. 34, le leur avoit interdit : « Sera défendu à tous compagnons imprimeurs et libraires de faire aucunes assemblées, tant en général qu'en particulier, ni de porter aucunes armes offensives de jour ou de nuit, seuls ou en compagnie, et pour quelque cause que ce soit, même de faire aucun *tric* dans les imprimeries ni ailleurs, etc. »

Et, quand tous d'une voix disent : *Fermez la porte*,
C'est qu'il faut depenser (sans soin du lendemain)
Tout l'argent qu'un auteur m'a glissé dans la main;
Bien plus, *avoir la barbe* ou *prendre la casaque*,
Se dit d'un sac à vin qu'un autre yvrogne attaque,
Et qui perd dans le vin le sens et la raison,
Jusqu'à ne pouvoir plus retrouver sa maison.
Bien *battre le tambour*, c'est quand je vais en ville
User d'une manière attrayante et civile
Pour forcer le plus dur et le moins bien-faisant
A faire à *la chapelle* [1] un honnête present.
Comme je n'entends point chaque terme gothique
Tiré des lieux communs de l'art typographique,
Tous mettent leur plaisir à me contrarier,
Et sur un mot mal pris ne cessent de crier.
Quel homme pourroit donc avoir l'ame assez dure
Pour n'être pas touché des grands maux que j'endure?
Mais pourquoy, dira-t-on, prendre un ton si plaintif?
Est-ce pour être heureux qu'on se met apprentif?
N'est-ce pas un etat de fatigue et de peine?
J'en conviens, mais encor faut-il reprendre haleine,
Et tout n'iroit que mieux quand un peu de repos
Donneroit du relâche à mes rudes travaux.
Mais, helas! en tout temps la peine est mon partage!
Et l'hyver et l'eté je ploye sous l'ouvrage.
Pour epargner l'argent qu'exige un vitrier,
En hyver on me fait huiler force papier.
C'est alors qu'au hazard de me fendre la tête,
D'une echelle branlante il faut gagner le faîte,

1. C'est le fonds d'où l'on tire de quoi faire la fripe. (*Note de l'auteur.*)

Pour que du haut en bas je puisse calfeutrer
Chaque fente par où le froid pourroit entrer.
De crainte que l'eté la chaleur excessive
Ne fasse empuantir et tourner la lessive[1],
Il faut à chaque fois la descendre au caveau,
Puis aller l'y puiser pour la mettre au fourneau.
De plus, c'est moy qui fais la petite besogne :
S'il nous vient du papier à rogner, je le rogne ;
Si quelque maladroit laisse faire un *pâté* [2],
Pour le distribuer je seray deputé.
Par ce menu detail de ma grande misère,
On voit qu'il n'est esclave ou forçat de galère
Qui soit dans son malheur plus travaillé que moy.
Toy dont le cœur est bon, chér amy, c'est à toy
Que je veux adresser mes douloureuses plaintes.
Dissipes mes soupçons et rassures mes craintes.
A quoy dois-je m'attendre et que dois-je esperer ?
Ma misère doit-elle encor long-temps durer ?
Mais pardonne plustost si mon esprit s'egare,
Si, par un mouvement ridicule et bizarre,
Je deteste deja mon malheureux destin,
Et, trop tost rebuté, j'en demande la fin.
J'ay le cœur trop enclin à la reconnoissance
Pour oublier que c'est par pure bienveillance
Que tu m'as conseillé d'embrasser un etat
Qui, tout rude qu'il est, a pourtant de l'eclat :
Car enfin, si jamais des hommes l'industrie

---

1. On lave les caractères avec de l'eau de lessive.
2. On dit aujourd'hui *faire tomber en pâte*. C'est ce qui arrive lorsqu'une forme s'est rompue par accident et que les caractères en sont tombés pêle-mêle.

238 La Misère des Apprentis imprimeurs.

Parut dans aucun art, c'est dans l'imprimerie.
Tenant comme en depost les escrits des sçavants,
Elle sçait les sauver du naufrage du temps;
Et, rendant les auteurs celèbres dans l'histoire,
Elle en fait à jamais subsister la memoire.
Amy, crois donc que c'est par simple jeu d'esprit
Que j'ay formé le plan de ce burlesque ecrit,
Et que tout autre etat plus rude et difficile
A souffrir encor plus me trouveroit docile,
Pourvu que dans mon choix j'eusse trouvé le tien,
Et que dans mes degoûts tu fusses mon soutien.

Permis d'imprimer, ce deuxième jour de septembre 1710.

M. R. de Voyer d'Argenson.

Arrest de la Cour du Parlement qui fait deffenses à tous patissiers et boulengers de fabriquer ni vendre, à l'occasion de la fête des rois, aucuns gâteaux, de quelque nature qu'ils soient.
Du 31 decembre 1740[1].

EXTRAIT DES REGISTRES DU PARLEMENT.

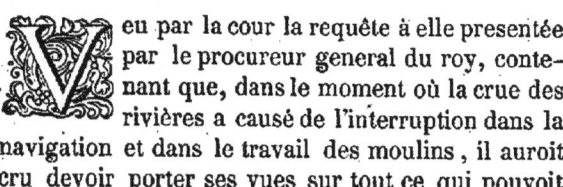eu par la cour la requête à elle presentée par le procureur general du roy, contenant que, dans le moment où la crue des rivières a causé de l'interruption dans la navigation et dans le travail des moulins, il auroit cru devoir porter ses vues sur tout ce qui pouvoit

---

1. L'année 1740 avoit été une année de grande disette. Malheureusement, pour y porter remède, on n'avoit guère trouvé que des moyens d'une efficacité aussi douteuse que celui qui donna lieu à cet arrêt singulier. Le 20 mai l'on étoit déjà à bout d'expédients effectifs. Le Parlement, ne sachant où se prendre, avoit rendu arrêt pour faire découvrir la châsse de Sainte-Geneviève, en même temps que l'archevêque donnoit un mandement pour organiser des processions et des prières publiques.

causer une consommation superflue des farines au prejudice de la subsistance necessaire ; que l'objet des pâtisseries avoit excité d'abord son attention. Quoiqu'il y ait des exemples que dans des temps de cherté on en ait defendu l'usage, il n'avoit pas cru que l'etat present de cette ville dût exiger de pareilles defenses, mais que la proximité du six janvier prochain l'avoit engagé de se faire rendre compte de la quantité de farines qui se consommoit ordinairement dans les jours qui le precèdent et qui le suivent ; qu'il auroit eté surpris d'apprendre que cela montoit souvent, en huit ou quinze jours de temps, à cent muids pour le seul objet des gâteaux qui se fabriquent, soit pour vendre ou pour en faire des presens ; qu'il avoit jugé que la cour trouveroit cet employ de farines si inutile et si superflu à tous egards, qu'il avoit cru devoir, sans toucher aux pâtisseries d'une autre nature que celle des gâteaux, devoir lui proposer de faire des defenses bien expresses de fabriquer de cette dernière sorte de pâtisserie à l'occasion de la fête des Rois ou autrement, à commencer du jour de la publication de l'arrêt qui interviendroit jusqu'au quinze janvier prochain, sous des peines très sevères. A ces causes, requeroit le procureur general du roy qu'il plût à la Cour faire inhibitions et defenses à tous pâtissiers, boulangers et autres, de fabriquer, vendre, debiter, à l'occasion de la fête des Rois ou autrement, aucuns gâteaux, de quelque nature qu'ils soient, à compter du jour de la publication de l'arrêt qui interviendroit jusqu'au quinze janvier prochain, sous peine de cinq cens livres d'amende ; qu'il soit enjoint au lieutenant general de police et aux commissaires au Châtelet, de tenir la main à l'execution dudit arrêt, et de donner avis à la cour des contraventions. Ladite requête signée du procureur general du roy. Ouï le rapport de maître Elie Bochart, conseiller. Tout considéré,

La cour fait inhibitions et defenses à tous patissiers, boulangers et autres, de fabriquer, vendre, debiter, à l'occasion de la fête des Rois ou autrement, aucuns gâteaux, de quelque nature qu'ils soient, à compter du jour de la publication du present arrêt, jusqu'au quinze janvier prochain, sous peine de cinq cens livres d'amende. Enjoint au lieutenant general de police et aux commissaires au Châtelet de tenir la main à l'execution du present arrêt, et de donner avis à la cour des contraventions. Fait en Parlement, le trente-unième jour de décembre mil sept cent quarante.

Signé, DUFRANC.

La Maltôte des Cuisinières ou la manière de bien ferrer la mule. Dialogue entre une vieille cuisinière et une jeune servante.

S. l. n. d. In-8.

LA VIEILLE.

Ah! vous voilà! Bonjour. Je vous cherchois partout;
J'ai couru le marché de l'un à l'autre bout.
De vous trouver à point certes je suis ravie.

LA JEUNE.

Et moi de vous parler vraiment j'avois envie;
Mais pour vous aller voir je n'ai pas un moment.
Le moyen, au logis tenue etroitement!
Je n'ose m'absenter, je suis toujours en crainte.

LA VIEILLE.

Quoi! dans votre maison êtes-vous si contrainte?

LA JEUNE.

Je le suis à tel point que je veux la quitter:
Ce sont gens avec qui je ne saurois rester.
Je n'ai vu de mes jours femme plus ridicule.

LA VIEILLE.

Vengez-vous.

LA JEUNE.

Et comment?

LA VIEILLE.

Comment? ferrez la mule[1];
A bien peigner le singe[2] appliquez tous vos soins.

LA JEUNE.

Eh! que me dites-vous? Depuis six mois au moins,
Pour redresser mes gens, j'ai, ma pauvre Marie,
Usé tout mon sçavoir, toute mon industrie ;
Je n'ai rien negligé ; mais, malgré tout cela,
A peine ai-je de bon le corcet que voilà.
Sur ma fidelité toujours en defiance,
Des tours les plus adroits ils ont l'experience.
Ce qui peut se peser, ils le pèsent vingt fois,
Pour voir si je n'ai rien rapiné sur le poids.
Prompts à se faire rendre un denier, une obole,
Ils disent toujours que je les pille et les vole.
Croiriez-vous qu'au marché quelquefois je les voy,
Quand j'y pense le moins, venir derrière moi?
En un mot, quoique gens à leur aise et bien riches,
Au delà du vilain ils sont ladres et chiches.

LA VIEILLE.

Croyez-moi, mon enfant, il n'est point de maison

1. V., sur cette expression et sur son origine, notre édition des *Caquets de l'Accouchée*, page 15, note.

2. C'est-à-dire *tondre le maitre*. Celui-ci s'appelle encore *singe* dans l'argot des ouvriers.

Où l'on ne puisse avoir quelque revenant bon.
Comment m'y pris-je, moi, quand petite vachère,
A l'âge de quinze ans laissant là père et mère,
Et d'un orgueil secret sentant mon cœur epris,
Je m'en vins seule à pied d'Abbeville à Paris?
Je me trouvai d'abord, faute d'haides, reduite
A n'esperer en rien qu'en ma bonne conduite;
Et, voulant ne devoir ma fortune qu'à moi,
J'eus soin de me dresser moi-même en mon emploi.
Sous mon habit grossier je n'etois pas trop bête;
J'affectois au dehors une manière honnête,
Et, chacun se fiant sur ma simplicité,
Je trouvois des maisons avec facilité.
Les quinze premiers jours il me fut difficile
D'attraper du marché la routine et le stile;
Mais ma conception en peu de temps s'ouvrit,
Et le desir du gain me donna de l'esprit.
Je m'acostois souvent de certaines servantes
Que je voyois toujours propres, lestes, pimpantes,
Et qui, pour soutenir l'eclat de leurs atours,
Sur l'anse du panier faisoient d'habiles tours.
Avec elles j'allois causer chez la fruitière,
J'etudiois de près leur talent, leur manière,
Et je faisois si bien que, dans l'occasion,
Par leurs soins je trouvois bientôt condition.
Tout m'étoit bon : marchands, procureurs et notaires,
Etoient gens avec qui je faisois mes affaires;
Sans peine je gagnois mon petit entretien.
Quand j'allois au marché, loin d'y mettre du mien,
Même de mes profits, puisqu'il faut tout vous dire,
Je sçavois en deux mois remplir ma tirelire.

LA JEUNE.

Mais vivoit-on alors comme on vit maintenant?
De quelle utilité seroit votre talent,
Et que vous serviroit toute la politique,
Si vous etiez tombée en pareille boutique,
Avec gens qui tondroient (comme on dit) sur un œuf,
Qui se fâchent pour tout, pour la pièce de bœuf,
Disant que votre esprit à friponner s'attache,
Et qu'en guise de bœuf vous prenez de la vache?

LA VIEILLE.

Je vous le dis encor, je juge à vos discours
Que vous ne sçavez pas la moitié des bons tours.
Une maîtresse a beau donner dans la lesine,
On peut avec profit gouverner la cuisine;
Mais il faut s'entremettre, il faut agir, chercher.
Tâchez de rencontrer un honnête boucher
Qui, vendant à la main [1] ou vendant à la livre,
Outre le droit commun, donne le sol pour livre.
Si vous avez bon poids sur ce qu'il vous fournit,
De ce qu'il vous remet faites votre profit.
Feignez d'avoir en main l'autorité suprême;
Qu'on sache qu'au logis tout se fait par vous-même,
Pour que chaque marchand, avec zèle et ferveur,
A force de presens brigue votre faveur.
Pâques, la Saint-Martin [2], et le jour des etreines,
Sont des jours où l'on doit vous accabler d'aubeines.

1. C'est-à-dire au morceau, de la main à la main, sans peser.
2. La Saint-Martin étoit une des fêtes qui amenoient le plus de réjouissances chez le peuple, et par conséquent le plus

Sur chaque fourniture il vous revient un droit :
Rotisseur, epicier, chandelier, tout vous doit.
De porter le panier ne soyez point honteuse,
Et faites-vous payer le droit de la porteuse.
D'abord qu'un ouvrier, implorant votre appui,
Vous invite à parler à madame pour lui,
Ecoutez sa requête, et soyez attentive
A lui faire sentir qu'il faut que chacun vive,
Et qu'il doit de madame exiger plus que moins,
S'il ne veut à ses frais recompenser vos soins.
Au logis quelquefois faites l'indifférente
Pour celui qui le mieux vous paye et vous contente,
Car, si vous affectez de le trop suporter,
De votre intelligence on pourra se douter.
Souvent une maîtresse, en finesses feconde,
Malicieusement vous eprouve et vous sonde :
Ne soyez jamais dupe, et deguisez si bien
Que de votre commerce on ne soupçonne rien.

La Jeune.

Graces à vos conseils, je suis bien eclaircie ;
Je les trouve excellens, et vous en remercie.

La Vieille.

Ce n'est pas encor tout : revenant du marché,
Ayez toujours un air inquiet et faché.
Accoutumez-vous bien à faire la pleureuse.
Ah! mon Dieu! direz-vous, que je suis malheureuse!

d'aubaines pour les servantes. C'étoit, pour ainsi dire, le carnaval de l'automne, car ensuite venoient les abstinences de l'Avent, sorte de carême qui se prolongeoit jusqu'à Noël.

Depuis cinq ou six jours (vrai comme Dieu m'entend)
J'ai pour le moins perdu cent fois de mon argent.
Il faut qu'en calculant madame se mecompte,
Ou qu'au marché on manque à me rendre mon compte.
Accompagnant ces mots d'une exclamation,
Chacun de votre sort aura compassion;
Et le laquais chargé d'ecrire la depense,
Pourvu qu'il ait de vous la moindre recompense,
Et qu'en l'art de compter un maître l'ait instruit,
Daignera par bonté d'un zero faire un huit [1].
Il n'est point, selon moi, de meilleure ressource
Ni de plus sûr moyen pour faire enfler la bourse.
Je me souviens toujours qu'en certaine maison
Je fis heureusement rencontre d'un garçon
Qui pour mes interêts se donnoit tant de peine
Qu'il me faisoit profit d'un ecu par semaine.
En revanche, j'etois son bras droit, son appui,
Et les meilleurs morceaux etoient toujours pour lui.

La Jeune.

Mais si Madame ecrit la depense elle-même?

La Vieille.

En ce cas, j'en conviens, l'embarras est extrême :

[1]. C'étoient souvent les écrivains publics du Charnier des Innocents qui, moyennant salaire, rendoient aux cuisinières des grandes maisons le service d'arranger leur compte, de faire d'un zéro un huit, ou d'allonger les *f* pour faire d'un *sol* un *franc*. «Nous verrions, dit Palaprat, à la scène 6e, acte 2, d'*Arlequin-Phaéton*, les Hérodotes du cimetière Saint-Innocent, levez dès la pointe du jour pour travailler avec application aux histoires fabuleuses du maître d'hôtel et de la servante. » (Le *Théâtre italien* de Gherardi, t. 3, p. 424.)

Car, si vous n'avez pas un visage assuré
Pour soutenir le faux et deguiser le vrai,
Si vous ne sçavez pas payer d'effronterie,
On pourra penetrer dans votre fourberie.
C'est pourquoi banissez toute timidité;
Recriez-vous toujours sur la grande cherté;
Les jours maigres surtout, criez, dès votre entrée,
Qu'à la halle il ne fut jamais moins de marée,
Que le beurre et les œufs y sont chers à l'excès,
Et qu'à peine y voit-on des choux et des panais.
Dans ces occasions il est de certains gestes
Qui, quoi qu'on dise peu, font deviner le reste.
Levez donc vers le ciel pieusement les yeux,
Ou, posant le panier d'un depit furieux :
Que j'en veux, direz-vous, à ces sales poissardes !
Elles m'ont fait dix sols une botte de cardes !
En vérité, Madame, on n'y sçauroit tenir.
Je croyois du marché jamais ne revenir.
Lorsque vous avez fait tous vos tours dans la place,
Ce dont vous profitez, vous l'otez sur la masse,
Et vous entortillez dans le coin d'un mouchoir
Ce qui de compte fait doit à Madame échoir.
Mais que la mule soit egalement ferrée :
Ne rejettez pas tout sur la même denrée.
Pourquoi faire monter une pièce trop haut
Pour ne rien augmenter sur ce que l'autre vaut ?
Après avoir compté, si, pour vous mieux surprendre,
On vous fait recompter, gardez de vous meprendre.
Ainsi, ne manquez pas de faire raporter
La depense à l'argent qui vous devra rester.
D'un esprit scrupuleux voulez-vous faire montre
Qu'aux articles toujours plus ou moins se rencontre?

Mettez deux sols trois liards, quatre sols trois deniers,
Et vos comptes par là seront crus reguliers.
Je suis sur ce chapitre assez bien entendue.

La Jeune.

De votre habileté j'admire l'etendue.
Puissent vos bons avis m'être d'un grand secours
Pour me donner du pain le reste de mes jours !

La Vieille.

Tout ce que je vous dis est simple et naturel.

La Jeune.

Comment ! vous l'entendez mieux qu'un maître d'hôtel.
L'esprit et le genie règnent dans vos paroles,
Et, si l'on s'avisoit d'etablir des ecoles
Où chaque cuisinière aprît à se former,
Vous seriez, j'en suis sûre, en etat d'y primer.

La Vieille.

Je sçai qu'à la faveur du moindre sçavoir-faire
Une fille partout peut se tirer d'affaire ;
Mais pourtant le meilleur, pour avoir le teston[1],
Est de pouvoir vous mettre aux gages d'un garçon :
Car, n'ayant point du tout ou peu de compte à rendre,

---

1. *Avoir le teston*, *tirer le teston*, étoit encore le terme consacré pour dire *tirer de l'argent*, dans le langage des servantes et des valets, quoique le *teston* fût depuis long-temps une monnoie hors d'usage. On lit dans les *poésies du chevalier d'Aceilly* sous ce titre, *la Clef des bonnes maisons* :

> Chez certain president à toute heure je vais
> Et ne le rencontre jamais.

Vous pourriez à souhait tailler, rogner et prendre,
Et même, disposant de la clef du caveau [1],
Aller de tems en tems visiter le tonneau.
Comme telle aventure est rare et peu commune,
Quand elle vous viendra, poussez vostre fortune,
Sçachez trouver du bon sur le poivre et le clou,
Gagnez sur un balai, sur du lait, sur un chou [2].
Pour peu qu'on ait d'adresse, on met chaque jour maigre
Tant pour oignon, persil, pour verjus et vinaigre,
Et souvent ce qu'on n'a deboursé qu'une fois,
On peut, quand on l'entend, le faire ecrire trois.
Comme ce point pourroit vous sembler difficile,
Une comparaison vous le rendra facile.
Vous sçavez, comme moi, que dans plusieurs maisons
On se fait un plaisir, en certaines saisons,
D'avoir, surtout le soir, la salade sur table.
Au goût de bien des gens c'est un mets delectable,

Savez-vous bien pourquoi?—Non, pourquoi donc?—C'est pource
Qu'à *tirer le teston* son portier est ardent.
Mettez les doigts dans votre bourse,
Et vous rencontrerez monsieur le president.

1. Avoir la clef de la cave, c'étoit toute l'ambition des servantes. Ecoutez ce que dit Pierrot, déguisé en cuisinière, à l'acte 3, scène 1re, de *la Précaution inutile*: «Tenez, Monsieur, s'il n'y a pas un homme tout luisant d'or dans votre jardin, ôtez-moi la clef de la cave. Dame, voilà un terrible serment, stilà!» (*Théâtre italien* de Gherardi, t. 1er, p. 487.)

2. Le chevalier d'Aceilly (de Cailly) savoit quel art ont les servantes de faire payer au maître ce qu'elles ont pris soin d'obtenir à bon compte:

Quand ma servante est au marché,
Pour avoir à bon compte elle prend de la peine;
Mais que m'importe qu'elle en prenne?
Quand elle est au logis, rien n'est à bon marché.

Qui met en appetit et rejouit le cœur;
Mais ce n'est pas pour vous ce qui est de meilleur.
Ce qui doit à l'aimer vous pousser davantage,
C'est que vous en pouvez tirer grand avantage.
Prenez en donc souvent votre provision,
Que vous partagerez en double portion;
Et d'abord qu'on aura consommé la première,
Faites sur nouveaux frais ecrire la dernière.
Je vous en dis autant pour l'assaisonnement :
Que l'huile par vos soins profite doublement;
Sur les moindres degats mettez-vous en colère.
C'est faire sagement que d'être menagère,
Et ce qui tous les jours se perd et se detruit,
S'il etoit conservé, vous produiroit du fruit.
Pour le peu qu'une fille à nos tours soit stilée,
Elle peut faire aussi son compte à la Vallée[1].
Dans les jours destinés à de fameux repas,
Faites de bons reliefs [2] un profitable amas.
Comme ce sont des jours de desordre et de trouble,
Ne vous endormez point, ferrez la mule au double.
Quand les pois et les fruits sont dans leur nouveauté,
Loin que, par leur haut prix et leur grande cherté,
Pour profiter dessus vous soyez refroidie,
A les compter bien cher soyez-en plus hardie.
Est-ce assez m'expliquer?

[1]. L'endroit où se vendoit la volaille s'appeloit ainsi déjà, à cause de la *Vallée de misère*, quai de la Mégisserie actuel, où se tenoit ce marché. Quand il fut transféré où il est encore, sur le quai des Grands-Augustins, il garda ce nom, bien qu'il n'y eût plus de raison de le lui conserver.

[2]. *Restes de viande.* Ce mot se trouve souvent dans La Fontaine avec cette acception.

LA JEUNE.

Vous raisonnez si bien
Qu'au plus subtil esprit vous ne cedez en rien.

LA VIEILLE.

Vous avez vu ma chambre : est-elle bien ornée?

LA JEUNE.

Oui, vraiment.

LA VIEILLE.

J'ai gagné dans le cours d'une année
La table, le fauteuil, les chaises et le lit,
Sans que l'on m'ait jamais prise en flagrant delit.
Chez les gens que je sers, pendant tout le carême
Je dispose de tout, j'achète tout moi-même.
C'est alors qu'à gagner je travaille d'esprit;
Rien n'est jamais pour moi trop vil ou trop petit :
Je tire du profit des moindres bagatelles,
Et j'amasse avec soin jusqu'aux bouts de chandelles;
Huile, sel et charbon, je mets tout de côté.
Sçachez que quelquefois, dans la necessité,
Telles provisions sont d'un secours utile,
Et telles tous les jours manquent d'argent, d'azile,
Qui, pour n'avoir pas pris cette precaution,
Languissent tristement hors de condition [1].

---

[1]. On ne souffroit pas que les domestiques fussent sans place. Toute fille de chambre trouvée sur le pavé étoit fustigée, et on lui coupoit les cheveux. Les valets en pareil cas étoient attachés à la chaîne et mis en galère. V. *Traité de la police*, tit. 9, chap. 3.

Vers la fin du repas, il faut se rendre alerte
Pour mettre adroitement la main sur la desserte ;
Vous pouvez sans risquer ôter de chaque plat
Le morceau le meilleur et le plus delicat.
Bien plus, si vous voulez qu'une telle reserve
Par un revenant bon vous profite et vous serve,
Il faut vous accorder avec d'honnêtes gens
Qui pour un certain prix prennent vos restaurans.
Habile à menager les profits de la graisse [1],
Voulez-vous que chacun à l'acheter s'empresse?
Ayez soin d'y jetter du sel abondamment.
Autre avis qui vous doit servir utilement :
Il faut de tems en tems prendre à la boucherie
Quelque pièce qui soit de graisse bien fournie,
Par exemple une longe, ou de ces aloyaux
Qui sont sans contredit de succulens morceaux ;
Prenez-en tous les jours : telle pièce, bien cuite,
Et de graisse et de jus remplit la lechefrite.
J'en sçai beaucoup qui font sur la graisse un grand gain.
Quand pour une etuvée il vous faudra du vin,
Faites que le poisson en ait sa juste dose
Et que dans la bouteille il reste quelque chose.
Si vous trouvez un jour quelque bonne maison,
Loin d'epargner le bois, brûlez-en à foison :

[1]. C'étoit depuis long-temps le profit le plus naturel des filles de cuisine :

> Je gaigne douze ecus par an
> Sans mon pot à la graisse ;
> Je mangeons tous les soirs du rost,
> Farira lon la , fariran lan lost.

(*Le doux entretien des bonnes compagnies*, 1634, in-12, chanson 57e.)

Plus vous en brûlerez, plus vous aurez de cendre.
Quand on la fait bien cuire, on trouve à la bien vendre.
Ainsi, dans le foyer laissez-la plusieurs jours.
De ces instructions souvenez-vous toujours;
Méditez, pesez bien ces avis salutaires :
Ils sont judicieux autant qu'ils sont sincères;
Et, si pour moi quelqu'un eût pris le même soin,
Dans l'art de raffiner j'eusse eté bien plus loin.
Persuadez-vous bien que c'est une imprudence
De faire à chacun part de votre confidence :
Tel aujourd'hui vous ouvre un cœur affable, humain,
Qui pour son interêt vous trahira demain.
J'en ai vu partager par portion egale
Ce qui leur revenoit des profits de la halle,
Et souvent pour un rien, venant à se brouiller,
Par un depit jaloux aller se declarer.
Je ne veux pourtant pas qu'outrant la politique,
Vous vous fassiez haïr de chaque domestique;
Mais, sans trop vous commettre, entretenez la paix
Et tâchez d'obliger jusqu'au moindre laquais.
On voit dans des maisons certaines gouvernantes
Qui, d'une jeune dame adroites confidentes,
Donnent dans le logis des ordres souverains,
Et font qu'à leur profit tout passe par leurs mains.
Eprise du desir d'une somme un peu haute,
Voulez-vous faire à l'aise une utile maltôte?
De ces femmes gagnant la tendre affection,
Avec elles toujours vivez en union.
On peut s'humilier et ramper sans bassesse :
Se soumettre à propos est quelquefois sagesse.
Pour moi, dès qu'un chemin me conduit où je veux,
Jamais je ne le trouve indigne ni honteux.

C'est une destinée et bien triste et bien rude
Que de se voir reduite à vivre en servitude!
Dans cet etat pourtant j'ai sçu gagner du pain
Et j'ai sçu m'assurer un revenu certain :
J'ai près de mil ecus sur les cinq grosses fermes,
Dont je touche la rente et l'interêt par termes ;
Et (ce qui met le comble à ma felicité)
Mon mari, comme moi, gagne de son côté[1].
Il mène un grand seigneur qui, sans compter ses gages,
Lui fait à tous momens de nouveaux avantages.
Du bon qui lui revient loin de rien depenser,
Il trouve tous les jours moyen d'en amasser.
Son maître ne va point de Paris à Versaille
Qu'il ne gagne vingt sols sur le foin et la paille.
Enfin, quand nous voudrons nous retirer tous deux,
Le reste de nos jours nous pourrons vivre heureux.
Formez-vous, mon enfant, sur de si beaux exemples.
Je viens de vous donner des leçons assez amples,
Je n'ai rien oublié pour vous bien conseiller;
Mais sur vos interêts c'est à vous de veiller;
Et, lorsque mon credit vous sera necessaire,
Vous verrez que pour vous je suis prête à tout faire.

1. « Je voudrois bien demander à ces maistres valets où ils peuvent prendre le revenu de s'entretenir de la façon, car ils n'ont pas cinquante livres de rente. S'ils avoient davantage, ils ne serviroient pas. Cependant ils font une despense de plus de mille livres, et n'ont tout au plus que trois cens livres de gage. S'ils ne déroboient que le surplus, ce ne seroit pas grand chose pour faire leur fortune.» (*Les amours, intrigues et caballes des domestiques des grandes maisons de ce temps*. Paris, 1633, in-12, p. 31.)

LA JEUNE.

C'est là mettre le comble à toutes vos bontez,
Vous faites tout pour moi ; mais, au reste, comptez
Que, si pour m'en venger je suis dans l'impuissance,
Mon cœur y supléra par sa reconnoissance.

Permis de réimprimer, ce 23 juin 1724.

RAVOT D'OMBREVAL.

Registré sur le livre de la communauté des libraires et imprimeurs de Paris, n° 131, conformément aux reglemens, et notamment à l'arrêt de la Cour du Parlement du 3 decembre 1705. A Paris, le 22 août 1724.

BRUNET, *syndic.*

De l'imprimerie de G. Valleyre,
rue Saint-Severin, à la ville de Riom.

Cas merveilleux d'un bastellier de Londres, lequel, sous ombre de passer les passans outre la rivière de Thames, les estrangloit.
A Lyon, chez François Arnoullet.

M. D. LXXXVI.

In-8[1].

Un certain bastellier, nommé Jean Visquée, natif de Londres, en Angleterre, et habitant d'icelle, exerçant son mestier de nautonier par l'espace de 33 ans, a esté trouvé avoir commis dix-huit meurtres, et au dix-neufiesme apprehendé et remis en justice, comme entendrez.

Ce Visquée, attendant les passans en un lieu à l'escart, le jour pour couvrir son cas et la nuict pour l'accomplir, estant assidu au travail, ne pouvoit par raison estre reputé ny aucunement soupçonné

---

1. Pièce très rare. L'exemplaire d'après lequel nous la donnons, et le seul que nous ayons vu, se trouve porté sous le n° 2396 du *Catalogue de la bibliothèque* de M. Coste, Paris, 1854, in-8.

tel qu'il estoit, car, estant homme fort puissant et robuste, il cerchoit le profit de sa famille avec grand peine et travail, et (comme il sembloit) par toutes voies deues et licites; demandoit aux passans avec toute humilité et courtoisie, defublant[1] son chapeau et usant des ceremonies à ce requises, s'il leur plaisoit point passer outre, à sçavoir de la place de la Stronde vers la cour de Withehalle, où se tient la reyne d'Angleterre, passant la rivière de Thames. Et par cete astuce humiliée et beaux deports en passoit autant que bastellier du lieu, sans estre aucunement soupçonné du fait ny aperceu. Advint un soir qu'un honneste homme, nommé Pierre Marscot, estant constraint et pressé d'aller à l'aguillette en ces endroits, et considerant que sans opprobre et danger de gaster ses chausses il ne pouvoit passer outre, fut contraint de delascher là. Durant ces entrefaites, Visquée estant là pour attendre ses gens comme de coustume, survint un gentilhomme de bon lieu (duquel je tairay le nom), lequel, entre jour et nuict qu'il estoit, demandoit de passer outre. Volontiers, Monsieur, respondit Visquée, luy courant au devant, le chapeau au poing. Et, Monsieur, repliqua-il, s'il vous plaît, vous marcherez devant, car l'honneur vous appartient, et à vous le doy-je faire et exhiber. Le susdit gentilhomme, pensant sans malice quelconque passer

---

[1]. Mot qui se trouve dans Montaigne, liv. XI, ch. 12, et qui, de même que le verbe latin *diffibulare*, dont il étoit dérivé, signifioit *dégrafer*. On disoit aussi se *defuler*, saluer. (Danet, *Dictionnaire françois-latin*.)

devant pour aller vers la barque, au lieu d'y aller, cuida y estre furtivement porté; car Visquée, prenant un licol qu'il tenoit dans ses chausses, agencé pour ce faire en las courant, le suivant pas à pas, luy jette à l'improviste par derrière au col, et, puissant et robuste paillard qu'il estoit, l'emporte par dessus l'epaule, dos contre dos, la corde au col, comme s'il fust pendu, tirant vers sa barque, pour le cuider là voler et despescher, comme il avoit fait les autres. Le gentilhomme, se voyant prins et ne pouvant crier à voie desploiée, faisoit tel bruit se debattant qu'à merveilles; mais il ne luy pouvoit eschapper si n'eust esté que, par la grâce de Dieu, lequel (jaçoit que quelquefois les malfaiteurs semblent prosperer en leur malice ne laisse en fin nuls malfaiteurs impuniz, le susdit Marscot, qui, estant accoupy pour faire ses affaires et oyant la meslée, y accourrut, et voyant ce pendart grand de sept ou huict pieds tenir un homme pendu sur ses espaules comme s'il fut esté un gibet, à qui il constraignoit, comme s'il fust esté au supplice, de rendre l'esprit, s'il n'eust eu aide et secours, s'approchant tira une dague qu'il portoit, et, poussé d'un vray zèle vers son prochain, auquel il voyoit faire chose qu'il n'eust voulu qu'on luy fist, s'escria : Ha! grand vilain larron et meurtrier, lasche la prinse, autrement je te la ferai bien lascher. Visquée, craignant d'estre decouvert, lasche le patient, jà presque estranglé, pour luy courir sus comme un lion, pensant l'accabler du premier coup, car il croyoit que, puisqu'il n'y avoit bastellier qui ne le redoutast et qui ousast approcher tant soit peu de ce lieu, qu'il viendroit facilement à bout de l'un et de l'autre, veu que l'un estoit jà plus mort que vif. Marscot, qui estoit homme adroit et avoit l'avantage de sa dague, se deffendoit si vigoureusement que, se depassant adextrement, il evitoit le peril eminent des horrions de ce gros coquin, comme aussi luy en estoit grand besoin, car il avoit affaire à forte partie. Durant la meslée d'eux deux, le gentilhomme, ayant reprins ses esprits, par le loisir que luy avoit donné leur combat, se lève et vient au secours de celuy là de qui il pensoit tenir la vie, et tirant son poignard attaque aussi Visquée vivement, lequel, se défendant jusques à toute extremité, fut blessé et navré en quatre ou cinq parts de ses deux parties. Toutefois, comme Hercules mesmes ne seroit pour deux, et plus tost (comme à bon droit on doit presumer) par permission divine, laquelle ne voulut plus longuement laisser regner une tant mechante personne, il fut contraint de quitter la partie, et se rendre prisonnier avec eux. Estant ès prisons et ayant finalement enduré la torture, il confessa dix-huict meurtres qu'il avoit perpetré et mis à fin portant les patiens dans sa barque à la façon susdite, et les executant illec, pour par ce moyen couvrir son larcin. Dont il fut condamné à être premièrement tenaillé par tout le corps avec des tenailles ardentes, et après très ignominieusement pendu et estranglé en la fameuse ville de Londres, en Angleterre, où il commit ces crimes.

Les de Relais, ou purgatoire des Bouchers, Charcutiers, Poullayers, Paticiers, Cuisiniers, Joueurs d'instruments, Comiques et autres gens de mesme farine.

S. l. n. d. In-8.

Vous, beaux esprits jovialistes,
Qui desirez en ces jours tristes
Avoir une heure de plaisir,
Achaptez-moy. Je suis un livre
Que mon autheur humble vous livre,
Pour commencer vostre desir.

Jamais Marot, Rablais, Bocace
Et Arioste, qui ramasse
Plusieurs gaillardes fictions,
Ne contindrent dans leur histoire,
Comme on voit dans ce Purgatoire,
Tant de riches inventions.

Les charcuitiers et les comiques,
Les joueurs d'instrumens lyriques,
Les poullayers et les chanteurs,
Les cadets de paticerie,
Et les cœurs polus d'heresie,
Y sont peints de toutes couleurs.

Les de Relais.

Ainsi donc, après que le cirque des Rablais renversez s'est disparu aussi promptement de nos yeux que l'ombre de Samuel, ou la representation d'Alexandre le Grand que Fauste fit paroistre devant l'empereur Charles le Quint[1], nous voicy entrez bien avant, sans chaussepied, dans les sandales du Caresme, ce grand colosse descharné qui, tenant de l'humeur des Portugais, ne veut point de cure-dent pour escurer ses yvoires après son repas, ny d'estrille pour degresser sa peau, mais desire seulement ruiner et envoyer à l'hospital ces gayes œconomes de la vie epicurienne, cousins germains en ligne baculative[2] de deffunt de fresche et illustre memoire messer Mardy-Gras, à sçavoir, pour en tenir livre de compte, ou en faire un cathalogue comme Agrippa a fait des femmes vertueuses[3],

1. D'après Goerres (*Histoire des livres populaires de l'Allemagne*, 1807), l'histoire de Faust n'est que le résumé de toutes les histoires de sorciers; il dit: « De même que Faust, devant l'empereur Maximilien (non pas devant Charles-Quint), évoqua Alexandre le Grand, de même la chronique française raconte que Robert le Diable évoqua Charlemagne. » — *L'histoire prodigieuse et lamentable de Jean Faust*, traduite par Palma Cayet, avoit rendu ces traditions allemandes très populaires en France.

2. C'est-à-dire parents entre eux, comme Sganarelle étoit médecin de par les coups de baton, *baculus*.

3. Dans son fameux traité : *Declamatio de nobilitate et præcellentia feminei sexus*. Anvers, 1529.

et ceux de Charenton de leurs hommes illustres[1], les bouchers, charcuitiers, poullayers, cuisiniers, paticiers, chanteurs de cocqs à l'asne, joueurs d'instrumens comiques, badins à lunettes, et autres tels phangons carnassiers, aussi mouvans que le sable sur lequel on chemine quant on va à Quevilly, car l'on jugeroit au travers d'une marmitte de fer que ces gens de loisir, frippe-sausses, enfileurs de saucisses, escureurs de plats, rinceurs de godets, mangeurs de gisiers, avaleurs de trippes sans frire, vendeurs de vent, marchands de voix, marionnettes de theatre, et autres telles avettes[2] de cuisine, sont aussi tristes de la resuscitation du Caresme, ennemy capital de tels cabalistes, que le chien d'Esoppe après qu'il eust perdu sa pièce de chair, par quoy ce n'est pas sans sujet qu'un certain poëte de nostre temps, speculant la calamité de telles gens au travers de la sphère, a fait ce sixain sur la cessation de leurs offices :

> Les enfants d'Histrion avec leurs vers comiques,
> Les chanteurs et joueurs avec leur son lyrique,
> Les meurtriers de pourceaux avec leur galle-faix,
> Paticiers, charcuitiers, avec leur mine blesme,
> Ont autant de repos en ce temps de caresme
> Qu'abeilles en hyver, et que soldats en paix.

1. Sans doute l'*Histoire des martyrs persécutés et mis à mort pour la vérité de l'Evangile, depuis le temps des apôtres jusqu'à présent* (1610), *comprise en XII livres, trad. du latin* (par J. Crispin, et continuée par S. Goulard). Genève, 1619, 2 vol. in-fol.

2 Abeilles.

De vray, pour les bouchers, s'ils n'ont rien valu tout le long de l'année, ils ont moyen d'estre gens de bien durant le caresme, d'aller aux predications et gaigner les indulgences aux hospitaux [1] de Paris, et quatre religions mandiannes, pour demander pardon à Dieu des faux sermens qu'ils ont faits l'espace de dix mois et demy, quand ils jurent, vendans leurs viandes : — Par ma foy, j'en auray autant ! Par Dieu, vous n'en mangerez pas à moins ! Le diable m'emposte s'y elle ne revient à davantage que vous ne m'offrez ! Je meure presentement si vous ne l'eussiez point trouvée sur l'estal à six blancs plus que vous ne voulez donner ! La bosse m'estouffe le cœur si le mouton n'est tendre ! Dieu me dampne si la teste n'a que quatre dents de laict ! et autres tels execrables parjuremens, par lesquels ils engagent leurs ames à tous les vallets de pied de Lucifer ; car je croy bien que ces gens craignans Dieu, de peur d'uzer leurs genoux comme les chameaux, font assez bresve oraison, tant le souvenir du nectar de Bacchus les presse d'entrer au premier cabaret trouvé, ou prendre une boulle en main pour jouer, au premier faux-bourg, au cochon [1] ou à la taille.

1. C'est-à-dire aux couvents des quatre ordres mendiants : les *Jacobins*, les *Franciscains*, les *Augustins* et les *Carmes*.

2. C'est-à-dire au *cochonnet*, sorte de jeu de boule dont a parlé Rabelais, et qui étoit l'amusement favori des artisans de Paris au XVIIe siècle. Il y avoit sur les remparts, près des portes, des emplacements réservés pour les joueurs au *cochonnet* et au *mail*. La rue à laquelle ce dernier jeu a donné son nom étoit encore hors des murs au commence-

DES BOUCHERS.   267

Touchant les charcuitiers, poullayers, et autres telles gens qui font monter les broches sur les landiers, voilà leur Enfer et leur Purgatoire, où ils auront le loisir de desgresser leurs habits ; voilà leur labirinthe, leur fleau, leur méssion, leurs vacances et grand jour de sabath : par quoy, s'ils ont quelques pèlerinages à faire, ils ont commodité de les accomplir, encor que la pluspart de leurs trouppes, qui fondent en devotion comme les pierres font au soleil, voyagent plus à Saint-Main [2] et Saint-Calery qu'ailleurs, principalement quand le blond Phœbus éclate ses rayons sur le Pont-Neuf de Paris, et sur le port de Rouen, où la pluspart tiennent des classes publiques pour apprendre à parler quatre sortes de langues, à sçavoir : normand, parisien, picard et bon jargon de Grève, sindiquer le livre de Ciceron, et tenir conseil pour faire la guerre aux sappinettes. De vray, ces laquais de Proserpine, imittans les chevaliers de la table ronde, sont si genereux,

---

ment du XVIIe siècle. Quand l'enceinte fut reculée, les joueurs se transportèrent auprès des nouveaux remparts, sur le terrain qu'occupa plus tard la rue nommée à cause d'eux rue des *Jeux-Neufs*, puis, par altération, rue des *Jeuneurs*.

1. Le *mal saint Main*, c'étoit la gale, qui s'attaque surtout aux mains. Pour une galeuse on disoit une *demoiselle de saint Main*. (Oudin, *Curiosités françoises*, p. 494.) Le nom de l'autre patron doit se lire *saint Calery*, et alors il s'explique de lui-même. Henri Estienne, dans l'*Apologie pour Hérodote*, et Cornélius Agrippa, *De vanitate scientiarum*, chap. 57, se sont moqués de ces patronages qui n'avoient d'autre raison que la ressemblance du nom du patron avec celui de la maladie patronée.

qu'il n'est pas jusques à leurs estaffiers et tourne-broches qu'ils n'ayent du sang aux ongles. Ce n'est donc pas sans occasion si ce grand goriphée [1] d'Apollon, ce prodige du Parnasse, ce seul mignon des Muses, ce miracle du ciel, ce chef-d'œuvre de la nature, ce phœnix des beaux esprits, et ce paon des poètes françois, M. des Viettes [2], se trouvant en ses jouailles humeurs extraordinaires, a fait voir le jour à ce sixain sur leur sujet, comme par prophetie :

Huit jours après que ce grand buveur d'eau,
Ce grand jeusneur, mettra dans le tombeau
Le gras mardy que tout chacun regrette,
Sur le Pont-Neuf sera maint frippe-plats
Et charcuitiers plantez comme eschallats,
Qui au soleil feront grande defaitte.

Mais, pour faire mon discours succinct, je veux dire brefvement en dix huict cens mille paroles, sans me metagroboliser, que tous ces docteurs en cuisine et masche-lardons, qui entendent la cadance du fri fri des lichefrites, le glou glou des marmittes, le frelé freli des fricassées, et le carillon a vollée des verres de christal, ont maintenant les yeux plus enfoncez que guenons, les oreilles plus pendantes que chiens couchans, le ventre plus flasque que bourses vuides, le dos plus sec que haridelles, et les joues plus fles-

1. Coryphée.
2. Faiseur de facéties dont nous publierons quelques vers. L'éloge qu'on trouve ici de lui, et qui n'est rien moins que mérité, nous feroit croire qu'il est peut-être l'auteur de cette pièce.

tries que le ventre d'une accouchée, à cause que la mort à rats, je dis la mort à paix, est en regne. Mais c'est trop parlé de ces faiseurs de sausse verte; discourons maintenant des bouffons, je dis des comicques qui font des badins, des Jeans Farines, des Gringaletz, des Turluppins et des Gautiers Garguilles pour de l'argent.

Or, selon le jugement de maistre Pierre du Quignet, docteur (*in baroco*), dont l'effigie est industrieusement taillée en l'eglise de Nostre-Dame de Paris [1], aussi bien que celle du grand saint Christofle, et de monsieur du Puis à la rue aux Ours de Rouen, je trouve par la constellation des astres, sans user de pyromance [2], où je voy clair comme une taupe et peux parler comme un cocodril, que messieurs les comediens qui tantost font les diables et les anges, les saincts et les damnez, les Mars et les Thersites, et tantost les furies et les bonnes femmes, les Alexandres et les Diogenes, les marchands et les volleurs, les mauvais riches et les Lazares, les Cherinthes et les saincts Jerosmes, les Lucresses et les Faustines, les vifs et les morts, la verité et les ombres, les docteurs

---

1. V., sur cette statue mutilée et ridicule qui se trouvoit dans un des coins du chœur de Notre-Dame, une note de notre édition des *Caquets de l'accouchée*, p. 265.

2. La *pyromancie*, divination par les mouvements de la flamme. Virgile, dans les *Georgiques*, liv. 1er, v. 390, nous montre une jeune fille des champs tirant des présages des légers fumerons (*fungi*) formés autour de la mèche de sa lampe, et aujourd'hui encore les gens de nos campagnes s'attendent à quelque nouvelle lorsqu'ils voient un petit point brillant se détacher tout a coup sur la clarté de leur chandelle.

et les ignorants, les soldats et les laboureurs, les medecins et les malades, les advocats et les clians, les patiens et les bourreaux, et milles autres personnages chimeriques, peuventbien, en attendant le Quasimodo, voir la mer de Dieppe, les montaignes de Montmartre, le pays du Mans, les campaignes de Bausses et les landes de Bordeaux : car il n'y auroit pas d'apparence que ces messieurs-là eussent, pendant cette saincte quarantaine, des demy cars d'escus de chaque personne pour faire des transportez, des maniacles, des Erynnes [1], des Parques et des demons ; Themis ne permettra pas cela, en tant que les histoires récitent qu'un comedien habillé en monsieur le diable faisant (*ut ipse redimet*) dans (l'*habitavit*) de sa femme, engendra un petit succube, il se pourroit bien faire que le diable, sous la fausse apparence d'un diable, usant du privilege des sergeans, viendroit mettre la main au colet de ses auditeurs (Dieu le permettant), comme il permit en ce mesme temps que le plus grand des diables d'enfer s'apparut à luy sur la montagne de Nebo, pour le tenter.

Arriere donc de nostre republique, comme de celle de Platon, tous charlatans, vespiegles [2], persecuteurs de fesses, embrocheurs de chair vive, batteurs de pavé, bailleurs de cassifles, vendeurs de noir [3],

―――――

1. Errinys, la première des Furies.

2. L'espiègle. V., sur ce type, qui avoit été importé d'Allemagne, une note de notre édition des *Caquets de l'accouchée*, p. 226.

3. Les petits marchands de noir de fumée, ou de *noir à noircir*, comme ils disoient dans leur cri, étoient très fa-

blesches [1], tirelaines, et autres tels enfans de Japhet, desquels on peut dire ce quatrain :

> Puis qu'avez de vos dents tant fondu l'arquemie [2],
> Qu'ores vous n'avez plus or, argent ni metal,
> Allez, à petit pas, de vostre triste vie
> User le demeurant en un pauvre hospital.

Pour l'axiome des praticiens qui sont piolez, riolez, gauderonnez, fraisez, satinisez et veloutez comme une chandelle des Roys [3], je leur conseille de leur embarquer sur le Bosphore, et aller faire un service de six sepmaines au grand Turc, à qui Mahomet a permis par son alcoran de manger indifferamment en tout temps toutes sortes de viandes, comme s'il

meux alors dans les rues de Paris, pour le bruit qu'ils faisoient et à cause de leurs habitudes vagabondes. On trouve dans l'œuvre de Laigniet six gravures représentant les aventures de Jean Robert, le plus célèbre de ces vauriens, qui a laissé son nom à la rue qu'il habitoit.

1. Ce mot se prenoit pour bohémien. C'étoit, selon Huet, cité par le *Dictionnaire de Trévoux*, une altération de *blaque vlasque* ou *valasque*; or, on sait que les zingari venoient en grande partie de la Valachie. C'est à cause d'eux que l'argot est appelé souvent patois *blesquin*. Par extension on disoit encore au XVIIIe siècle *faire le blesche*, être de mauvaise foi, (V. Th. de Ghérardi, t. 3, p. 147), et l'on employoit dans le même sens le verbe *bleschir*, aujourd'hui hors d'usage.

2. C'est-à-dire puisque vous avez tout mangé à belles dents, faisant de votre ventre un creuset d'*arquémiste*.

3. Le plus souvent on disoit seulement *piolé*, *riolé*, comme une chandelle des rois (V. *Comédie des proverbes*, acte 2, scène 5), parce qu'en effet les chandelles ou bougies dont on se servoit le jour de l'Epiphanie étoient teintes de diverses couleurs.

n'estoit né que pour emplir son ventre de toutes sortes de bestiolles delicates ; ou si leur aidant du baston de Jacob, ils sçavent mesurer la profondité de la rivière d'Aubette et la hauteur des montagnes de Sologne, d'aller voyager jusques aux Alpes enfarinez, pour apprendre à ciseler, decoupper et entrelasser en relief divers patrons sur la neige de ces lieux avec un fer chaud, pour enrichir leurs tartes de cerises et paticerie, jusques à tant que les petits gentilshommeaux qui sont à couvert des coups de canons aillent quittans la chasse du connin à courte oreille, pour suyvre le levraut à la piste.

Touchant les joueurs d'instrumens, qui ont les dents aussi longues que leurs vielles et le ventre aussi creux que leurs basses, je leur conseille, afin que leur renommée ne se metamorphose en vesses de loup, à cause que je les aime comme les chiens font les coups de baton, et qu'ils sont aussi habiles que les meusniers de Gascogne, qu'ils plantent des choux sur les ailes de leurs moulins à vent, de leur en aller sur les plaines qui sont auprès du chasteau de Robert le Diable, apprendre quelque mouscouze nouvelle : car la pavanne espagnolle, le branle de la grenée, la volte de Bretaigne [1], le passe pieds de Mets [2], et la belle ville, sont trop antiques pour les

---

[1]. L'auteur veut parler sans doute de ce fameux branle de Bretagne qu'on appeloit *trihori*, et dont il est plus d'une fois question dans les *Contes d'Eutrapel*. Il se transforma plus tard et devint la danse des *tricotet*, qui s'exécutoit sur l'air de *Vive Henri IV*.

[2]. On sait combien étoient célèbres les danses *hautbarroi-*

courtisans de cour; d'ailleurs le caresme est un rabat-joye qui ne veut ny ballets, ny festins, ny aubades, ny mariages, ny aucune recreation. Argument qui me fait croire ce qu'un antien poette qui se morguoit comme un paon, et avoit estudié entre le Bourg-Badouin et l'Asnerie, disoit de telles gens par ce quatrain :

Lés joueurs d'instruments qui monstrent les cinq
Et cessent leur ton ton en cette quarantaine, [pas[1]
Trouvent en leur disner de si maigres repas
Qu'on entend leurs bouyaux chanter dans leur be-
[daine.

Pour les chanteurs, je ne leur chanteray rien, sinon qu'ils attendent au jour de la Passion pour couler quelque chose de pitoyable au cœur de leurs auditeurs, et de là en avant continuer après les festes leur premier mestier pour leurs œufs de Pasques : car, pendant tout le decours de ce temps icy, nous n'avons que deux mots du Stabat (*contristantem et dolentem*). Toutesfois, cela ne les empeschera pas, au moins pour ceux qui sçavent rimer, de faire des chansons nouvelles de quelque nouveau marié en

---

ses dont faisoit partie le *branle de Metz*, par lequel, sous Louis XIV encore, se terminoient les bals de la cour.

1. Sur cette danse, fort à la mode sous Louis XIII et devenue très surannée dans la seconde moitié du XVIIe siècle, où elle n'étoit plus vantée que par les grand'mères, V. une note de notre édition du *Roman bourgeois*, pages 128-129.

l'an mil six cens trop tost, à qui sa dariolette[1] de femme, levant son cotillon de tous les jours, aura fait porter les cornes de Vulcan. Mais alte! Les chanteurs de chansons ne sont pas seuls, comme les chevaux de relais, les marqueurs et vallets de pied des jeux de paulmes [2], qui vous frottent les personnes en sueur, sous le ventre et partout, comme s'ils avoient sauté de Claque-dent en Bavière pour entrer au royaume de Surie, et avoir deux estez contre un hyver, n'ont guères plus de pratique, au raport que m'en a fait depuis deux heures et demye, un cart et six minuttes en çà, maistre Jean des Entonnoirs [3], premier estaffier de l'arrière-chambre de Gargantua, qui donna son nom au mont de Gargan, en la Pouille.

Je plains seulement, pendant cette saison aqueuse et flecmatique, les pauvres fiancées qui ne pourront cheviller leur marché legitimement, ny faire ficatores jusques à Quasimodo : car, s'il est deffendu aux anciennes personnes de manger de la chair, il n'est pas raisonnable que les jeunes gens, souples comme les poutres qui sont dans les prairies de Bretaigne, en goustent un petit tantinet, ne facent des endrogines ny du potage à quatre genoux, me rendant ennemy

---

1. V. sur ce mot notre tome 3, page 145, note.
2. Ces valets des jeux de paume, qui marquoient les points et qui essuyoient les joueurs après la partie, s'appeloient *naquets*. V. Fauchet, *Orig. des chevaliers*, liv. 1, chap. 1.
3. Lisez : frère Jean des Entommures.

capital, et du tout diametrallement opposite, aux raisons que la fille d'un certain ministre de Normandie, qui avoit emprunté un pain sur la fournée, alleguoit (interrogée sur l'enflure de *fructus ventris*, sçavoir est) qu'elle avoit ouy prescher à monsieur le predicant, son père, que la chair qui entroit au corps ne souilloit point l'ame, comme si c'estoit les seulles viandes, bonnes de soy, qui nous souillassent; plustost que la defence d'en user, ou que la pomme qu'Adam mangea eust plustost corrompu sa posterité que le peché qu'il fit transgressant le commandement de Dieu. Ceste damnable proposition semble avoir enhardy nos sablins reformez de manger de la viande en caresme et du poisson aux jours gras, accomplissant les documens de la loy comme les escrevisses, comme les cordiers, à reculons, suyvant en cela les institutions de l'heresie et la doctrine de Jean de Noyon, je dis de Calvin, premier heresiarche de la France, qui, pour faire pulluler ses dogmes impieux, donnoit toutes sortes de licences à ceux qui beuvoient l'absinthe de son erreur dans la coupe dorée de la paillarde de l'Apocalipse, je dis de la reforme. Pythagore n'estoit pas de l'humeur de nos nouveaux cabalistes, car il n'eust pas voulu gouster du plus petit oyseau du ciel, ny du plus petit poisson de la mer, disant par ses pertinentes raisons que la nature, ceste grande prodigue, nous produisoit assez d'autres choses pour manger, sans appareiller pour nostre nourriture les animaux ayans vie. Mais tue, esgorge, esventre, estrippe chapons, poulets, pigeons, codindes, tant que voudront ces messieurs de courte devotion, nous serons aussitost

à Pasques comme eux pour manger des œufs;
mais, pour leur faire un prouface, je leur veux donner ce quatrain :

> Gressez tant que voudrez votre gozier d'harpie,
> De poulles et chapons en secret comme loups,
> Vous ne me ferez point, je vous promets, d'envie,
> Car je trouveray Pasque aussi-tost comme vous.

Il est vray que c'est une grande incommodité de manger tousjours du harenc aussi sallé que s'il partoit de la cacque, et de la morue aussi douce que de l'eau de la mer; toutesfois, pour expedier, il faut suppleer au deffaut des poissonnières, je veux dire que, pour la destremper dans nos bacquets humanistes, il faut boire en grand diable et demy : plus l'on boit, plus on en va mieux. Six sepmaines sont bien-tost passez ; nous serons aussi estonnez que les mattes quand il tonne ; je dis que nous nous trouverons au samedy de Pasque en corps et en ame comme bibets. Ce sera lors que les diablesses de poissonnières, qui boivent pinte de vin tout d'un traict, auront trouvé le caresme bien court, encor qu'il ait esté trop long de la moitié, pour les parjuremens, injures, pouilles, vieutes, qui se font entre comptans, avec leurs malleboches, double fièvres quartaines, s'entredonnans trippes et dins, sans rien retenir, à tous les diables, lesquels ont bon marché de telles denrées, qui se donnent à si bon compte. Aussi, quand telles sortes de gens n'auroient peché ny fait aucune offence en toute leur vie, seroit capable d'entretenir un prestre en confession une quarantaine d'années, s'il y pouvoit autant estre : car, tout ainsi que les destours du dedalle menoient d'un chemin en un autre, et d'un autre en un autre, accusant un peché, ce peché les conduit en un autre, et cet autre en un autre, de sorte que l'on ne peut sortir de ce tortueux labirinthe qu'avec grande difficulté.

D'autre costé, les bouchers, poullayers, charcuitiers et paticiers, ayans eu la commodité d'user les semelles de leurs souliers à force de leur pourmener, de faire une illiade de brochettes de bois et de degresser leurs estals, assomment, tuent, esgorgent, plument, couppent, dehachent, et parent leurs boutiques de bœufs, de moutons et de pourceaux mis en mille pièces, de façon qu'ils chantent le *Te Deum laudamus*, au lieu de faire dire des vigiles pour luy.

Neantmoins, de toutes les personnes qui se trouvent de repos et de la confrarie de Jean de Loisir, tant à cause du caresme que pour l'occasion de la marchandise qui ne va pas si bien que l'on voudroit, il n'y en a point qui rendent meilleur service au roy que ces braves atlettes qui vont en garde pour les bourgeois. Leurs corps sont infatigables au travail, leurs yeux au sommeil et leur vie à la peine, et ne se plaisent rien tant qu'à coucher sur la dure, d'avoir le mousquet sur l'espaule et l'espée à leur costé de fer, et d'estre sans cesse en faction avec grande sobriété. Mais où m'emporte mon discours? Retournons à nos moutons : c'est une marchandise propre à ces messieurs dont j'ay traicté dans ce purgatoire, lequel je leur dedie, car je croy, par metaphore, que le caresme ne semble moins long, et ne fache moins ces messieurs les bouchers, charcuitiers, cuisiniers, paticiers, trippieres, sablins, fiancés, valets de jeux de paulme, chanteurs, joueurs d'instrumens et autres gens de bon appetit, qui aiment mieux un quartier de mouton qu'un gigot de morue, et une perdry qu'un pruneau, que le purgatoire de l'autre monde est fait pour purger les ames. Adieu.

Discours de la mort de très haute et très illustre princesse Madame Marie Stuard, royne d'Ecosse, faict le dix-huitième jour de fevrier 1587.

In-8 [1].

Le samedy quatorzième jour de febvrier 1587, M. Belé, beau-frère de Vvalsin-Han, fut depesché sur le soir, avec commission signée de la main de la royne d'Angleterre, pour faire trancher la teste à la royne

1. M. Brunet (*Manuel du libraire*, tome 2, p. 103) parle de ce Discours. Après l'avoir décrit, il ajoute : « A cette pièce s'en trouve quelquefois jointe une autre dont voici le titre : *Version françoise d'une oraison funèbre faicte sur la mort de la royne d'Ecosse, par le R. P. en Dieu M. J. S.*, 1587. » Il en indique aussi une réimpression faicte à Anvers en 1589, et mentionnée par M. Œttinger dans sa *Bibliographie biographique*. Mais ce que ne dit pas M. Brunet, c'est que cette pièce n'est autre chose que la copie presque complète de toute la première partie d'une dépêche que M. l'Aubespine de Châteauneuf, notre ambassadeur près d'Elisabeth, avoit envoyée à Henri III quelques jours après l'exécution, le 27 février 1587, dépêche dont l'autographe est conservé

d'Ecosse, et commandement aux comtes de Chersbery, de Hent et de Rotoland, avec beaucoup d'au-

à la Bibliothèque impériale, fonds Béthune, n° 8880, fol. 7, et qui reproduit elle-même textuellement un rapport adressé à l'ambassadeur par quelque gentilhomme de sa suite. Une copie de ce rapport, qui a pour titre : *Advis sur l'execution de la royne d'Ecosse, par M. de la Chastre,* se trouve aux mss. de la Bibliothèque impériale, collect. des 500 Colbert, t. 35, pièce 45. Nous devons la connoissance de ce dernier fait à une note de M. A. Teulet, qui, dans sa belle publication faite pour le Bannatyne club d'Édimbourg : *Papiers d'Etat relatifs à l'histoire d'Ecosse au XVIe siècle*, t. 2, p. 890-899, a donné dans toute son étendue la dépêche de M. de Châteauneuf. M. Teulet ignoroit l'existence de la pièce imprimée qui en reproduit la partie la plus intéressante. M. Mignet ne semble pas non plus l'avoir connue; il ne la mentionne pas aux divers passages de son *Histoire de Marie Stuart* (t. 2, p. 353, etc.) où il cite la dépêche de M. de Châteauneuf. Le fait de cette publication d'un papier d'Etat tolérée, sinon autorisée, par le roi, est d'une importance qu'il n'est pas besoin de signaler, surtout lorsque l'on considère qu'il est tout à fait d'accord avec les sentiments de Henri III, en cette circonstance sympathiques pour Marie Stuart, hostiles pour Elisabeth, et tendant à attirer l'intérêt sur l'une et la haine contre l'autre. — Nous reproduisons ici la première édition du *Discours*. Il est probable qu'elle suivit de près l'arrivée de la dépêche, dont elle est une copie partielle, et qu'elle fut ainsi donnée à Paris vers le commencement de mars 1587. Elle précéda donc la relation du même événement faite par Bourgoin, médecin de Marie Stuart, avec ce titre : *La mort de la royne d'Ecosse, douairière de France, où est contenu le vray discours de la procedure des Anglois à l'execution d'icelle*, etc. Ce dernier récit, publié dans les premiers mois de 1589, a été repris par Jebb au t. 2, p. 612, de son

tres gentils-hommes voisins de Socteringhan[2], de assister à la dicte execution.

grand ouvrage : *De vita et rebus gestis serenissimæ principis Mariæ Scotorum reginæ.* Ces publications faites à Paris sont un fait curieux ; elles prouvent l'ardeur de la curiosité populaire à s'enquérir de tout ce qui avoit trait à l'histoire de la femme charmante et infortunée qui avoit été reine de France ; elles coïncident à merveille avec ce que nous savions de l'exposition d'un tableau représentant le supplice de Marie Stuart, qui attiroit une telle foule au cloître Saint-Benoît, où on le faisoit voir, et excitoit de tels murmures d'indignation, que le roi, de peur de quelques troubles, fut obligé de le faire enlever par un ordre dont la copie est conservée à la Bibliothèque impériale (fonds Béthune, n° 8897). La vente des petits livres où ce même supplice étoit raconté ne fut certainement pas l'objet de mesures pareilles. Catherine de Médicis et son fils devoient, en bonne politique, l'encourager. La publication de ce récit, pour ainsi dire *officiel*, qu'ils tolerèrent, je le répète, si même ils ne l'ordonnèrent pas, en est une preuve. Ce qui contribueroit encore à nous le faire croire, c'est le soin qu'ils avoient pris auparavant pour faire disparoître tout ce qui, loin d'apitoyer en faveur de Marie Stuart, tendoit à exciter les haines contre elle. Il se trouve à ce sujet une lettre très intéressante de Catherine de Médicis au président de Thou dans le bizarre recueil publié à Paris, en 1818, sous le titre de : *Life of Thomas Egerton, chancellor of England*, gr. in-8, non terminé. Voici cette lettre, datée de Blois le 22 mars 1572, et que dut motiver le libelle de Buchanan de *Maria Scotorum regina* : « Je vous prye vous enquérir doulcement qui est l'imprimeur qui a imprimé ung livre, traduit du latin en françoys, faict à Londres contre la royne d'Escosse, et faire prendre et brûler secretement et sans bruict tout ce qui se pourra trouver desdicts livres, de sorte que, s'il est possible, il n'en demeure un seul formulaire, faisant faire aussi

Le dict Belé mena avec luy l'executeur de Londres[3], qui fut abillé tout de velours noir, ainsi qu'il fut raporté[4]; et, partant la nuict du dict samedy au soir assés secretement, il arriva le lundy au soir seizième ensuivant, et le mardy furent mandés querir les dicts contes et gentils-hommes. Le dict jour au soir, M. Paulet, gardien de la dicte royne d'Ecosse, accompagné du dict Belé et du chef de la province, qui est celuy qui en chascun baillage est comme prevost des marchans[5] ou juge criminel, allèrent trouver la dicte dame, et luy signifièrent la volonté

soubz mains deffences à tous imprimeurs d'en imprimer, soubz telles peines que vous adviserez. »

2. Lisez *Fotheringay*. Il n'est pas besoin de faire remarquer que tous les autres noms ne sont pas moins affreusement défigurés. Nous allons les rétablir. Il s'agit d'abord de *Robert Beale*, clerc du conseil, beau-frère du secrétaire *Walsingham*, et qui fut en effet l'un de ceux qu'Elisabeth envoya pour signifier à Marie Stuart son arrêt de mort; ensuite viennent les comtes de *Shrewbury* et de *Kent*, chargés d'assister au supplice, et le comte de *Rutland*. Aucune relation n'avoit constaté la présence de celui-ci; l'on savoit seulement par le *Martyre de la Royne d'Ecosse*, etc. (V. Jebb, t. 2, p. 320), qu'après le supplice il avoit paru aux funérailles, soutenant la comtesse de Bedford, qui représentoit la reine d'Angleterre.

3. On lit dans la dépêche: *l'exécuteur de cette ville*, ce qui se comprend, M. de Châteauneuf ayant daté sa lettre de Londres.

4. *Var.* : ainsi que j'entends.

5. *Var.* : des maréchaux. Il y a dans la dépêche une abréviation qui a pu motiver l'autre lecture. Celle-ci naturellement est la bonne. Ce chef de la province est celui que

de la royne leur maistresse, qui est[1] contraincte de faire executer la sentence de son parlement.

L'on dict que la dicte dame se monstra fort constante, disant que encores qu'elle n'eust jamais creu que la royne sa seur en eust voulu jamais venir là, si est-ce que, se voyant reduite en si grande misère depuis trois mois, qu'elle avoit la mort pour très agreable, preste à la recevoir quand il pleroit à Dieu.

Ils luy voulurent laisser un ministre[2], mais elle ne le voulust point. Il y a une grande salle au dict chasteau où l'on avoit faict dresser un eschaffaut couvert de drap noir[3], avec un oriller de velours noir.

Le mescredy, sur les neuf heures, les dicts contes, avec son gardien, allèrent querir la dicte dame royne d'Ecosse, qu'ils trouvèrent fort constante, et, s'estant habillée, fut menée en la dicte salle, suivie de son maistre d'hostel, M. Melvin[4], son chirurgien[5] et son appoticaire, et d'un autre de ses gens[6].

Pasquier, dans son récit de la mort de la reine d'Ecosse, désigne ainsi : « Le Prevost, qu'ils appellent schériff. » (*Recherches de la France*, liv. 6, chap. 15.)

1. *Var.*: estoyt.

2. Le docteur Fletcher, doyen protestant de Peterborough.

3. « Au milieu de la salle, on avoit dressé un eschaffaut large de douze pieds, en quarré, et haut de deux, qui estoit tapissé de meschante revesche noire. » (*Le martyre de la royne d'Ecosse*, etc., dans *De vita*, etc., de Jebb, tom. 2, p. 306.)

4. André Melvil. Il est nommé Melvin dans presque toutes les relations.

5. Jacques Gervait.

6. Pierre Gorjon.

Elle commanda que ses femmes la suivissent, ce qui leur fut permis, estant tout le reste de ses serviteurs enfermés dès le mardy au soir [1].

L'on dict qu'elle mangea avant que de partir de sa chambre, et, montant sur l'eschaffaut [2], elle dit à M. Paulet qu'il luy aydast à monter, que ce seroit la dernière paine qu'elle luy donneroit [3].

Estant [4] à genoux, elle parla long-temps à son maistre d'hostel, luy commandant d'aller trouver son fils pour luy faire service, comme s'assuroit qu'il feroit tousjours aussi fidellement que il avoit faict à elle; que ce seroit luy qui le recompanseroit, puis qu'elle ne l'avoit peu faire de son vivant, dont elle estoit très marrie, et luy chargea de luy porter sa benediction (laquelle elle fit à l'heure mesme).

Puis elle pria Dieu en latin avec ses femmes, n'ayant voulu permettre que un evesque anglois, là presant [5], approchast d'elle, protestant qu'elle estoit catholique et qu'elle vouloit mourir en ceste religion.

1. En outre de ceux qui viennent d'être nommés, elle avoit voulu avoir autour d'elle Bourgoing, son médecin, et Didier son sommelier.

2. *Var.* : Le dit chafault.

3. Ce détail ne se trouve qu'ici. Dans les autres relations, on s'accorde à dire qu'elle n'eut besoin de l'aide de personne. « La reine, dit M. Mignet (t. 2, p. 365), suivie d'André Melvil, qui portoit la queue de sa robe, monta sur l'échafaud avec la même aisance et la même dignité que si elle étoit montée sur le trône. »

4. *Var.* : là.

5. Suivant tous les autres récits, il n'y avoit là que le doyen de Peterborough, désigné plus haut.

Après cela elle demanda au sieur Paulet si la royne sa seur avoit pour agreable le testament qu'elle avoit faict quinze jours auparavant pour ses pauvres serviteurs. Il luy respondit que ouy, et qu'elle feroit accomplir ce qui y estoit contenu pour la distribution des deniers qu'elle leur a ordonné.

Elle parla de Nau, Curl[1] et Pasquier, qui sont en prison, mais je n'ay pas sceu au vray ce qu'elle en dict[2]; puis, s'estant remise à prier Dieu, mesme à consoler ses femmes, qui ploroient, elle se presenta à la mort fort constamment.

Une de ses dames[3] luy banda les yeux[4], puis elle se baissa sur un billot[5], et l'executeur luy trancha la teste avec une hache à la mode du[6] pays[7]; puis

1. Nau et Curl étoient les deux secrétaires de Marie Stuart. Ils avoient été arrêtés lors de la découverte du complot de Babington, et leurs aveux, ceux de Nau surtout, ayant fait convaincre la reine de complicité, avoient achevé de la perdre. Nous ne savons quel est le Pasquier nommé ici avec eux. Nous ne le retrouvons nulle part.

2. Elle parla de Nau avec amertume. Déjà, dans son entrevue avec les comtes de Kent et Shrewbury, ayant appris que Nau vivoit encore : « Quoy! avoit-elle dit, je mourrai et Nau ne mourra pas! Je proteste que Nau est cause de ma mort. »

3. *Var.* : femmes.

4. C'est Jeanne Kennedy qui lui banda les yeux avec « un mouchoir brodé d'ouvrage d'or... qu'elle avoit spécialement dédié à cet effet », dit Est. Pasquier, d'accord pour ce détail avec le récit de Bourgoin dans Jebb, t. 2, p. 610.

5. *Var.* : bloc.

6. *Var.* : de ce.

7. « Bandée, elle s'agenouilla, dit Pasquier, s'accoudoyant

print la teste, la monstrant à tous les assistans[1], car l'on laissa entrer en la dicte sale plus de trois cents personnes du bourg et autres lieux.

Aussi tost le corps fut couvert d'un drap noir et reporté en sa chambre, où[2] il fut ouvert et embaulmé, comme l'on dict[3].

sur un billot, estimant devoir estre executée avecques une espée. à la françoise ; mais le bourreau, assisté de ses satellittes, luy fit mettre la teste sur ce billot, et la luy couppa avecques une douloire. » D'après le *Vray rapport sur l'exécution* (Teulet, t. 2, p. 880-881), il paroît que le bourreau n'abattit la tête qu'au second coup; il fallut même, suivant *le Martyre de la royne d'Ecosse* (Jebb, t. 2, p. 308), qu'il s'y prit à trois fois : « Le bourreau luy donna un grand coup de hache, dont il lui enfonça le attifet dans la teste, laquelle il n'emporta qu'au troisième coup, pour rendre le martyre plus illustre. » D'après notre relation, le supplice n'auroit pas été aussi long, ce qui est d'accord avec un autre récit reproduit dans le recueil déjà cité, *Life of Thomas Egerton*, et où il est dit que le bourreau lui abattit la tête « assez soudainement ».

1. « Il la décoiffa par manière de mespris et dérision, afin de monstrer ses cheveux desjà blancs, et le sommet de la teste nouvellement tondu, ce qu'elle estoit contrainte de faire bien souvent à cause d'un reume auquel elle estoit subjette. » (*Le Martyre de la royne d'Ecosse*, dans Jebb, t. 2, p. 309.) Etoit-ce par ordre d'Elisabeth que le bourreau agissoit ainsi, et n'y avoit-il pas de la part de la reine d'Angleterre un raffinement de vengeance à faire ainsi montre que cette femme, dont la jeunesse et la beauté l'avoient si cruellement insultée, n'avoit pas échappé plus qu'elle aux atteintes de l'âge et des infirmités? Ce passage, que personne ne cite, méritoit d'être remarqué.

2. *Var.* : j'ay entendu qu'il.

3. « Le corps fut porté en une chambre joignante celle

M. le conte de Cherobery depescha à l'heure mesme son fils[1] vers la royne d'Angleterre pour luy porter nouvelles de ceste execution, laquelle ayant esté faicte le mercredy dix-huictiesme du dit[2] mois de febvrier, sur les dix heures du matin, lequel arriva vers Sa Majesté le jeudy en suivant dix-neufviesme.

Lesquelles nouvelles ne furent long-temps celées[3], car, dès les trois heures après midy, toutes les cloches de la ville de Londres commencèrent à sonner, et firent feux de joye par toutes les rues, avec festins et ban-

de ses serviteurs, bien fermée de peur qu'ils n'y entrassent pour luy rendre leur debvoir. » (*Le Martyre de la royne d'Ecosse*, p. 309.)

1. Henry Talbot.
2. *Var* : de ce mois.
3. On lit dans la dépêche de M. de Châteauneuf : « Lequel courier arriva à Grenvich, sur les neuf heures du matin, vers Sa Majesté, le jeudy dix-neuviesme. » Ensuite se trouve ce passage, omis ici : « Je ne sçay si il parla à la royne, laquelle se alla pourmener ce jour à cheval, puis au retour parla longtemps au roy de Portugal. Ledict jour de jeudy, je depeschés à Vostre Majesté pour luy porter ceste nouvelle, laquelle, etc. » Le roi de Portugal nommé ici est D. Antonio, prieur de Crato, alors réfugié près d'Elisabeth, et qui avoit un intérêt indirect dans le dénoûment de ce drame, puisque, lors du dernier complot des agents de Marie Stuart avec ceux de Philippe II, il avoit été convenu expressément que, si l'affaire réussissoit, l'on commenceroit par le livrer lui-même aux mains du roi d'Espagne. La mort de Marie Stuart enlevoit un chef à ces conspirations renaissantes dont il eût été l'une des premières victimes. V. Mignet, *Histoire de Marie Stuart*, t. 2, p. 288, et notre livre *Un Prétendant portugais au XVI*e *siècl*?, passim.

quets[1], en signe de grande rejouissance[2]. Le bruit est que la dicte dame mourant a tousjours persisté à dire qu'elle estoit innocente, et qu'elle n'avoit jamais pensé à faire tuer la royne d'Angleterre, et

[1]. Pasquier, qui semble avoir réglé sa relation sur celle-ci, reproduit presque textuellement cette dernière phrase. Dans le récit conservé dans le *Recueil* d'Egerton, il est aussi parlé de ces réjouissances.

[2]. Ici la dépêche de M. de Châteauneuf continue ainsi : « Voilà tout ce qui s'est passé au vray. Les serviteurs de la dicte dame sont encore prisonniers et ne sortiront d'ung moys, guardés plus estroitement que jamais au dict chasteau de Fotheringay; les trois autres sont prisonniers, toujours en cette ville. Ne se parle pas si on les fera mourir ou si on les delivrera. Depuis la dicte execution, M Roger et moy avons tous les jours envoyé demander passeport pour advertir Vostre Majesté de la mort de la dicte dame; mais il nous a eté refusé, disant que la royne ne vouloit pas que Vostre Majesté fust advertie de cette execution par autre que par celui qu'elle vous envoyeroit. De faict, ses ports ont esté si exactement guardés que nul n'est sorty de ce royaulme depuis xv jours que un nommé le Pintre, que la royne a despeché à M. de Staford pour advertir Vostre Majesté de la dicte execution. » Dans les quelques lignes qui sont le commencement de la dépêche et qu'on a supprimées dans la pièce imprimée, M. de Châteauneuf s'étoit plaint déjà des obstacles qu'il avoit rencontrés lorsqu'il avoit voulu faire parvenir au roi le récit du supplice de Marie Stuart. « Sire, avoit-il dit, Vostre Majesté sera peut-être estonnée de sçavoir les nouvelles de la mort de la royne d'Escosse par le bruict commun qui en pourra courir à Paris avant que d'en estre advertie par moy. Mais Vostre Majesté m'excusera, s'il luy plaist, quand elle sçaura que les ports de ce royaulme ont esté si exactement guardés

qu'elle pria Dieu pour elle, et qu'elle chargea le dict Melun de dire au roy d'Escosse, son fils, qu'elle le prioit d'honorer la royne d'Angleterre comme sa mère, et de ne departir jamais de son amitié[1].

que il ne m'a esté possible de faire passer ung seul homme ; et si est plus que, ayant obtenu un passeport soubs aultre nom que le mien, celui que je envoyois a esté arresté à Douvres avec son passeport et y est encores à present, bien que je le eusse despeché dès le XIX de ce moys après midy. »

1. « Cette assertion, dit M. Teulet en note, est tirée de l'avis de M. de la Châtre. » Nous en avons parlé plus haut. Après cette phrase, la dépêche de M. de Châteauneuf poursuit pendant plusieurs pages encore. Elle se termine par la signature de l'ambassadeur et par cette mention : *De Londres, le XXVII febvrier* 1587.

L'Onozandre ou le Grossier, satyre[1].

Je veux quiter Parnasse et l'onde pegazine
Pour aller faire un tour jusques à Terracine,
Desireux de chanter les buffles au col tors,
Ou siffler dans un jonc le prince des butors.
Buses, buses et ducs, tenez-moy lieu de muse.
Ce n'est pas la raison qu'icy je vous amuse,
Compagnes d'Helicon, à braire les chansons
Qu'un tas de flatereaux font bruire en divers sons[2],
D'Onozandre, occupé à ne croire qu'un homme

---

1. Bautru en est l'auteur. Le *Cabinet satyrique* (Paris, jouxte la coppie imprimée à Rouen, 1633, in-8, p. 619-625), la donne sous ce titre : *L'Onosandre, ou la Croyance du Grossier, par le sieur Bautru*. C'est contre M. de Montbazon qu'elle est dirigée. Tallemant raconte à ce sujet cette anecdote : «... Le bonhomme avoit su que *l'Onosandre* étoit une pièce contre lui. La reine-mère accommoda cela, et on dit que, M. de Montbazon, entr'autres choses, l'ayant menacé de coups de pied, il faisoit remarquer à la reine-mère : « Madame, voyez quel pied ! que fût devenu le pauvre Bautru ? » (*Historiettes*, édit. in-12, t. 3, p. 102.)

2. *Var.* :

D'Onozandre le grand ennemy de vos sons.

Qui sçait parler latin puisse estre gentilhomme [1],
Meprisant Apollon et ses cœlestes dons
Qui empeschent les gens de vivre de chardons [2].
Sus, invoquez oyseaux; de vos courses isnelles [3],
Hastez-vous promptement de m'aporter [4] vos aisles,
Que j'en prenne un tuyau pour peindre en cet escrit
Celuy qui vous ressemble et de nom et d'esprit.
Silence par trois fois en la trouppe arcadique :
Que l'on cesse aujourd'huy la bruyante [5] musique
Dans les champs auvergnacs, et qu'on m'aille chercher
Sept asnes, mais des grands, que je veux ecorcher,
Pour sur leur parchemin escrire la creance [6]
D'Onozandre le grand, prince de l'Ignorance,
Creance sans tumulte, et qui ne doit jamais
Remuer dans l'Estat que vers Mirebalais,
Mais dont les sens cachez font un si grand miracle
Qu'ils canoniseront un jour dans le Basacle [7]
Mon heros d'Arcadie. Exemple de nos ans,

1. Ceci justifie pleinement le vers des *Contreveritez de la cour*
(V. notre t. 4, p. 337) :

    Le duc de Montbazon ne parle que latin.

2. Var. :

    Qui font que les humains ne vivent de chardons.
    Je vous invoque, oyseaux

3. Vives, promptes, gaillardes.
4. Var. : de m'apprester.
5. Var. : la brayante.
6. Pour croyance.
7. Le Basacle est un moulin à eau qui existe à Toulouse depuis plusieurs siècles. Ses ânes étoient fameux par leur force. Nous avons fait une erreur à propos de ce nom dans notre t. 3, p. 71.

Ceux que l'on devroit voir dans les moulins brayans,
Le bast dessus le dos, courbez sous la farine,
Sont gens de cabinet, mesme que l'on destine
Aux premières honneurs. Hé ! quelle anrageson
De voir dans un conseil un asne sans raison !
M. D. M.[1]
Qui croit que le grand Cayre est un homme, et les Plines
Des païs eloignez comme les Filippines ;
Que l'Evangile fut ecrit dedans le ciel.,
Voire d'un des tuyaux de l'aille sainct Michel[2] ;
Qui tient que Mahomet, et les Turcs, et les Gots,
Confraires de Calvin, estoient grands huguenots ;
Que Christofle portant le grand sauveur du monde[3]
En plaine mer n'estoit jusques au cul dans l'onde ;
Que le pape reçoit tous les jours des messages
Des saincts du paradis, voire que les sept sages
Estoient fort bons chrestiens ; que jadis[4] Machabé,
S'il ne fut point mort jeune, eût esté bon abbé ;
Qui croit que paradis est en forme d'eglise,
Et que le Bucentaure estoit[5] duc de Venise ;
Qui ne tient de bons mots que ceux d'Angoulevant,

1. Ce sont les initiales du nom de M. de Montbazon. M. de Monmerqué en a fait la remarque avant nous dans ses notes sur l'*historiette* de Bautru (Tallemant, in-12, t. 3, p. 102). Elles ne se trouvent pas dans *le Cabinet satyrique*.

2. Après ce vers, il y en a deux de passés que nous retrouvons dans *le Cabinet satyrique*.

   Et que là tous les saincts l'on cache tout de mesme
   Comme nous le voyons aux temples de Caresme.

3. Ce vers et le suivant ne sont pas dans *le Cabinet satyrique*.
4. *Var.* : Judas.
5. *Var.* : est le

L'ONOZANDRE.

Et n'a rien en mepris qu'un homme bien sçavant[1].
Je l'ay veu maintefois, ô l'ignorant caprice !
Citer monsieur saint Jean au livre de l'Eclypse :
Et tout d'un mesme train faire croire à son sens,
Que fisique et fthisique avoient un mesme sens.
Mais après celuy-cy, menez, menez-le boire
Voire sans le licol, ce grand asne en l'histoire,
Puisqu'il dit que Priam soutint Agamemnon
Les dix ans de son siège à grands coups de canon[2],
Puisqu'il croit que Pâris, par qui mourut Achille,
Fut tenu sur les fonds des bourgeois de la ville
Qui porte ce nom-là, et que le Chevallier
Ne doit croire avoir eu cét honneur le premier.
Est-il pas bien plaisant, mais n'est-il pas bien buse
De tuer Palamède avec un arquebuse ?
S'il parle de Brutus en sa grande action,
Il se plaint que Cesar meurt sans confession,
Et dit, la larme à l'œil : Tant de prestres à Rome
Ont donc laissé mourir sans confesse un tel homme !
De quel treffle ou quel foin, quelle herbe ou quel char-
Onozandre, peut-on te faire un digne don,   [don[3]],
Si tu crois que jadis l'empereur d'Alemaigne
Dès le jour qu'il naquit s'appella Charlemaigne,
Et que le grand Pompée, au temps des vieux Romains,

1. *Var.* :
   Et n'a rien a mespris comme un homme sçavant.
2. *Var.* :
   Il montre à son discours qu'il n'a pas de raison
   Et qu'il a le cerveau timbré comme un oison.
3. *Var.* :
   De quelle herbe, quel foin, quel treffle, quel chardon.

L'ONOZANDRE.

Surpassoit de deux pieds le plus hault des humains [1] ?
Donnez-luy des sonnets, odes ou cenotafes,
Toutes sortes de vers, il les nomme epitafes.
L'esclavon, l'arabic, le turc, le bizantin,
Tout langage estranger, il le tient pour latin ;
Que s'il entend tonner ou faire de l'orage,
Il croit que l'Antechrist vient, et que son bagage
Fait tout ce tintamarre. On le verroit allors,
Priant fort à propos, dire vespres des morts,
Chanter un *Te Deum* sur un chant pitoyable,
Non pas qu'il ayme Dieu, mais il craint fort le diable.
Mais peut-estre qu'il sçait de l'histoire du temps !
Il vit parmy la cour, c'est là que je l'attens.
Son picotin en main, dites si c'est un homme,
Mais, dites, n'est-il pas un animal de somme,
Puis qu'il jure tout haut que les sept electeurs
Sont indignes de plus creer les empereurs,
Puisqu'ils ont la verolle et que l'on leur apreste
A ce printemps prochain une exacte diette,
Mesmes que l'empereur en est en fort grand soin,
Et que c'est aujourd'huy son plus pressant besoin ?
Neantmoins, on le voit, ce gros asne, ou ce buffle,
En pourpoint de satin decoupé sur le buffle,
Marcher en face d'homme, et crier que le front,
Que la bouche, le nez et les oreilles font
La creature estre homme. Abus, il se mesconte :

1. A la suite de ce vers, il s'en trouve dans *le Cabinet satyrique* quatre qui manquent ici. Ils rendent la pièce digne du recueil :

> Si tu demande à tous si le paillard Ulysse,
> Qui chevauchoit partout, n'eut point la chaudepisse,
> Si tu crois un miracle, ayant mille putains,
> Que pourtant le grand Turc n'eust jamais les oulains.

S'il met là son honneur, le monde y met sa honte.
La face n'y fait rien : la mer a des poissons [1]
Qui ont nostre visage ; en cent mille façons
Nature industrieuse a mis dedans les plantes,
Dans les eaux, dedans l'air, dans les voutes brillantes,
Le caractère humain, qui pour cela n'ont rien
Du feu de Promethée, ce larrecin ancien,
Sans lequel on est beste. Apprens, grossier profane,
Qu'on peut en courte oreille estre un bien fort grand asne,
Mesme on peut estre bœuf en visage de roy [2] ;
Je n'en veux à temoing qu'en nostre antique loy
Nabucodonosor, ce grand prince d'Asie,
Moins connu pour son daiz que pour sa frainesie.
Après avoir longtemps dominé sous ses loys
Les peuples d'Assirie, ensuite de cent roys,
Ses illustres ayeux, d'un sceptre plus antique
Que la tige d'Abram au peuple judaïque,
Sans egard à sa race, ou à l'illustre sang
Qui luy donnoient les biens, la coronne et le rang,
Par jugement divin parut en face humaine,
Paissant avec les bœufs le treffle, la vervaine,
Se soulant de sainfoin, bien qu'un royal manteau
Couvrist le corps du prince en couvrant le thoreau.
Vray portraict d'Onosandre, excellante figure
Representant le corps, l'esprit et la nature
Du Grossier fort illustre en biens et en maison,

1. *Var.* :

    Tel porte la façon d'estre un homme en effect
    Et le considerant c'est un asne tout faict.

2. Ce vers et les dix-neuf qui suivent manquent dans *le Cabinet satyrique.*

Mais bien pauvre d'esprit, voire un gueux en raison,
En sens un mendiant qui a des pous à l'ame
Plus que n'ont en leurs corps les forçats de la rame.
Or, buses, c'est assez. Prince de Betisi [1],
Reclamez vos oyseaulx, qu'ils s'envolent d'icy
Jusqu'au val de Padouse, où ils fairont entendre
Ce que je leur apprens des vertus d'Onosandre,
En proclamant un Dieu, comme on vit autrefois
Posafon déifié par les oyseaux des bois [2].

1. Nous avons dit déjà, t. 4, p. 337, note 5, pourquoi l'on appeloit M. de Montbazon prince de Béthizy.
2. *Var.* :

Saphon deifier par les oyseaux des bois.

Le Conseil tenu en une assemblée faite par les Dames et bourgeoises de Paris. Ensemble ce qui s'est passé. In-8. S. L. ni D. [1].

Soit que ce soit l'ambition, qui souvent donnant à travers l'esprit des femmes, leur fasse croire au rabais de leurs merites, si tant est qu'elles sçachent que les chauds baisers des maistres du logis s'estrangent [2] dans les doux embrassemens de quelque gentille saffrette [3] de servante; soit que ce soit qu'au sortir d'une si aggreable escarmouche et d'un cultis si souvent reiteré, l'on ne puisse si prestement fournir à l'appoinctement, et qu'il ne leur reste plus

---

1. Cette pièce est la contre-partie de celle qui a pour titre : *La permission aux servantes de coucher avec leurs maîtres*, etc., reproduite dans notre t. 2, p. 237. Elle est conçue dans la même forme et écrite dans le même style. On voit par plusieurs passages qu'elle a positivement été faite pour servir de réponse à l'autre. Je penserois volontiers que toutes deux sont du même auteur.

2. S'égarent.

3. V., sur ce mot, notre t. 2, p 242.

que du son et de la lie, au contentement que elles espèrent entre les bras de leurs chers epoux ;

Quoy que s'en soit, après que nos sus dites servantes eurent faict signifier l'arrest[1] qui avoit esté donné à leur proffict (contre leurs maîtresses), dame Avoye, seante en son siége au Pilory, Mesdames les maîtresses, se trouvant survenues en ce jugement, creurent qu'il falloit faire une assemblée, affin qu'agissant par un si sage conseil, on peusse plus seurement fournir de productions et de deffences pour ce dict procez.

A raison de quoy il fut arresté que ceste tant authentique et magistrale assemblée se feroit au cimmetière des Innocents, à la sortie du marché.

De tous cotez accoururent les femmes, bourgeoises, marchandes, damoiselles, presidentes et plusieurs autres qui avoient intherest en la cause. Les scribes n'eurent pas si tost faict faire silence que très honorée dame madame Calette (preferable à toute autre, tant pour sa singulière prudence que vigilance touchant nos affaires, affublée d'un crespe noir) commença par ces mots :

---

1. C'est l'*Ordonnance de dame Avoye*, *enjoignant à toutes servantes*, *chambrières*, *filles de chambre*, etc., *de coucher avec leurs maîtres*, qui fait partie de la pièce à laquelle celle-ci répond. V. notre t. 2, p. 240.

Harangue de dame Madame Calette.

Chères dames, de quel courage souffrirons-nous que nos esclaves, ces petites goujattes d'amour, ces brayettes de suisses, ces quintènes[1] de bordel, ces pissepots de nos maris, nous bravent, et qu'à la fin elles nous foullent aux pieds? Voyez (je vous prie) avec quelle astuce elles ont obtenu deffaut contre nous! avec combien de charmes, de visages raffinez, elles ont sceu suborner les juges à nostre desavantage? Il n'y en a aucun à voir qui ne soit pour elles! C'est faict de nous, si par une sage remonstrance nous ne les supplions et remonstrions que les juges, ayant esté aveuglez, corrompus et gaignez, nous permettent une evocation en quelque autre ressort, où la justice bandant les yeux, et d'une egale balance, pèse les justes droicts de nostre deffence. Donc, mes chères dames, advisez où il sera le plus expedient de revoquer ce procez.

Resolution de Mesdames sur la harangue de dame Madame Calette.

La harangue finie, celles qui estoient le plus interessées en ceste cause demandèrent à la compagnie qu'il leur pleust accorder que le lieu où se debvoit resou-

---

1. On sait que dans les lices la *quintaine* étoit le poteau contre lequel on s'exerçoit à jeter les dards ou à rompre la lance.

dre ce differend fust au cimmetière des Innocents, pour là, au retour du marché des halles, se saisir plus aisement de celles qui avoient esté les chefs de ceste rebellion entre les servantes, pour les punir selon leurs demerites.

Assemblée des Dames pour dire leurs plainctes.

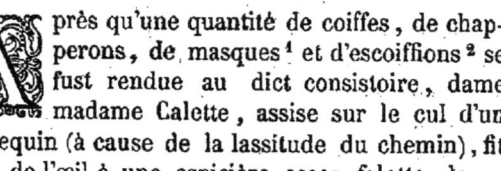près qu'une quantité de coiffes, de chapperons, de masques [1] et d'escoiffions [2] se fust rendue au dict consistoire, dame madame Calette, assise sur le cul d'un mannequin (à cause de la lassitude du chemin), fit signe de l'œil à une espicière assez falotte de se lever, et proposer le subject de sa plaincte.

La petite espicière, craignant de se voir desobeys-

---

1. Sur l'usage des masques, même chez les bourgeoises, V. notre t. 1, p. 307, et notre édition des *Caquets de l'Accouchée*, p. 105.

2. On appeloit ainsi l'espèce de coiffe que portoient les femmes du commun. On disoit aussi *scoffion*, comme dans ces vers de Ronsard :

> Son chef estoit couvert folastrement
> D'un *scoffion* attifé proprement.

On le trouve encore sous cette [forme dans les épithètes de de la Porte. Il ne falloit confondre l'*escoffion* ni avec la *calle* que portoit sans doute Mme Calette, qui vient de parler tout à l'heure, ni avec la *cornette*. Scarron 1 donne à entendre quand il fait dire par un de ses personnages :

> Estes-vous en cornette ou bien en *escoffions* ?

Molière s'est servi une fois de ce mot, dans *l'Étourdi*, act. 5, sc. 14 ; mais il vieillissoit de son temps.

sante au commandement qui lui estoit faict, après
avoir coloré son teinct d'une couleur vermeillette,
et comme baissant la teste, dict : Ce n'est pas que
mon desir glouton ne sçache bien se contenter, et
que le garçon de la boutique ne calfeutre aussi bien
mon bas que maistre juré qui soit au mestier de
cultis ; mais je ne puis souffrir qu'une truande s'en-
gresse à mes despens, et qu'une telle maraude
souille l'honneur de mon lict. Je suis contraincte de
l'appeller pardevant vous, en vous remontrant combien de fois je les ay surprins dedans le magasin,
où, allant pour quelques affaires, je les avisois par le
trou de la serrure (car ils avoient verrouillé la porte
sur eux) qui touchoient si rudement que c'estoit
pitié de les voir. Je ne sçay où ils pretendoient gis-
ter ce jour-là, mais ils doubloient fort le pas ; mais
entr'autres, une fois, se doubtant que ceste place
n'estoit pas de grande resistance, et que les soldats
estoient là à decouvert, ils montèrent plus haut au
grenier, puis s'enfermèrent dans une tonne vuide,
où après quelques coups fourrez, ils s'estocadèrent
si rudement que, roulants sur le plancher en ceste
tonne, cela fit un grand bruict. Ce qu'entendant, je
monte droict en haut, où je vis ceste tonne courir
çà et là sur le plancher ; ne sçachant que c'estoit, je
voulus conjurer le diable de sortir de là dedans, où,
après quelques conjurations, j'apperceu sortir un des
pieds de mon mary, passé entre les jambes de ma
drôlesse. Ah ! quel crève-cœur ! Depuis trois ans
que je suis avec luy, je n'ay eu qu'un enfant ; encor
est-il fluet qu'il ne se peut soustenir.

Voire vrayment (dict madame Charlette, femme

d'un apothicaire), voilà bien dequoy se plaindre ! Est-ce un ? Il pesche toujours qui en prend un ; il y a huict ans que je suis avec le mien, sans que j'en puisse avoir un ; c'est bien peu ! Je ne sçay ce qu'il met en ses drogues, mais elles sont de bien peu d'operation. Naguères nous allâmes en pelerinage à Liesse, esperant que par l'intercession de ceste saincte Dame je pourrois avoir un heritier du fruict de nos travaux ; mais à peine fumes-nous de retour que l'on me parla de sage-femme : c'etoit la nostre qui étoit accouchée. Hé bien ! voilà comme nos marys peschent en eaue trouble ; ces grands vault riens sçavent bien enfourner au four d'autruy et ne trouvent jamais le nostre assez chaud. Cependant ce ne fut pas tout, car ceste truande, après m'avoir faict la nique, obtint provision de cinquante escus[1]. Deussay-je en payer cent, et qu'il m'en fit autant !

La G. print alors la parole, et dict à une de ses voisines qui estoit là : Sainement (ma commère, ma mie), je n'eusse jamais pensé, avant que d'entrer en mariage, qu'il s'y fist tant de meschancetez. Ces jours derniers, comme j'estois allé à la messe, je ne fus pas de retour qu'entrant dans la salle avec mon boullanger, pour conter avec luy, je les vis tous deux sur le lict vert, si eschauffés au jeu que l'on eust dict qu'ils en avoient à quelqu'un. Ceste fine beste, se voyant surprise, joue si dextrement son jeu que, se glissant dessous son maistre, se coula

---

[1]. Sur les dommages-intérêts auxquels avoient droit les servantes séduites par leurs maîtres, V. notre t. 1, p. 318-320, note.

derrière le long d'une tapisserie jusqu'à la porte, et ainsi gaigna le haut. Bon Dieu! que je l'eusse pelottée si elle ne se fust esquivée, et que je luy eusse donné de gourmades! Encores passe pour un coup, mais je vous laisse à penser si c'est là la première fois!

Une certaine P., portant je ne sçay de colère sur sa face, allongea le col, puis dict: C'est assez patienter. Ce vilain ruffien, non content d'en avoir jusqu'aux bretelles, toutes les nuicts se lève du lict, puis, feignant d'avoir un cours de ventre, va droict à la garde-robbe, où, le rendez-vous estant avec une de mes filles de chambre, l'enfile avec tant de zèle que l'on diroit qu'il enfileroit des perles; mais, comme il demeuroit trop long-temps en son embarquement, je l'allay trouver, où je le vis tout estendu et se tourmentant comme un malade de sainct[1]. J'eus souleur. A l'heure j'appellay Guillaume, Janne, Pierre, Jacques, cocher, laquais, et recognu enfin que c'estoit. La pauvrette, de honte qu'elle avoit, se print à plorer, et troussa sa chemise par devant pour s'en cacher la face[2]. Dieu sçait comme je l'accommoday! Je fis venir tous les valets d'estable, qui luy donnèrent cent coups d'estrivières et luy arrachè-

---

1. C'est-à-dire atteint d'épilepsie. On donnoit ce nom de *mal de saint* à certaines maladies, telles que le *mal saint Mathelin*, qui étoient placées sous l'invocation de tel ou tel patron. V. *Ancien théâtre françois*, t. 2, p. 415.

2. Dans les *Fantaisies de Bruscambille* et dans une pièce du même temps, *Complexions amoureuses des femmes*, etc., se trouve la même plaisanterie sur les filles qui, par pudeur, se couvrent les yeux avec leur chemise.

rent poil à poil la barbe du menton renversé. Ce ne fut pas tout : pour obvier à tous inconveniens, et qu'une autre fois elle ne pust servir au dict mestier, je fis venir nostre mareschal, qui l'encloua si bien qu'elle s'en souviendra, ne luy laissant qu'un petit trou d'arrousoir pour luy passer l'urine. Voilà comme je les etrille. Un chacun se print à rire là dessus, et sembla-on approuver ce chastiment par un sousris qui s'esleva en la compagnie.

Mais la B., mal contente de son mary, ne pust rire et ne finit de gronder jusqu'à ce qu'on luy eust dit : Hé bien ! Madame, qui vous tourmente ? Parlez.

J'ay beau remonstrer à ce gousteux de mary comme il se perd, luy et son honneur, et que c'est un très mauvais exemple pour sa famille ; mesmement, après luy en avoir beaucoup battu les oreilles, et n'en pouvant plus chevir, j'allay trouver son confesseur, et le suppliay de luy en toucher quelques mots. Mais on a beau prescher à qui ne veut entendre : ce vilain a le cœur si endurcy et est si esperduement affollé de ceste gallande, que mesme il ne s'en abstient pas les vendredis, ny moins les bons jours de feste. Samedy dernier, comme je revenois du Marché-Neuf, j'entray en la salle avec nostre fermier. Son chien, qui le suivoit, commença à aboyer si furieusement vers la cheminée, qui estoit couverte depuis le haut jusqu'en bas de tapisserie, que je fus contraincte d'aller voir ce que c'estoit. Je lève la tapisserie, où je vis mon mary, qui de furie canonoit le fort de nostre servante là dessous. Il sembloit que, de sa perche et d'un certain ramon pelu, il ramonoit quelque chose de nostre bonne marchande. Il estoit debout, où de cul et de teste il poussoit si brusquement, qu'après avoir bien besogné et fermement ramoné, il revint tout sale, les yeux pleurans, comme je le pus voir, ayant son capuchon hors la teste. Mais je ne m'estonne plus s'il se plaint tant des gouttes, puis que c'est un axiome de medecine que de le faire debout engendre les gouttes.

Une certaine P., avec un sac de plainctes, demanda audience ; mais, comme elle pensa parler, l'horloge sonna, ce qui fit que madame Calette, voulant mettre ordre à ceste confusion, parla ainsi :

Nobles dames, après avoir ouy tant de plaintes, qui vous confirment assez le bruict qui est moindre que le mal, c'est à vous maintenant à adviser un chastiment pour nous venger de l'affront que ces impudentes nous ont fait cy-devant, et un remède pour mettre ordre en avant et rompre chemin à la permission qu'elles ont obtenue de coucher avec leurs maistres [1], donnant arrest là-dessus que pas une, dores-enavant, ne soit si effrontée que de commettre un tel forfait, sur peine de punition corporelle.

Aussi-tost il fut ordonné à un scribe du cimmetière de S. Innocent de prendre la plume et escrire ce qui ensuit :

1. Nouvelle allusion à la pièce dont celle-ci est la contrepartie.

Teneur de l'Arrest donné.

Encores que celles qui nous ont precedé au gouvernement de ceste republique, et nous, à leur imitation, ayons faict plusieurs edicts et ordonnances pour reprimer et corriger le luxe et hautes entreprises de nos servantes, et pour les contenir dans la modestie convenable à leur condition, neantmoins, comme le vice s'accroist de jour en jour, l'outrage et l'audace de telles servantes est montée à tel excès, que l'on recognoist que, non contentes de quelques petits coups fourrez à nostre desceu, leurs desseins sont si pernicieux, qu'ayant obtenu permission, pretendent d'avoir part au logis, pour enfin nous en chasser tout à faict; et ce qui importe le plus est, outre les incommoditez et troubles que l'on en reçoit, en ce que, mettant la main entre l'escorce et l'arbre, sèment la zizanie, et toute la famille en reçoit un grand prejudice, en ce que les dites servantes, qui sont coureuses et qui ne font pas de grand service en la maison, espuisent de grandes sommes de deniers de la gibecière de leurs maîtres, qu'elles obtiennent par provision, feignant d'estre grosses [1], bien que ce soit de quelque coquin à qui elles donnent tous ces deniers, sans en tirer aucun proffict. A quoy desirans pourvoir, après avoir mis ceste affaire en deliberation en nostre conseil, où estoient plusieurs dames, damoiselles, bourgeoises et autres

[1] V. l'une des notes précédentes.

officières de cet estat, sçavoir faisons que nous, pour ces presentes et autres bonnes considerations en ce mouvantes, avons, par ces presentes, faict et faisons très expresses inhibitions et deffences à toutes nos subjectes servantes d'observer de poinct en poinct le dict arrest, sur peine aux contrevenantes des charges cy-devant mentionnées.

Ce qui fut faict et accordé le mesme jour que dessus.

Et affin qu'ils n'en pretendent cause d'ignorance, nous avons fait signer le present arrest de nostre seing ordinaire.

CALETTE.

Vengeance des femmes contre les hommes, satyre nouvelle contre les petits-maîtres[1] *et les vieillards amoureux.*
Sur l'imprimé à Paris, et se vend à Rouen, chez Laurent Besongne, tenant sa boutique sous la galerie du Palais.

M. DCCIV.
Avec permission.
In-8.

on, ne m'en parle plus: quoi que tu puisses [dire, Corinne, je rendrai satyre pour satyre[2].
A mon juste depit tu t'opposes en vain.
Dejà, pour me venger, j'ai la plume à la main.

---

1. Cette expression, qui avoit d'abord servi à désigner les jeunes gens de la noblesse qui s'étoient jetés dans la *Fronde* et qui vouloient faire les maîtres, en haine de Mazarin, ne se prenoit plus, à la fin du XVIIe siècle, que dans le sens qu'elle a gardé depuis. On entendoit par *petit-maître* ce que nous appelons aujourd'hui un *fashionable*, un *dandy*, un *lion*. Nous connoissons une comédie en un acte, en prose, publiée en 1696, Orléans, Jacob, sous le titre de : *les Petits-Maîtres d'été*.

2. Il s'agit d'une satire contre les modes des femmes, dont celle-ci est la contre-partie, mais que nous n'avons pas encore pu retrouver.

Notre sexe est en butte aux outrages des hommes.
C'est trop nous taire, il faut leur montrer qui nous som-
Hé! pourquoi respecter ces superbes rivaux,   [mes.
Corinne? Comme nous n'ont-ils pas leurs deffauts?
Nous ne les attaquons, du moins, qu'en represailles.
Tu vois qu'ils s'en sont pris jusqu'à nos pretintailles [1].
En nous, s'ils en sont crus, tout est capricieux;
Une mouche, un ruban, tout leur blesse les yeux.
Cependant, si chacun connoissoit son caprice,
Si chacun prenoit soin de se rendre justice,
Peut-être on ne sçauroit de quel côté pencher,
Et l'on n'auroit enfin rien à se reprocher.
Je suis de bonne foi, je sçai que nos coquettes
Plus haut qu'il ne faudroit font monter leurs cornettes [2];
Mais on ne les voit point relever leurs beautez
Par un enorme amas de cheveux empruntez.
Peut-on, sans eclater, voir l'affreuse perruque
De l'insensé Creon, dont la face caduque
Sous un masque trompeur se flate à contre-tems
De cacher à nos yeux le ravage des ans?
Une vaste coëffure en vain couvre ses rides:
La mort, peinte dejà sur ses lèvres livides,
Annonce que son ame est prête à s'exhaler,

1. On appeloit ainsi, à la fin du XVIIe siècle, « les falbalas, les franges, les découpures et autres agréments qu'on mettoit aux écharpes des femmes. »

2. C'est à la fin du XVIIe siècle que les *cornettes* à plusieurs étages devinrent surtout à la mode. Les comédiennes qui jouent Philaminte, Belise, Belène, et quelques autres rôles marqués des pièces de Molière, ont l'habitude de s'en coiffer; c'est un tort : quand Molière mourut, en 1673, il falloit attendre encore quelques années pour voir cette coiffure à la mode.

Et que Clotho pour lui n'a plus guère à filer.
Quel est donc son dessein? Par cette vaine adresse
Croit-il tromper le cœur d'une jeune maîtresse,
Et par le faux eclat d'un bizarre ornement
Pretend-il l'engager jusques au sacrement?
Que je le plains, Corinne! Une femme trompée
D'une juste vengeance est sans cesse occupée,
Et je ne repons pas qu'il descende au tombeau
Sans porter sur son front quelque ornement nouveau.
Ne vaudroit-il pas mieux, au declin de son âge?
Que par ses cheveux gris il prouvât qu'il est sage.
Je sçai qu'il ne l'est pas; mais, sans se deguiser,
Il auroit le plaisir de nous en imposer.
Pourquoi, mal à propos, enter sur sa vieillesse
Les rameaux verdoyans d'une folle jeunesse?
Pour moy, j'ay beau chercher, sous sa riche toison
Je ne decouvre pas une ombre de raison.
S'il en faut en deux mots faire un portrait sincere,
Sa perruque est pesante et sa tête est legère.
Il peut, quand il voudra, descendre au sombre bord:
Il a rendu l'esprit long-temps avant sa mort.
Mais laissons ce vieux fol: la vieillesse obstinée
N'est pas à la sagesse aisement ramenée,
Et l'arbre que l'on voit plier sous son fardeau
Doit estre redressé lorsqu'il n'est qu'arbrisseau.
Avec plus de succès je rimeray peut-être
Auprès de ce blondin aux airs de petit-maître.
Juste ciel! que de poudre! il en a jusqu'aux yeux[1].

---

1. Voir, sur cet abus de la poudre dont on enfarinoit la per‑
ruque et le haut des manteaux, le Dictionnaire de Furetière,
au mot *poudrier*. Dans la comédie citée tout à l'heure, il en est

De quoy s'avise-t-il? Veut-il paroître vieux?
Que n'attend-il du moins que l'âge le blanchisse?
Quel siècle est donc le nôtre, où tout n'est qu'artifice,
Où par un faux endroit tout se fait remarquer,
Où, comme en carnaval, chacun veut se masquer?
Mais quoy! c'est le bel air, me repondra Timandre;
La poudre à pleines mains sur nous doit se répandre,
Et, quant à moy, jamais du logis je ne sors
Que l'on n'ait avec soin poudré mon juste-au-corps.
Poudrer un juste-au-corps! quelle étrange parure!
Quel goût extravagant et quelle bigarrure!
Tels etoient autrefois Scaramouche, Arlequin,
Tel est le dos d'un âne au sortir du moulin.
Mais un peu trop avant ma censure s'engage:
La perruque, après tout, est d'un commode usage;
Une tête fêlée, à l'abry d'un chapeau,
Ne peut du mauvais air garentir son cerveau;
D'ailleurs, c'est une loi communement reçue,
Qu'il faut devant les grands se tenir tête nue,
Et la perruque alors est d'un puissant secours.
Mais d'où vient que Dorante en change tous les jours?
Va-t-il à la campagne, il prend la cavalière;
Revient-il à la ville, il prend la financière,
La quarrée aujourd'hui, l'espagnole demain[1].
Encore approuverois-je un si plaisant dessein

aussi parlé. On y voit « ces Narcisses modernes, qui, à l'imitation de l'ancien, avec une perruque tellement chargée de poudre que le juste-au-corps en est enfariné, ne se trouvent jamais devant aucun miroir qu'ils n'honorent de leur image. »

1. Dans l'*Eloge des perruques*, fait par de Guerle sous le pseudonyme d'Akerlio, à l'imitation du livre du curé Thiers, il est parlé de toutes espèces de *perruques*, p. 96, note 45.

S'il changeoit à la fois de perruque et de tête ;
Mais sous poil différent c'est toujours même bête.
Corinne, qu'en dis-tu ? Tu vois quels sont ces fous
Qui se sont mis en droit de se mocquer de nous.
Tu le vois, leur caprice au moins vaut bien le nôtre ;
Mais la moitié du monde est la fable de l'autre,
Et dans ce siècle injuste on se fait une loy
D'être Argus pour autruy, Tiresias pour soy.
Un autheur irrité fronde la pretintaille
D'une écharpe rangée en ordre de bataille ;
Pourquoy ne pas décrire en style aussi pompeux
Cette epaisse forest de superbes cheveux
Que quelquefois un nain de grotesque figure
Fait tomber à grands flots jusques à sa ceinture ?
Une etoffe, dit-il, mise en divers lambeaux,
Peut servir à cacher de terribles deffauts ;
Une vaste perruque aussi couvre une bosse,
Et souvent le harnois fait valoir une rosse.
« Sur quoy, dira quelqu'un, vient-on satyriser ?
« On nous prend aux cheveux : est-ce pour nous raser ?
« Veut-on nous releguer dans quelque monastère ?
—Non, je veux seulement vous apprendre à vous taire.
Hé ! que vous avoit fait le nom de falbala[1] ?

---

1. On fit mille contes sur l'étymologie de ce mot, qui, selon Le Duchat, vient de l'allemand *Falt-Blatt*, mais dont le vieux mot espagnol *falda* (bord ou pan de robe) est plutôt encore la racine. Un M. de Langlée dit un jour dans une maison que c'étoit un mot hébreu (Caillières, *les Mots à la mode*, p. 168). Tout le monde le crut sur parole, sauf pourtant deux personnes, qui, pour plus ample explication, crurent devoir s'adresser à l'abbé de Longuerue. « Au commencement de l'invention des falbalas, lisons-nous dans le curieux *ana*

Vous en inventez bien qui valent celuy-là,
Et la mode, ordonnant que les cheveux postiches
Seroient communs à tous, aux pauvres comme aux riches,
A produit aussitôt plus d'un barbare nom,
Comme barbe de bouc et tête de mouton [1].
Mais laissons là le nom et venons à la chose.
Ciel! qu'est-ce que je vois ? quelle metamorphose !
Les hommes, censurant l'ouvrier souverain,
S'avisent de changer leurs cheveux pour du crin;
Des plus vils animaux ils prennent la figure,
Et l'art impunement reforme la nature.
Quoy! n'est-ce pas assez que pour orner leurs corps
Les vivans aient recours aux depouilles des morts?
Par quel abaissement, par quelle horrible chute,
L'homme veut-il encor s'allier à la brute?
Je consens de bon cœur qu'il tire ses cheveux
Des vivans ou des morts, des riches et des gueux [2],

qui fut composé d'après les dits et gestes du savant abbé, deux hommes d'épée que je ne connoissois pas vinrent me voir à Saint-Magloire, et, après bien des compliments, ils me demandèrent ce que signifioit *falbala*. J'eus beau leur protester que je n'en savois rien, ils me soutenoient que je le savois, parceque c'étoit un mot hébreu qui se trouvoit dans la Bible en hébreu, et qu'on les avoit assuré que je leur expliquerois, et que c'étoit le nom de quelqu'un des habillements du grand prêtre. Langlé, qui avoit inventé ce nom-là, disoit qu'il étoit hébreu, et ils l'avoient cru. » (*Longueruana*, p. 155.)

1. C'est ce que Furetière appelle des perruques à la *moutonne*.

2. Pour les perruques du roi d'Espagne Philippe V, on ne prenoit pas indifferemment, comme vous allez voir, les cheveux des riches ou des gueux. « Il y a une difficulté pour les perruques à quoi il faut faire attention, écrit le marquis de Louville au ministre de France : c'est qu'on prétend que les cheveux avec

Qu'il en fasse chercher du Perou jusqu'à Rome :
Jusque là je l'excuse, il n'a recours qu'à l'homme ;
Mais qu'il se pare enfin du crin de son cheval,
C'est un aveuglement qui n'eut jamais d'egal.
Que Cliton est plaisant, sous sa nouvelle hure,
Lorsqu'un vent un peu fort souffle dans sa frisure !
Mais c'est bien encor pis s'il pleut, pour son malheur :
Sa tête a pour le moins six grands pieds de rondeur,
Et je ne puis le voir que je ne me retrace
Le monstrueux tableau que nous decrit Horace.
Ce n'est pas tout, il soufre un autre contre-tems :
Veut-il tourner le col, tout tourne en même temps.
Ainsi que les cheveux le crin n'est pas flexible,
Et, prêt à succomber sous un poids si penible,
Il jure à chaque pas, et, dans son noir chagrin,
Il maudit l'inventeur des perruques de crin.
Je crois entendre icy Lisis, dont la coiffure,
Au moins s'il nous dit vray, doit tout à la nature.
Il brille, et devant luy Phœbus, le blond Phœbus,
N'oseroit se montrer sans en estre confus.
Sa tête cependant n'est riche qu'en mensonges ;
Ce n'est qu'à la faveur de certaines allonges
Qu'à tant de jeunes cœurs il fait un guet-à-pan :
C'est un geai revêtu du plumage du pan.
J'ay honte de traitter cette indigne matière,
Mais les hommes au moins m'ont ouvert la carrière ;

lesquelson les fera doivent être de cavaliers ou de demoiselles, et M. le comte de Benavente n'entend point raillerie sur cela. Il veut aussi que ce soit des gens connus, parcequ'il dit qu'on peut faire beaucoup de sortiléges avec des cheveux et qu'il est arrivé de grands accidents. Vous voyez que l'affaire est de conséquence, et qu'il n'y faut rien négliger. »

Eux-mêmes du sujet ils m'ont prescrit le choix ;
Pretintaille et perruque ont presque même poids,
Et rimer avec art sur une bagatelle
Est pour eux et pour nous une gloire nouvelle.
Pour moy, je l'avoûray, leur ouvrage m'a plu ;
Malgré tout mon courroux, je l'ai vingt fois relu,
Et, quoyque mon depit m'ait fait prendre les armes,
Des bons mots qu'on y voit j'ay ry jusques aux larmes.
Un quidam dont le cœur est contraire à son nom
D'en être cru l'autheur s'allarme sans raison :
Le public est tout prêt à lui rendre justice.
On sçait bien que sa tête est feconde en malice,
Mais on verra plutôt naître un geant d'un nain
Qu'un ouvrage d'esprit eclorre dans sa main.
Muse, changeons de style, et montrons qu'une femme
Aux plus nobles projets peut elever son ame ;
Tachons de reveiller les hommes nonchalans ;
Transformons, s'il se peut, nos Médors en Rolands ;
Que desormais, vainqueurs sur la terre et sur l'onde,
Ils soient dignes sujets du plus grand roy du monde.
Quoi ! dans le même temps que Bavière et Villars
Du Danube et du Rhin forcent les vains remparts,
Et que l'aigle, à l'aspect de leurs fières cohortes,
Regagne epouventé ses places les plus fortes,
Des Françoys enyvrez des douceurs du repos
Pourront se contenter d'admirer ces heros,
Et, loin d'aller grossir leur triomphante armée,
N'aprendront leurs exploits que par la Renommée !
Nous n'en voyons que trop, de ces effeminez,
Aux chars de leur Venus lachement enchaînez,
Qui souffrent que l'amour remporte la victoire
Sur l'eclat le plus vif que puisse avoir la gloire.

O honte ! cependant ils n'en font point de cas,
Et je rougis de voir qu'ils ne rougissent pas.
De quel front peuvent-ils nous reprocher sans cesse
Tout ce qu'à leur egard nous avons de foiblesse,
Eux qui, moins exposez, mais plus foibles que nous,
Tous les jours en captifs tombent à nos genoux !
Que deviendroient-ils donc si, pour vaincre leurs ames,
Les femmes les pressoient comme ils pressent les fem-
Ces lâches, à nos yeux, ne sçavent s'occuper [mes?
Que du soin de mieux feindre et de nous mieux tromper.
Et comment se peut-il que nos cœurs se defendent
Des piéges dangereux qu'à toute heure ils nous tendent?
Faut-il estre surpris de voir qu'ils soient aimez?
Ils sont pour nous seduire en femmes transformez.
Dans notre ecole même ils ont appris l'usage
De poudrer leurs cheveux, de farder leur visage,
De deguiser enfin jusqu'au ton de leur voix.
Quel changement honteux! Sont-ce là ces Gaulois
Dont jadis le seul nom fut la terreur de Rome?
A peine ont-ils encor quelque chose de l'homme.
Je ne veux pas confondre avec ces lâches cœurs
Ceux qui, dignes enfans de leurs predecesseurs,
Comme eux dans les hazards vont chercher la victoire,
Et rendent à leur cendre une nouvelle gloire ;
Non, je ne parle icy que de ceux que l'amour
Attache indignement à nous faire la cour.
Corinne, ces objets n'ont rien qui ne me blesse.
Je leur pardonnerois leur honteuse molesse
Si du moins en ces lieux la paix, l'aimable paix,
Faisoit regner l'amour avec tous ses attraits ;
Mais vivre auprès de nous dans une paix profonde
Lors que Mars en fureur ravage tout le monde,

Quel tems choisissent-ils? Ne rougissent-ils pas
De trouver dans l'amour encore des appas?
Loin de verser du sang, de repandre des larmes?
Est-ce le temps d'aimer quand tout est sous les armes?
Non, la voix de l'honneur leur fait une autre loy;
S'ils peuvent l'ignorer, qu'ils l'apprennent de moy;
Qu'une femme aujourd'hui, par des conseils sincères,
Leur montre le chemin qu'ont suivi tous leurs pères.
Loin d'assieger des cœurs, qu'ils forcent des remparts;
Qu'ils ne se poudrent plus que dans les champs de Mars;
Dans un corps vigoureux qu'ils portent un cœur mâle,
Et qu'ils n'aient desormais d'autre fard que le hâle.

FIN.

Avec permission de M. d'Argenson.

Le Ballet nouvellement dansé à Fontaine-Bleau par les Dames d'amour. Ensemble leurs complaintes addressées aux courtisanes de Venus à Paris.
A Paris.
M. DC. XX. V.
In-8.

Le sejour de Fontainebeleau[1] a esté favorable aux uns et perilleux aux autres, notamment aux dames d'amour, lesquelles plus que jamais ont appris la cadence de M. du Vergé[2].

1. C'est le séjour assez long que fit la cour à Fontainebleau et qui donna lieu à l'une des pièces publiées dans notre t. 3, p. 217. Elle nous avoit déjà édifié sur les scandales qui le signalèrent, et que Louis XIII, en roi chaste, réprima par la fustigation préalable et par l'expulsion des filles qui avoient suivi la cour.
2. C'est-à-dire ont été *fouettées de verges*. C'étoit le châtiment des filles publiques jusqu'à la fin du XVIIIe siècle. La Gourdan fut ainsi condamnée à la fustigation en plein carrefour des Petits-Carreaux, près duquel elle demeuroit. V. *Corresp. secrète* de Métra, t. 2, p. 168, 195.

La dame Catherine de la Tour, comme la première et la plus renommée de toute l'academie du dieu d'Amour, a esté, selon sa dignité, receue à la danse avec le plus d'honneur : c'est elle qui a frayé la cadence du bal. C'est pourquoy qu'autant qu'elle avoit poivré des champions de ladite academie, elle a esté recompensée de ces salaires ; à quoy de bons garçons, forts et roides, ne se sont point espargnez le peu qu'il leur restoit de forces : de telle sorte que dix poignées leur ont faict perdre le plancher des vaches pour leur apprendre de dancer par haut le triory de Bretagne.

La dame Guillemette, autrefois gouvernante des allées de la feue royne Marguerite[1], fut conduite au bal par la petite Jeanne des Fossez de Sainct-Germain-des-Prez, et toutes deux, après la declaration par eux faicte par devant le Gros Guillaume de tous les bienfaicts et gratifications qu'elles ont faictes aux bons compagnons, dont un ample registre en a esté dressé, dont il demeurera une immortelle memoire à ceux qui ont combattu sous leur cornette, ont esté les secondes qui ont eu sceances au bal, lesquelles, après toutes leurs dances, ont esté frottées de deux cens coups d'estrivières.

La bourgeoise de la grosse tour du fauxbourg Sainct-Jacques[2], qui, au subject que le regiment

1. Le parc de la reine Marguerite au faubourg Saint-Germain, longeant le quai Malaquais. V. le t. 1, p. 219, et le t. 4, p. 174, 175.

2. Sans doute la tour de la commanderie de Saint-Jean-de-Latran, place Cambrai. L'enclos dont elle faisoit partie étoit lieu d'asile, et par conséquent encombré d'une foule de

des gardes avoit quitté sa boutique, avoit esté contraincte de venir avec son academie trouver la cour à Fontainebeleau. Elle ne fut si tost arrivée que la reputation de son nom fut partout espandue entre les bons compagnons.

L'on ne manqua de la faire semoner au bal, et pour ce faire la petite Claire eut la charge de la prier avec toute sa compagnie ; ce qu'elle ne refusa, d'autant que, pour l'amour de ses compagnes, elle n'avoit garde d'y manquer. De sa bande estoient les dames de la fleur du Marais[1], Guignoschat, de la Taille et la gentille Belinotte, et plusieurs autres que je sçay par les noms, toutes lesquelles, par une assez belle promptitude au bal, estant montées chacune sur un poulain, elles dancèrent d'une telle façon, qu'après l'on a esté contrainct de les frotter depuis la teste jusqu'aux pieds, et, leur peau estant si dure que le grand nombre de frottoirs desquels l'on se servoit s'usoit en un instant, que l'on a esté

---

gens sans aveu, dont le trop-plein refluoit sur les environs. Lorsqu'on la démolit, il y a deux ans, le quartier sur lequel elle planoit n'étoit pas mieux peuplé. V. notre livre *Paris démoli*, 2ᵉ édit., introd., p. L.

1. On sait que les courtisanes y abondoient. V. une lettre de Gui Patin, 1ᵉʳ octobre 1666. Marigny, dans son poème du *Pain béni*, nous donne le commissaire Vavasseur comme étant

> Des lieux publics grand ecumeur,
> Adorateur de ces donzelles
> Qui ne sont ni chastes ni belles,
> Et qui, sans grace et sans attraits,
> Vivent des péchés du Marais.

contrainct de les refrotter des serviettes de M. du Vergé[1].

Cette assemblée ne se peut faire sans apporter de la jalousie à celles qui n'en avoient esté averties, car la dame Tiennette, blanchisseuse suivant la cour, qui a succedé à la place de la grosse Martine, faisant rencontre de la petite Marie, luy demanda d'où elle venoit. Ce fut alors que l'ordre qui s'estoit tenu au bal fut bien deschiffré. La grosse Martine, bien qu'elle eust trois pieds et demy de galles sur le col, ne laissa pas d'estre grandement faschée de ce qu'elle n'en avoit pas esté advertie, à cause de sa grande prestance et du rang qu'elle tient parmy leurs compagnies à cause de son antiquité aux academies; mais, pour la contenter, la belle Louise de la Motte luy dit : Tiennette, ne vous faschez point, il y en a encore assez pour vous et pour vostre compagnie; je m'asseure que l'on vous aura reservé quelque chose. Incontinent elles se mirent en chemin pour aller au lieu désigné pour le bal, où, estant arrivées, trouvèrent cinq bons garçons, frais et bien dispos, pour leur apprendre les *Canaries*[2];

1. C'étoit le mot consacré pour dire des verges. De là vient sans doute qu'en argot une canne de jonc s'appelle encore une *serviette*.

2. « Sorte d'ancienne danse, dit Compan, que l'on croyoit venir des îles Canaries, ou qui, selon d'autres, venoit d'un ballet ou mascarade dont les danseurs étoient habillés en rois de Mauritanie ou sauvages. » (*Dict. de danse*, p. 41.) Cette danse, avec toutes ses *passades* et *reculades*, est décrite dans l'*orchésographie* de Thoinot Arbeau. « Et notez, y lisons-nous, que lesdits passages sont gaillards, et néanmoins étranges, bizarres, et ressentant fort le sauvage. »

mais elles furent bien estonées quand il fallut de-
couvrir le fesson, et toutes quatre furent servies
bien d'autre monnoye que n'avoient esté les autres ;
car il n'y avoit pas bien longtemps que l'un de ces
bons garçons avoit gaigné le mal de Naple d'une
de la bande, quy lui avoit contrainct de faire le
voyage de Bavière, ce qui fut la seule cause que l'on
ne reserva plus rien du bal. L'on employa le tout
sur entr'elles, et pour leurs derniers mets survint
un gros valet d'estable qui avoit une paire d'estrivières toutes neufves, qui les esprouva de chacune
vingt et quatre coups, de telle sorte que ces pauvres drovites, se voyant accommodées de la façon,
baillèrent au diable la rencontre de la dame Marie
et toute la dance.

Elles eurent un tel crève-cœur de cette exercice
que d'un même pas elles ont abandonné Fontaine-
Bleau, et sont venues chercher leur bonne fortune
dans les fossés des Vignes, lez Paris, hormis la
grosse Tiennette, qui tient son academie dans les
Saussayes, derrière Sainct-Victor.

Voilà la façon du bal qui s'est dancé de nouveau
à Fontaine-Bleau par les dames d'amour, duquel,
pour en faire recit à leurs compagnes, voicy la
teneur de leur lettre :

Complainte des Courtisannes d'amour sur leur bannissement de la suitte de la Cour. Addressée aux Champions de la Cornette de Venus à Paris.

Nos très chères sœurs, puisque maintenant la fortune a tourné le dos à nos favorables entreprises, et que tous nos desseins sont rompus au sujet des deffences qui nous sont faictes de ne plus habiter dans les bois pour faire hommage de nos très humbles services aux valeureux champions qui ordinairement combattent sous l'etendart de nostre mère Venus.

Que disons-nous? non pas seulement dans les bois, mais qui plus est en aucuns lieux du monde, souz peine d'encourir des chastimens justes de nos perseverances si nous voulons continuer nos premières vies.

Helas! ce qui plus nous fasche, c'est qu'après le commandement de l'un des plus sages princes de ce temps, qui a commandé à Monsieur le grand prevost de nous faire faire l'exercice, non pas de militaire, mais celui que Jean Guillaume faict faire quelques fois à celles de nos academies, et qui le plus souvent sont dans le grand et le petit Chastelet, et par trop de paresse se laissent manger aux pulces, de telle sorte que l'on est contrainct de leur faire prendre l'air pour deux heures et chasser de dessus leurs epaules ces bestioles qui par trop les importunoient.

Telles promenades nous sont survenues, bien que nous n'eussions en aucune façon la volonté de ce faire. Toutes fois, cela ne nous seroit encore rien, n'estoit qu'à present nous sommes frustrées de jouyr de la presence et des contentemens que nous jouissions de ceux qui nous faisoient l'honneur de nous visiter.

C'est, nos très chères sœurs, de cette triste et infortunée adventure qui nous est arrivée de quoy, pour le present, nous pouvons vous faire participantes, tant pour vous suplier de nous estre secourables en cette disgrace, et aussi pour vous servir d'exemple et leçon pour vous garantir d'un tel naufrage, d'autant que vous estes en des lieux dans lesquels quantité de surveillans peuvent vous donner l'assaut journellement, et le plus souvent, faute de bailler la croix à quelques commissaires [1], de peur que le diable les emporte, ils seront en vos endroicts pires que des chiens, car après avoir vidé vos places ils pourront facilement les faire purger souz les piliers des halles.

Tout cela est sans mettre en ligne de compte un grand nombre de serviteurs et valetz de chambre, qui peuvent, sçachant nostre infortune, aller souvent ployer vos toilettes et empaqueter vos robes et cotillons.

---

1. « O Dieu! quel desordre! est-il dit dans *les Caquets de l'Accouchée* (V. notre édit., p. 37)... A quoy servent... tant de commissaires de Chastelet? A prendre pension des garces, des maquerelles, etc. » Le commissaire Vavasseur, nommé dans l'une des notes précédentes, étoit de ceux-là.

L'esperance que nous avons que vous aurez compassion de nous faict que très humblement toutes en general vous prions de nous assister pendant nostre exil, et ce faisant obligerez celles qui seront à jamais

Vos très humbles sœurs.

L. C. D'Amour.

Regrets des Courtisannes d'amour sur leur bannissement de la Cour.

Plorez, nos tristes yeux, si par de justes larmes   [secrets;
Vous pensez soulager tant de tourmens
Nous sçavons que les pleurs c'est le propre des femmes,
Mais la force d'un prince cause tous nos regrets.
Plorez, nos tristes yeux, pour toute recompence
De tant d'honnetetés; debordez en vos pleurs,
Voyez tous nos pensers, et que plus rien ne pense
Que de nous distiller parmy tant de douleurs,
Douleur que nous sentons, douleur insupportable
Qui nous fera mourir cent mille fois le jour.
Las! que ne mourons-nous? Il n'est pas raisonnable
D'endurer tant de mal pour avoir tant d'amour.
Nos cœurs, que le regret maintenant passionne [1],

---

1. C'est le plus ancien emploi que nous connoissions de ce mot, condamné plus tard par Vaugelas, mais qui n'en a pas moins fait fortune.

N'auront pas d'autre bien que d'aimer constamment ;
Mais cette ame legère à cette heure nous donne
Pour un extrême amour un extrême tourment.
Adieu doncques la cour, adieu nos chères vies,
Adieu tous courtisans, adieu nos petits œils,
Adieu nos seuls espoirs, adieu nos doux accueils,
Adieu les doux appas de l'amoureuse envie.

Satyre contre l'indecence des Questeuses [1].

Que vois-je, ô Dieu! que vois-je en ce jour solemnel
Où chacun vient au temple adorer l'Eternel?
Quel demon envieux du salut de nos ames
Souffle en de foibles cœurs de detestables flames!
Une questeuse, ornée en supot de Satan,
Fière de sa beauté comme un superbe pan,
De vains ajustemens indecemment parée,
Et d'un air tout profane en la maison sacrée,
La gorge à decouvert [2], les oreilles, les bras,
Etalage honteux de funestes appas,
D'un sacrilège feu brûle les cœurs fidelles,
Fait naistre aux plus devots des flames criminelles.

1. Cette petite satire se trouve à la suite des *Poésies chrestiennes, contenant la traduction des Hymnes et des Proses non traduites dans les heures de Port-Royal......*, par le sieur D***, à Paris, chez Guillaume Valleyre, MDCCX, in-8. Elle a trait à une mode assez profane dont Furetière nous avoit déjà parlé avec détail dans son *Roman bourgeois*. V. notre édit., p. 31-32.

2. Sur cette nudité de la gorge que les femmes se permettoient, même dans les églises, V. notre t. 3, p. 258, note.

Que deviendrai-je, helas! sans force et sans vertu,
Si le plus fort athlète est lui-même abbatu?
Spectacles seducteurs, delices condamnées,
Et vains amusemens de mes folles années,
Vous remplîtes mon cœur d'un feu tout criminel,
Et je brule aujourd'hui, même au pied de l'autel.
Ce feu, qui, grace au ciel, s'eteignoit dans mon ame,
Excité de nouveau, s'y rallume et l'enflame.
Hé quoi! de tels objets dans l'église, en un lieu
Où tout nous doit parler de ton amour, grand Dieu!
Où tout doit être pur d'une pureté d'ange!
O detestable abus! renversement etrange!
Quel est, dira quelqu'un, ce critique chagrin
Qui veut laisser languir la veuve et l'orphelin,
Qui, d'un zèle indiscret blâmant toute parure,
Ne voit pas qu'elle seule attendrit l'ame dure[1],
Que par là dans ses maux le pauvre est assisté,
Que plus abondamment se fait la charité?
Quoi! cette charité, cette vertu suprême,
Qui fait qu'on aime Dieu beaucoup plus que soi-même,
Qui s'occupe du soin de sauver le prochain,
Va parée en idole une bourse à la main,
Passe de chaise en chaise en pompeux equipage,
Fait marcher à sa suite et demoiselle et page,

---

1. Le chevalier de Cailly avoit déjà dit dans une de ses épigrammes:

> Aux jours que va quêter la charmante Belise,
>   Elle furète de l'église
> Les quatre coins et le milieu,
> Et tous ceux que l'on voit donner à cette belle
>   Donnent moins pour l'amour de Dieu
> Qu'ils ne donnent pour l'amour d'elle.

Sans honte, sans pudeur, en habit somptueux,
Ose ainsi demander pour les pauvres honteux !
Seule au dessus de tous, comme sur un theâtre,
Souvent d'un peuple saint fait un peuple idolâtre [1],
S'adresse aux plus galands, qui donnent tour à tour
Une pièce d'argent comme un gage d'amour [2].
Que plutôt sans secours mille pauvres languissent,
S'il faut pour les aider que tant d'ames perissent !
On compte avec plaisir l'argent qu'on a touché,
Sans voir qu'un tel argent est le prix du peché.
O funeste secours ! ô moyen diabolique !
N'est-il pour assister que cette voie inique ?
Non, non ; la charité s'y prendroit autrement,
Et n'iroit point ainsi paroître effrontement
Renoncer dans l'Eglise à l'etat de chretienne,
Portant l'air et l'habit d'une comedienne ;
Son front seroit orné d'une honnête pudeur,
L'humilité feroit sa gloire et sa grandeur,
De simples vêtemens son luxe et sa parure.

1. Mademoiselle de Bourdeille quêtoit à Saint-Gervais le jour de la fête patronnale. Le comte de Boursac, son parent, quand elle lui tendit la bourse, y mit ce billet au lieu d'argent :

> Quand dans la nef et dans le chœur
> Bourdeille eut fait la quête,
> Que du troupeau, que du pasteur
> Elle eut fait la conquête,
> L'Amour, qui la suivoit de près,
> Tant elle était jolie,
> N'eût pas fait grâce à saint Gervais
> S'il eût été en vie.

2. Le P. Sanlecque, dans sa *Satire à une mère coquette*, a dit :

> Que ta fille jamais n'aille dans le saint lieu
> Quester des cœurs pour elle et des deniers pour Dieu.

Loin de vouloir par l'art embelir la nature,
Demandant à chacun, son abord chaste, doux,
Ne corromproit personne et les gagneroit tous;
On seroit excité par la Charité même
A soulager le pauvre en sa misère extrême.
Malgré tout ce qu'inspire un air sage et pieux,
Elle craint, elle tremble, exposée à tant d'yeux;
Mais on la prie, on presse, et, timide et modeste,
Quand le besoin l'exige elle se manifeste.
Dieu beniroit la quête et cet humble dehors,
Et feroit dans sa bourse entasser des tresors,
Fruit de la pieté des ames charitables,
Dont on pourroit sans honte aider les miserables.

Les contens et mescontens sur le sujet du temps.
A Paris.
M. DC. XLIX.
In-4.

yant dessein ces jours passez d'aller au Palais pour apprendre quelques nouvelles touchant les affaires presentes, je treuvay que la porte en estoit investie d'une multitude de peuple et gardée par un regiment de bourgeois qui se tuoient le cœur et le corps pour en empescher l'entrée ; ce qui me fit resoudre à passer chemin, n'estant pas propre à violenter une chose deraisonnable, ou faire des submissions à des gens qui croiroient m'obliger beaucoup en m'accordant une faveur de si peu de conséquence.

Je passay donc plus outre ; mais je ne fus pas plus tost vis-à-vis de Saint-Barthelemy [1] qu'un au-

---

1. Cette petite église se trouvoit rue de la Barillerie, en face du Palais. La *salle du Prado*, qui fut d'abord le *théâtre de la Cité*, occupé son emplacement. On avoit beaucoup souffert des troubles dans ce quartier, où se faisoit le commerce des

tre obstacle arresta mes desseins et mes pas : une troupe de monde ramassé de toutes sortes de sexes et de conditions occupoit tellement le passage que, quand mesme la curiosité ne m'auroit pas donné l'envie d'apprendre le sujet de ce tumulte, j'aurois esté contraint de demeurer quelque temps malgré moy. Je m'informe donc d'abort aux uns et aux autres de ce que c'estoit, mais ces personnes interessées dans la dispute avoient à respondre à bien d'autres qu'à moy; et, sans un bon-heur qui me fit rencontrer un de mes amis parmy cette multitude, j'aurois esté long-temps avant que de penetrer dans le sujet de cette brouillerie. Je le salue et luy demande, aprèsles complimens ordinaires, d'où pouvoit provenir cette apparence de sedition, dont je n'avois pu rien tirer qu'à bastons rompus. Ce n'est, me respondit-il, qu'une bagatelle. Cette gueuse que vous voyez avec ses deux enfans attachez sur son dos avec des bretelles, sortant de Saint-Barthelemy,

---

objets de luxe. Le 19 juin 1652, il y eut une *requête présentée* au Parlement par les marchands, bourgeois et artisans « demeurant tant sur le pont Saint-Michel, au Change, rue de la Barillerie et ès environs du Palais et lieux adjacens, pour qu'on les dechargeat « des loyers qu'ils pourroient « debvoir du terme de Noël à Pasques ». Ils donnent pour raison que, « leur traficq ordinaire... ayant cessé, comme il est notoire, ils sont reduits à une disette extrême, joint que la plupart du temps leurs boutiques sont fermées, estant obligés d'avoir les armes sur le dos et faire garde aux portes. » Cette requête a été publiée dans toute sa teneur par *l'Investigateur, journal de l'Institut historique*, avril 1841, p. 133-134.

a demandé l'aumosne en passant à cette fille d'armurier dont la boutique est toute proche. Je ne sçay si la rudesse du refus qu'elle luy a fait, ou la naturelle façon d'injurier et de quereller, a poussé cette gueuse à luy dire que c'estoit une belle Madame de bran de rebuter ainsi les pauvres et de n'avoir non plus pitié d'eux que des bestes ; qu'elle ressembloit le mauvais riche, et qu'elle aymoit mieux crever des chiens que d'en soulager les membres de Dieu. Cette fille s'est montrée assez patiente d'abord ; mais quand elle s'est veu importunée de ces injures, elle a commandé aux garçons de chasser cette yvrognesse, ce qu'ils ont fait à la verité avec un peu trop de rigueur, jusques à la renverser par terre avec ses enfans. Le peuple s'est assemblé là-dessus, qui a relevé cette pauvre femme, entreprenant son party avec beaucoup de chaleur ; entr'autres, ce petit homme assez mal fait, dit-il en me le montrant, d'un mestier comme je croy qui n'a plus de cours maintenant, s'est si bien eschauffé de paroles avec les filles et les garçons de cette boutique, qu'ils en sont quasi venus jusqu'aux mains. On dit bien vray, a-t-il dit d'abord, qu'il vaudroit mieux qu'une cité abysmast qu'un pauvre devinst riche.

Voyez un peu cette reyne de carte qui se carre comme un pou sur un tignon ! Et depuis quand es-tu si relevée, eh ! Madame ? Je croy que devant le siège de Corbie [1] tu n'estois pas si glorieuse ! Il a bien

1. Cette ville, qui n'est qu'à trente-cinq lieues de Paris, ayant été prise en 1636, la terreur des Parisiens, qui voyoient déjà l'ennemi à leurs portes, avoit été grande. Tout le monde s'étoit armé, et Paris avoit eu bientôt sur pied près de

plu dans ton escuelle depuis ce temps-là! Mort de ma vie! je t'ay veu bien piètre aussi bien que moy. Ce n'est pas d'aujourd'huy que je te connois. Tu dois bien remercier ceux qui sont cause de la guerre, et prier Dieu que Paris soit tousjours comme il est. Ouy, Messieurs, a-t-il dit se retournant devers le peuple, ce sont des monopoleurs qui tirent tout l'argent de Paris à vendre leurs diables d'armes; qui ne servent qu'à faire tuer le monde ; et, tel que vous me voyez, je me suis veu et je devrois estre plus qu'eux; mais cette guerre m'a ruiné aussi bien que beaucoup d'autres, et il n'y a que ces canailles qui en font leur profit. Quelques voisins, prenant la parole pour l'armurière, ont appellé cet homme seditieux, et que s'il n'estoit pas à son ayse, qu'il s'en prist à ceux qui l'avoient ruiné ; qu'au reste le bien des marchands ne luy devoit rien ; qu'il feroit bien de se retirer; et, disant cela, l'ont un peu poussé par les espaules. Cette rudesse l'a mis tout à fait deshors, et, comme il s'est veu supporté de beaucoup d'autres qui s'estoient rangez de son costé, il s'est

vingt mille hommes, presque tous laquais ou apprentis. Ceux-ci, que les maîtres avoient été obligés de congédier en vertu de l'arrêt du 13 août, et qui n'avoient plus d'emploi comme artisans, en avoient ainsi retrouvé comme soldats. Les clercs des procureurs et les commis avoient aussi été équipés en guerre. « L'armée de Corbie, dit Tallemant, obligea chaque porte cochère de fournir un cavalier. Mon père équipa un de ses commis pour cela. » (Historiettes, 1re édit., t. 5, p. 151.) V. aussi plus haut, p. 7, note. C'est à ce grand armement que notre armurière avoit fait la fortune qu'on lui reproche ici.

mis à declamer tout haut que c'estoit une pitié de voir des coquins mal-traicter des honnestes gens, que c'estoit des traitres dans Paris, qu'ils estoient cause de la continue de la guerre, et que l'on feroit bien de se jetter sur leur fripperie et de piller leur maison. A ce bruit, le monde s'est attroupé plus qu'auparavant, et toute cette multitude s'est divisée en deux partys contraires, de contens et de mescontens. Au party des contens, qui estoit celuy de l'armurier, se sont joints quelques marchands du palais, clinqualliers, bahutiers, faiseurs de malles, valises [1] et foureaux de pistolets, paticiers, boulangers, meusniers, bouchers, espiciers, charcuitiers, fourbisseurs, armuriers ou faiseurs de pistolets, usuriers et presteurs sur gages, cordonniers, imprimeurs, cabaretiers [2], colporteurs et vendeurs de rogatons, maquignons, pannachers, faiseurs de baudriers,

---

[1]. Le commerce des marchands de malles est celui qui a toujours prospéré le mieux en ces temps de troubles et de paniques, où tant de gens n'ont que la bravoure de la fuite. Dans *le Bourgeois de Paris*, pièce d'à-propos en cinq actes jouée au Gymnase, et l'une des meilleures que la révolution de 1848 ait inspirées, l'un des bons rôles est pour un layetier, dont la frayeur des gens pressés de faire leurs malles a de même achalandé la boutique.

[2]. Si les cabaretiers de la ville étoient parmi les *contens*, ceux de la banlieue étoient du parti contraire : ainsi la Durié, la fameuse tavernière de Saint-Cloud. Une mazarinade nous a conté ses doléances, *les Lamentations de la Durié de Saint-Cloux, touchant le siège de Paris*, Paris, 1649, in-4. V. sur elle une note de notre édit. du *Roman bourgeois*, p. 86.

vendeurs de poudre et de balles, officiers de guerre et cavaliers, et bref tous ceux à qui la guerre peut apporter plus de profit que la paix, et qui se maintiennent mieux dans les troubles que dans l'estat tranquille des affaires.

Celuy des mescontens, beaucoup plus grand et plus puissant que l'autre, s'est fortifié tout à coup de quantité d'artisans, comme peintres, architectes, sculpteurs, graveurs, horlogeurs, menuisiers, massons, relieurs, libraires, marchands de soye, lingers, prestres, passementiers, rubaniers, lutiers, musiciens, violons, rotisseurs, harangères, chaudronniers, advocats, procureurs, solliciteurs, sergens à cheval et à verge, miroüettiers, esguilletiers, espingliers, joualliers, vendeurs de babiolles[1], tabletiers, serruriers, fondeurs, vendeurs d'evantails et d'escrans, teinturiers, blanchisseurs, macreaux, putains[2], et toutes sortes de gens que l'estat des affaires presentes a mis et met encor tous les jours au berniquet[3], et qui ne sçavent plus, la

1. *Bimbelotiers*, marchands de jouets, *bimbale*, comme disent les Italiens.

2. Il est question de cette misère des filles de joie dans un grand nombre de Mazarinades. Nous citerons seulement : *Ambassade burlesque des filles de joie au cardinal; Dialogue de dame Perrette et de Jeanne la Crotée sur les malheurs du temps et le rabais de leur metier; L'Etat déplorable des femmes d'amour de Paris, la harangue de leur ambassadeur au cardinal Mazarin, et son succès; La famine, ou les Putains à cul, par le sieur de la Valise, chevalier de la Treille*, etc...

3. « Envoyer quelqu'un au *berniquet*, c'est-à-dire le ruiner. » (Leroux, *Dict. comique*.) Le *berniquet* est le bahut où

plus part, de quels bois faire flesche. Vous les distinguerez facilement, si vous voulez les escouter un moment, par les raisons qu'ils apportent, ou plustost les injures qu'ils se chantent les uns aux autres.

Cet entretien fut interrompu par un grand cry qui s'esleva dans la troupe, qui fut suivy d'une risée generale. Un meusnier qui s'estoit eschauffé dans la dispute avoit laissé son mulet derrière luy, chargé de deux sacs de farine. Quelque matois, se servant de l'occasion, ayant percé le sac, en tira secrettement une bonne partie, et se retira finement après avoir fait son coup. Le meusnier, en estant adverty par quelques uns qui voyoient encor couler la farine par le trou, s'escria qu'il estoit volé; sur quoy la femme d'un solliciteur, qui s'escrimoit fort et ferme de la langue et qui n'en eust pas donné sa part au chat, luy dit en le raillant : Ha! qu'il est bien employé! C'est, par mon ame, pain benist; il est bon larron qui larron desrobe. Vrayment, le voilà bien malade! Quand on lui en auroit pris vingt fois davantage, il sauroit bien où le reprendre. Les premières moutures en pâtiront sans doute. — A qui en a cette double masque? luy replique le meusnier; t'ay-je jamais rien derobé? Si tu avois fait les pertes que j'ay fait, tu n'aurois pas le caquet si affilé. J'ai perdu six asnes, Messieurs, et quatre mulets, quand les grandes eaux emportèrent les moulins[1], et cette chienne me viendra reprocher encore

---

les meuniers mettent le son. A l'homme ruiné qui n'a plus de *pain sur la planche*, il ne reste que la ressource d'aller au *berniquet*.

1. Les moulins qui étoient amarrés sous le pont au

que je fais de grands profits ! — Quand tu aurois esté noyé quant et quant eux, il n'y auroit pas eu grand perte, dit la solliciteuse. Un boulanger, prenant la parole pour le meusnier, qui estoit, comme je croy, son compère, dit que cela estoit estrange que l'on blasmoit les personnes les plus necessaires et desquelles on ne se pouvoit passer. — Sçay mon [1] ! ma foy, dit un relieur; voilà des gens bien necessaires, mais c'est pour tirer l'argent et ruiner entierement le pauvre peuple. — Que veux-tu dire? replique le boulanger; aurois-tu du pain sans eux et sans nous? — Nous en donnes-tu, luy dit l'autre, et ne devons-nous point t'en avoir de l'obligation lorsque tu nous rançonnes et vends une chose six fois au double?

— En effet, continue un peintre, c'est une honte des abus que commettent les boulangers; ils achètent le bled à bon prix et rencherissent tous les jours le pain de plus en plus. La police y devroit donner ordre [2] et en chastier quelques uns pour donner exemple aux autres.—Cela ne va pas comme tes pein-

Change et sous le pont Notre-Dame. Ils avoient beaucoup souffert des inondations de la Seine de 1636 à 1641.

1. Pour *ce mon*, *ça mon*. Nous avons déjà expliqué le sens et l'origine de cette interjection.

2. Il y eut une *Requête des bourgeois de Paris à Nosseigneurs du Parlement touchant la police des vivres*, etc., par lequel il est demandé que le pain soit taxé à six blancs, ou trois sous la livre de pain blanc, deux sous le moyennement bis, dix ou vingt deniers le bis. Un boulanger qui, loin de se soumettre à cette taxe, avoit refusé de vendre du pain à une pauvre femme, mourut les entrailles rongées

tures barbouillées, luy respond le boulanger; mesle-toy de vendre tes Vierges Maries borgnesses, ou de faire comme Judas en vendant Nostre Seigneur pour trente deniers.—Il faudroit donc que je te le vendisse, car tu as plus la mine d'un juif que d'un moulin à vent, dit le peintre. Un frippier [1] qui avoit la teste tournée d'un autre costé creut que ce mot de juif avoit esté dit à son occasion, et, sans demander d'où venoit cette injure, s'adressa fortuitement à une harangère qu'il trouva la bouche ouverte, et, jurant par la mort et par la teste, l'appella plus de cent fois macquerelle. Est-ce à cause, luy dit-il ensuitte, que tu ne vends plus ta marée puante, depuis que nous avons permission de manger de la viande? Te veux-tu vanger sur ceux qui n'en peuvent mais? Mortbieu! je t'envoyray chercher tes juifs où tu les as laissez, et te montreray que je suis honneste homme. —En as-tu tanstost assez dit? replique l'harengère les mains sur les roignons; jour de Dieu! tu t'es bien adressé, guieble de receleur! Si je vendons de la marchandise, elle est belle et bonne; mais, pour toy, tu te donnerois au diable pour cinq sols et tromperois ton père si tu pouvois. C'est bien, mercy de ma vie! de quoy je me mets en peine si j'ay ta pratique, ou si tu vas acheter des tripes ou de la vache aux bouchers! Sur ce mot de bouchers, un qui estoit un peu derrière s'avança pour repliquer à

par de gros vers. C'est du moins ce qui est raconté dans une pièce du temps, *La mort effroyable d'un boulanger impitoyable de cette ville.* Paris, 1649, in—4.

1. Tous les frippiers passoient alors pour être des Juifs V. notre t. 1, p. 181.

cette injure, en la menaçant de luy donner sur la moitié de son visage. Un jeune advocat s'avança de dire là-dessus qu'il avoit remarqué que les bouchers, à leur dire, n'avoient jamais que du bœuf, et les cordonniers que de la vache. Que voulez-vous dire des cordonniers, monsieur l'advocat de cause perdue? repart un de cette vacation; ils sont honnestes gens et ne sont pas des cousteaux de tripiers comme vous, qui playderiez la plus mauvaise cause pour un teston, et qui prenez le plus souvent de l'argent des deux parties. — *Ne sutor ultra crepidam*, luy replique l'advocat; vous estes un sire dans vostre boutique. — Qui parle de cire? dit là-dessus un epicier; je voudrois que tous les mestiers fussent exempts de tromperie comme le nostre : il n'y auroit pas tant de monde de damné. — Il ne faut juger de personne, dit un prestre en retroussant sa soutane; qui se justifie est ordinairement le plus coupable. — Meslez-vous de dire vos *oremus*, luy replique l'espicier, sans venir faire icy des sermons en pleine rue. Le prestre fut prudent et se retira de la meslée doucement sans rien dire davantage. Ce que voyant un colporteur, il dit à l'espicier en riant : Vous avez donné le fait au prestolin; le voilà penaut comme un fondeur de cloches. — Est-ce pour m'offenser? dit là-dessus un fondeur; il semble que tu me montres au doigt. Helas! mon pauvre frippon, tu le serois bien autrement sans les rogatons dont tu amuses le peuple et sans les sottises que l'on te donne à debiter; tu aurois bien la gueulle morte, et ta femme seroit bien contrainte de mettre en gage les bagues et le demy-ceint¹ pour mettre du pain sous ta dent. Il en eust dit davantage sans le bruit d'une autre dispute qui fit tourner tout le monde, pour voir ce que c'estoit.

Un joueur de luth du party des mescontens avoit desjà dit quantité d'injures à un charcutier qui n'avoit pas la mine d'avoir souffert aucune disette pendant le siège; il avoit les joues rebondies comme les fesses d'un pauvre homme, et la troigne si luisante de gresse que l'on se fust miré dans son visage. Le joueur de luth, au contraire, estoit sec comme son instrument; couvert d'un petit manteau noir de serge de Rome² sur un habit de couleur extremement minée, il avoit un nez violet qui avoit la mine d'avoir esté rouge autrefois et s'estre baigné dans une infinité de verres de vin. Le charcutier l'avoit un peu poussé, ce qui l'ocasionna de luy dire

1. V., sur cette parure des petites bourgeoises et surtout des chambrières, notre t. 1, p. 317, et t. 3, p. 106. Pour ce dernier passage, nous avons cité ce qu'on lit dans le dictionnaire de Cotgrave au sujet de cette sorte de ceinture, dont le devant étoit d'argent ou d'or, et l'autre partie de soie. Cette description est fort bien justifiée par ces vers d'une chanson de Jacques Goborry, qui prouvent en outre que vers le milieu du XVIe siècle le demi-ceint étoit à la mode déjà :

> Il vous donnera ceinture,
> *Demi-ceint ferré d'argent,*
> Rouge cotte et la doublure
> Plus que l'herbe verdoyant.

2. La *serge de Rome* étoit une étoffe légère qui se fabriquoit à Amiens. On en faisoit les habits longs et les soutanes d'été.

que s'il avoit rompu son luth il luy auroit fait sauter sa boutique. — Ha! le gascon ! dit là-dessus le charcutier ; n'est-ce point un cotret au lieu d'un luth? Et, voulant lever son manteau pour s'en esclaircir, l'estoffe estant un peu mure, il en dechira sans y penser une bonne partie, et, pour l'aigrir encore davantage, luy dit en retirant sa main : Il est de damas, il quitte le noyau[1]. Le joueur de luth, picqué de ce double affront, se mit à luy chanter injures à bon escient, considerant qu'il n'eust pas esté le plus fort à vuider ce different à coups de points. Comment ! commença-t-il à dire, maistre salisson, marmiton, graillon, souillon, brouillon, as-tu bien l'impudence de mettre tes mains infames sur moy, qui sont encore toutes pleines de merde que tu nous fais manger dans tes andouilles ! Va, va, marquis de Sale-Bougre, vendre ton boudin crevé et ton pourceau ladre pour empester le monde, et ne te mesle pas de venir engraisser mon luth ny mes habits. Le charcutier, sans s'emouvoir beaucoup de ces invectives, ne fit que luy dire en riant : Aga donc, monsieur le lutherien ! vous vous boutez en escume. Ne vous eschauffez pas tant, vous engendrerez une pluresie ; vous ferez mieux de nous jouer une sarabande. Je vous donneray quatre deniers, comme à un vielleux ; peut-estre n'en avez-vous pas tant gaigné depuis quinze jours. Mais voyez comme ce petit ratisseur de corde à boyau fait l'entendu ! Ma foy, tu n'as que faire de rire ; tu ne gai-

---

1. Le noyau des prunes de damas gris et de damas blanc se détache facilement.

gnes pas trop. Tu veux degouster le monde de ma marchandise; mais c'est comme le renard des mures, et tu serois trop heureux de mouiller ton pain dans le bouillon de mon salé. Un musicien, amy du joueur de luth, aussi sec que luy pour le moins, se retira comme il vouloit repliquer à ces mespris, en luy remonstrant que c'estoit se profaner que d'entrer en paroles avec gens de cette sorte, et qu'il n'y avoit rien à gaigner que des coups ; puis, se tournant devers moy avec une façon pitoyable, il dit en continuant : Cela n'est-il pas deplorable, Monsieur, qu'il faille que des brutaux fassent des niches à d'honnestes gens? Il s'est veu des temps que les arts liberaux estoient en vogue et en estime; mais maintenant tout est perverty, la vertu n'est couverte que de lambeaux, et nous nous voyons contraints de ployer sous des gens qui n'auroient esté, dans le bon temps, que nos moindres valets.—Mais croyez-vous, dit un orlogeur, que cela dure long-temps, et que nous soyons tousjours reduits dans cette misère? Sans quelque peu d'argent que j'avois mis à part au commencement de ces troubles, j'aurois esté reduit à l'extremité, quoy que, Dieu mercy, je m'escrime assez bien de mon art. Je connois un graveur de mes amis qui gaignoit tous les jours sa pistolle, et qui, n'ayant pas maintenant le moyen d'avoir du pain, est reduit à vendre ses meubles pièce à pièce. — C'est le moyen de vivre de mesnage[1], repliquay-je, et de

---

[1]. Le même trait se trouve mot pour mot dans *le Médecin malgré lui*, acte 1, scène 1. Martine se désole d'avoir un mari « qui vend pièce à pièce tout ce qui est dans le logis. — C'est vivre de ménage », répond Sganarelle.

faire gaigner les usuriers. Sur ce mot, le musicien, me tirant par le bras, me fit prester l'oreille pour entendre ce que deux personnes disoient assez secrettement. Je ne puis, disoit l'un des deux, quand vous me donneriez tout vostre bien ; je ne demande qu'à faire plaisir quand je puis. — Mais, Monsieur, disoit l'autre en action de suppliant, vous estes nanty de la valeur de cent escus, sur quoy vous ne m'avez presté que quatre pistolles ; prestez-m'en encore autant, et je vous passeray une obligation de cent francs ; je vous donneray encore une monstre si vous ne vous contentez des gages que vous avez. —Faites-moy donc, dit l'usurier, l'obligation d'unze pistolles à payer à Pasques, ou n'en parlons plus. Vous voyez comme je suis franc ; je vous promets que je m'en fais faute pour vous en accommoder. L'autre, comme ravy de cette favorable responce, luy fit mille remerciemens et se resolut à passer par-là, nonobstant une uzure si prodigieuse qui nous fit hausser les espaules. Mais il en fut payé tout sur-le-champ par un capitaine de cavalerie, qui reconnust cet insigne fesse-Mathieu, et, sans luy donner loisir de se reconnoistre, luy donna cinq ou six coups de canne sur les oreilles en luy disant : Es-tu bien si hardy, vieux reistre, de prendre les pistolets de mes cavaliers en gage, et d'empescher le service du roy en retenant leurs armes ? Il faut, mort-bieu ! les rendre tout à l'heure, ou je te passeray mon espée au travers du corps. Je ne pus entendre le reste, d'autant que, me sentant secrettement tirer par derrière, je crus que c'estoit quelque coupeur de bourse

qui vouloit faire son chef-d'œuvre sur mon gousset[1];
mais je fus bien estonné quand j'aperceus que c'estoit une fille qui avoit esté autrefois de ma connoissance. Ce qui redoubla mon admiration, ce fut sa
mine et son equipage. Elle que j'avois tousjours veue
avec un train de baronne, vestue à l'avantage, n'aller jamais qu'en chaise ou qu'en carrosse, estoit alors
à pied, sans laquais, mediocrement vestue, mal
chaussée, et le visage si pasle que je ne me peux
tenir de luy demander si elle avoit esté malade. Je
le pourrois bien avoir esté sans que vous en auriez
rien sceu, me respondit-elle; il y a mille ans que l'on
ne vous a veu, et vous ne faites plus estat de vos
amis. — Laissons là ces reproches, luy dis-je; vous
ne voyez pas des personnes de si petite condition
que moy : c'est à faire à des barons ou à de riches

1. Il falloit faire deux chefs-d'œuvre en présence des
confrères pour être reçu maître *coupeur de bourses*. C'est au
second, le plus difficile, qu'il est fait allusion ici. L'aspirant, selon Sauval (*Antiq. de Paris*, liv. 5), étoit conduit
par ses compagnons dans un lieu public, comme la place
Royale, ou dans quelque église. Dès qu'ils voyoient une
dévote à genoux devant la Vierge, ou un promeneur facile à voler, les confrères lui ordonnoient de faire ce vol en
leur présence et à la vue de tout le monde. A peine étoit-il parti qu'ils disoient aux passants, en le montrant du
doigt : Voilà un coupeur de bourse qui va voler cette personne. Chacun alors de s'arrêter pour l'examiner. Le vol
fait, les confrères se joignoient aux passants, se jetoient
sur l'aspirant, l'injurioient, le frappoient, l'assommoient,
sans qu'il dût oser ni déclarer ses compagnons, ni laisser
voir qu'il les connût.

partysans.—Ha! Monsieur, me dit-elle, ne vous mocquez point de moy; vous parlez d'un temps qui n'est plus. Toutes les choses sont bien changées, et j'ay honte de vous dire qu'il faut que je m'abandonne maintenant aux valets dont les maistres s'estimoient naguères heureux de me posseder. — Si est-ce, luy repliquay-je, que vous n'estes pas moins belle ny plus agée que vous estiez. — Vous avez raison, continua-t-elle ; mais la misère du temps est cause de ce desordre. La cherté du pain a bien amandé nostre marchandise, et, si je vous disois qu'il n'y en a pas un morceau chez moi, vous auriez bien plus sujet de vous estonner ; mais je le dis à un galand homme, me dit-elle en me prenant la main, et qui ne me refuseroit pas une pistole si j'en avois affaire. La sedition, venant à croistre tout à coup, me desbarassa de la peine de luy respondre, et me servit de pretexte de m'esloigner et de la perdre de veue. Ce fut alors que je vis les deux partys formez estre tous prets d'ajouster les coups aux paroles et aux injures. Les mescontens lassez de la guerre disoient qu'il falloit resolument faire la paix et piller tous ces rongeurs qui peschent en l'eau trouble ; les contens, au contraire, les appelloient des seditieux, qui ne servoient de rien dans Paris et qui ne portoient les armes qu'à regret ; enfin, l'on s'alloit frotter tout à bon, sans la compagnie de l'isle du Palais [1], qui, en allant

---

1. Elle veilloit à la sûreté de tout ce quartier, qui n'étoit pas le mieux gardé de Paris. Nous avons ailleurs parlé de Defunctis, prévôt de robe courte, qui commandoit cette compagnie sous Louis XIII. V. notre t. 1, p. 162-163, note.

monter la garde de la porte Saint-Jacques, rencontra à l'endroit de cette assemblée quantité de conseillers qui sortoient du Palais en carrosse ; et, dans la conteste qu'ils eurent à qui passeroit le premier, un juriste allegua ce vers de Ciceron[1] :

Cedant arma togæ, concedet laurea linguæ;
mais un officier de la compagnie la fit passer outre en lui repliquant :

Silent inter arma leges.

Cela fit separer cette troupe animée, et me donna moyen de continuer mon chemin et mes affaires.

1. Dans le *De officiis*, liv. 1, ch. 22.

Vers pour Monseigneur le Dauphin au sujet d'une aventure arrivée entre lui et le petit Brancas[1]. *A Paris, chez Jacques Estienne, rue Saint-Jacques, à la Vertu.*
M. DCC. XIV.
Avec permission. In-8.

use, prenez vos plus brillans atours,
Vos patins neufs, vos habits des bons jours,
Vos beaux pendants ; soyez proprette et blanche,
Telle qu'un jour de fête ou de dimanche.
Il faut partir dès demain pour la cour :
Un jeune prince aussi beau que l'Amour,
Enfant des dieux, par ses grâces exige
De tous les cœurs un juste hommage lige ;
Chacun s'empresse à lui rendre le sien :
Portez-lui vite et le vôtre et le mien.
C'est ce Dauphin seul gage qui nous reste
D'un père, helas ! que le courroux celeste,
Malgré les cris des peuples gemissans,

---

1. Louis de Brancas, marquis de Cereste. Il étoit né en 1711, et avoit par conséquent alors trois ans au plus. Louis XV, auquel il veut de si bonne heure faire sa cour, le fit maréchal de France en 1740. Il mourut en 1750.

Var. v.

Nous enleva dans la fleur de ses ans[1].
Fasse le Ciel, appaisant sa colère,
Qu'un jour le fils nous remplace le père!
Nous ne pouvons souhaiter aujourd'hui
Rien de plus doux, ni pour nous ni pour lui.
 Mais arrêtez : que vois-je ici, ma Muse?
Vous qui d'abord, etonnée et confuse
Et dans le cœur murmurant contre moi,
Vous defendiez d'accepter cet emploi,
Au tendre nom du Dauphin de la France
Vous reprenez toute votre assurance,
Et semblez même, à votre air vif et gai,
Ne demander qu'à partir sans delai.
Je vois le point, et je crois vous entendre :
Pour un enfant dans l'âge le plus tendre
Et qui ne compte encor que trois moissons,
Me dites-vous, faut-il tant de façons?
 Muse, tout doux : qui vous laisseroit faire,
Vous me feriez à la cour quelque afaire.
Je crois vous voir, prompte à vous oublier,
D'un pas leger et d'un air familier,
Vers le Dauphin, pour debut d'ambassade,
Les bras ouverts, courir à l'embrassade.
Autant en fit, dans un semblable cas,
Jeune marquis que vous ne valez pas;
Autant en fit, et compta sans son hôte :
Retenez-en, Muse, et n'y faites faute,
Toute l'histoire. Au prince, certain jour,
Ce jeune enfant alloit faire sa cour.

1. Le duc de Bourgogne, dont le Dauphin, qui l'année suivante devoit devenir le roi Louis XV, étoit le troisième fils.

Sa cour, que dis-je? helas! c'est un langage
Dont à trois ans on ignore l'usage.
Sans tant tourner, disons qu'il l'alloit voir,
Plus par instinct même que par devoir.
Le cœur, qui fut son guide et son genie,
Ne connoît point tant de ceremonie.
Depuis long-temps flaté de ce plaisir,
Le pauvre enfant brûloit d'un vrai desir
De voir le prince, et disoit à toute heure :
Quand le verrai-je! Il se tourmente, il pleure,
Il veut le voir. Soyez sage, et demain,
Lui disoit-on, vous le verrez. Soudain
Il s'appaisoit; une telle promesse
Plus le touchoit que bonbons et caresse.
Arrive enfin ce jour tant souhaité,
Long-temps promis, et souvent acheté.
D'attendre au moins qu'un moment on l'instruise,
Point de nouvelle; il faut qu'on l'y conduise
Sans différer. Enfin, pour faire court,
On l'y conduit, ou plutôt il y court.
Dès qu'il le voit, ne se sentant pas d'aise,
Il vole à lui, saute à son cou, le baise
De tout son cœur : qui n'en feroit autant
Si l'on osoit? N'en faites rien pourtant.
Un tel debut, quoique assez pardonnable,
Muse, n'eut pas un succès favorable.
Bientost le prince, étant debarrassé
Des petits bras qui l'avoient embrassé,
Sur l'embrasseur jette une œillade fière,
En reculant quatre pas en arrière.
Son petit cœur, mais noble, et qui se sent,
Est tout ému de ce trait indecent.

Que fera-t-il ? Il s'agite, il secoue
Avec depit ce baiser de sa joue,
Et de sa main il semble s'efforcer.
S'il est possible, au moins de l'effacer.
A tous ces traits d'un courroux respectable
Que dit, que fit, que devint le coupable?
Coupable? oui : qu'il soit ainsi nommé,
Mais seulement pour avoir trop aimé.
Le pauvre enfant, dans une alarme extrême,
Se fit d'abord son procès à lui-même;
Les yeux baissez, immobile, interdit,
Il reconnut sa faute, il en rougit.
Son repentir repara son audace,
Par son respect il merita sa grace,
Et, s'approchant humblement du Dauphin,
Il fit sa paix en lui baisant la main.

 De tout ceci vous paraissez surprise,
Et votre esprit, raisonnant à sa guise,
Se dit tout bas : Prince, tant soit-il grand,
Si jeune encore entrevoit-il son rang ?
De son berceau touchant à la couronne,
Distingue-t-il l'éclat qui l'environne,
Et, de Louis presomptif successeur,
De son destin connoit-il la grandeur ?
Muse, il la sent, s'il ne sait la connoître.
Dans les heros que pour regner fait naître
Des grands Bourbons la royale maison
Le sang inspire, et previent la raison ;
Le noble instinct qui dans leur cœur domine
Rappelle en eux leur auguste origine,
Et de ce sang reçu de tant de rois
La majesté reclame tous ses droits.

Allez donc, Muse, et desormais, instruite,
Sur ces leçons reglez votre conduite;
De ce soleil sous l'enfance éclipsé
N'approchez point d'un air trop empressé;
Sans affecter des airs de confiance,
Qu'une modeste et naïve assurance
Gagne le prince et puisse de sa part
Vous attirer quelque tendre regard;
Haranguez peu, mais que votre visage
De votre cœur exprime le langage.
Je ne dis pas qu'un petit compliment
Assaisonné du sel de l'enjoûment
N'eût son mérite et même ne pût plaire;
Mais l'embarras, Muse, est de le bien faire.
Le tout dépend des momens et du tour;
Vous l'apprendrez des rheteurs de la cour :
Point ne connois, pour l'art de la parole,
De plus adroite et plus subtile école;
Le beau parler vint au monde en ce lieu,
Et compliment est leur croix de par Dieu.
L'air du pays, qui de lui-même inspire,
Vous dictera ce que vous devez dire.
Si cependant vous doutez du succès,
Retranchez-vous à faire des souhaits :
C'est un encens qui fut toujours de mise;
Mais faites-les en Muse bien apprise.
Vous troüverez de quoi dans le Dauphin,
Et sur son compte on en feroit sans fin.
Souhaitez-lui les vertus de son père;
Ajoutez-y les graces de sa mère
L'ame et le cœur du Dauphin son ayeul,
De Louis, tout : il comprend tout lui seul;

Lui souhaiter qu'à Louis il ressemble
C'est le doüer de tous les dons ensemble.
S'il demandoit, comme il faut tout prevoir,
Pourquoi ne suis moi-même allé le voir,
Vous lui direz à l'oreille : Mon prince,
Je croi qu'il a quelque affaire en province ;
Mais, en tout cas, à lui ne tiendra point
Que ne soyez obéi sur ce point.

La vraye pierre philosophale, ou le moyen de devenir riche à bon conte. Le tout espuisé d'une prophetie authentique, traduicte en françois de la fiole hebraique de Salomon, où sont enfermez sept esprits qu'il evoqua des planettes jusques au jour du jugement.

LA PROPHETIE.

L'Actéon demeurant aux bornes
Du bis sept bénedicité
Guérira du mal de ses cornes
Par bois qui remet la santé.

Imprimé à Salemanque, jouxte la coppie fraischement apportée de chez l'imprimeur des Catadupes.

S. l. ni d. In-8[1].

Explication d'Allegorie.

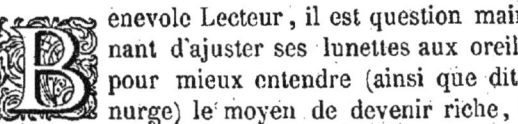enevole Lecteur, il est question maintenant d'ajuster ses lunettes aux oreilles, pour mieux entendre (ainsi que dit Panurge) le moyen de devenir riche, et à

1. Le conte qui va suivre, et qu'on n'auroit pas certai-

peu de frais, qui n'est autre chose que la vraye pierre philosophale, que je vous apprens fort ingenieusement par ce mien petit opuscule, si, prealablement que de tirer la consequence des premisses, vous deviez percevoir humainement la petite histoire que je galope vous desduire, s'il plait à celuy qui a fait les constellations et les planettes.

Sçache donc, Lecteur, que du temps que l'on portoit le pourpoinct attaché aux chausses[1] l'île d'Angleterre nourrissoit une princesse de laquelle les moindres actions estoyent perfections, et ses perfections des miracles. Le bruit de ceste merveille

---

nement été chercher sous le titre singulier de cette pièce, est une imitation abrégée d'une nouvelle du *Décameron* de Boccace (la 7e de la 7e journée), qui procédoit elle-même en grande partie du fabliau de la *Borgeoise d'Orléans* (v. Barbazan, t. 3, p. 161). Le conte de La Fontaine *Le cocu battu et content* (liv. 1, conte 3) en vient aussi, de même que l'un des contes de d'Ouville, t. 1, p. 186. M. Edelstand Duméril, dans son curieux chapitre des *sources du Décameron et de ses imitations* (*Hist. de la poésie scandinave*, prolégomènes, p. 354), suit ce conte sous ses diverses formes dans les littératures anglaise, italienne, provençale, et même espagnole; il le retrouve dans une vieille romance du recueil *Poesias escogidas de nuestros cancioneros y romanceros antiguos*, t. 17, p. 178; ce qui prouveroit peut-être que le nom de la ville de Salamanque, en Espagne, n'a pas été indiqué sans quelque motif comme étant le lieu d'impression de cette pièce, et donneroit à croire qu'ici la tradition espagnole a surtout été suivie.

1. Molière, dans *l'Avare* (acte 2, scène 6), donne aussi, comme signe d'ancienneté reculée cette mode du haut de chausse « attaché au pourpoint avec des aiguillettes ».

venant jusques aux oreilles de la France; il se trouva
un de ses cavalliers tellement espris et passionné
au simple raport de l'idole, qu'il se delibère de s'e-
quiper de son possible pour aller coler sa veue sur
le subject lequel luy faisoit horriblement bouillir
la vessie, à cause des devorantes flammes qu'amour
attisoit sur le buscher de son cœur, tellement que,
pour attaindre plus commodement l'epilogue de la
comedie, il desgueilleta [1] les esperons de gentilhomme pour chausser la mitaine d'un fauconnier [2]
verreux, croyant par tel moyen estre reçeu dans la
maison de son doux esmoy, c'est à dire de ceste
aymable image, au recit qu'il avoit ouy que le
Monsieur aymoit moult la fauconnerie. Or arriva
comme il se seroit proposé : après qu'il eut servi
l'espace de quatre ou cinq ans de fauconnier, l'office de maistre d'hostel venant à vaquer par mort,
à cause de ses agreables services et qu'il estoit tout
propre pour une meilleure affaire, les destinées
ayant escrit dans leurs feuillets d'airain une bonne
fortune, il eut la charge que ses merites ne luy
pouvoyent refuser; mais icelle exerçant fort bragar-
dement sans bouger les yeux de la teste, il fit tant

1. C'est-à-dire ôta les *aiguillettes*, les lacets qui retenoient ses éperons.
2. Boccace dit qu'il se fit domestique du mari, mais sans indiquer la charge qu'il prit dans la maison. La Fontaine, au contraire, d'accord avec ce qu'on lit ici, soit par hasard, soit parcequ'il connoissoit en effet notre pièce, dit :

> Messire Bon, fort content de l'affaire,
> Pour *fauconnier* le loua bien et beau.

avec la bibliotèque de ses œillades amoureuses, que la princesse, se laissant prendre au glu de cest expert oyseleur, pour faire porter l'egrette de bœuf à son mary, rompant les bornes de la pudicité, luy donna un soir assignation de se rendre à la ruelle de son lit pour illec luy froter le busq, jouissant du loyer que meritoit la perseverance de semblables amours. Et advint qu'estant au lieu de l'assignation, sa dame luy print la main, laquelle attacha avec la sienne d'un ruban, incarnat ou fleur de lin s'il m'en souvient; puis secouant et remuant son espoux, qui à ceste heure ronfloit melodieusement, l'ayant esveillé en sursault, luy dit : Monsieur, il me semble que vous m'avez dit une plaine hote de fois que vostre maistre d'hostel vous servoit si fidellement et gentiment que pour une plaine cuve de diamans de la nouvelle roche vous ne le voudriez perdre ; or, sachez à la bonne heure que c'est un perfide et meschant homme, m'ayant sollicité aujourd'huy de lui prester la courtoysie savoureuse au prejudice et honnissement de vostre honneur et du mien et toutes autres belles besongnes, etc. (Je vous laisse à penser en ceste belle paranthèse si le drolle, ne sçachant rien de tout cecy, se tenoit vilaine et lourde peur.) Pourtant je luy ay donné assignation dessoubs l'arbre de nostre jardin. Levez-vous promptement et prenez mes habits, l'alant attendre, deussiez vous demeurer jusques à une heure et trois minutes après minuict, car il m'a promis d'y venir aux despens d'abreger le peloton de sa vie. Cela fut dit, cela fut fait, et ce cocu *in fieri*, attendant de l'estre *in facto*, soudainement se botit et puis parta. Et arriva qu'après que le nouveau mary eût occupé le giste nouvellement et chaudement laissé, et qu'il eut, comme l'on dit en nostre village, entribardé à double carillon sa dame, par commandement et ruse d'icelle il print un gros baston et long à l'equipolent, et de bois de cormier, ou plustost de cornier, saluant avec ses invectives, et tel fust la mademoiselle expectante : «Comment, taupe diène !» Et zest! coups de bastons sur l'escoffion. « Est ce ainsi que vous pensez d'adouber mon maistre ! Parbleu ! je vous zape ! » Et allons bourrassailes en campenie. « Je jure qu'il n'en ira pas de la sorte, rusée masque, chaude chopine, je ne voye jamais mon cul en face, serment des bonnes festes et vie. » Redoublant plus fort, « Je vous accomoderay qu'il vous en souviendra trois jours après la Pentecoste ! » Il avoit beau crier : « Holà ! tout beau, mon amy ! c'est moy, je ne suis pas elle. » Le palefrenier n'avoit non plus d'oreilles qu'un rocher de Casprée, mais tousjours allons sus donne Martine ! L'un estoit Briarée en manière de faire pleuvoir coups de bastons, et l'autre estoit un asne de moulin pour les endurer. Tellement que le meilleur conte que le sieur desguisé pût avoir fut que d'aller trouver sa femme bride abatue, cocu, batu et content[1]. Je veux conclure par là, *in modo et figura*, que qui gueriroit tous les cocus depuis orient jusques en occident, et depuis le septentrion jusques au midi, sans y

---

1. Ce passage nous donneroit encore à penser que La Fontaine connut cette pièce. Il trouva là le titre de son conte : *Le cocu batu et content.*

conter ceux des antipodes, en telle forme de proceder, seulement à une portugaloise par teste, il deviendroit plus riche et opulent que tous les faiseurs de pierre philosophale du Peru. Je me recommande

Astra regunt homines cornua sydus habes.

Prenez en gré le passe-temps.

Advertissement au lecteur.

D'autant que cecy est dedié aux beaux esprits, seuls d'en juger capables, l'œil des avaricieux (comme celuy du Basilic) en doit estre privé. C'est pourquoy nous avons cacheté à double ressort la presente pierre philosophalle, affin qu'elle ne soit communiquée qu'à ceux qui se trouveront le quid phisique, qui se reduict à une pièce d'or ou d'argent qui porte visage.

TABLE DES MATIÈRES

CONTENUES DANS CE VOLUME.

1. Les Triolets du temps. 1649 5
2. Discours sur la mort du chapelier 31
3. Reglement d'accord sur la preference des savetiers cordonniers 41
4. L'Œuf de Pasques ou pascal, à M. le lieutenant
civil, par Jacques de Fonteny. 59
5. Catechisme des Courtisans, ou les Questions
de la cour et autres galanteries 75
6. Exil de Mardy-Gras. 97
7. Ordre à tenir pour la visite des pauvres honteux 127
8. L'Anatomie d'un Nez à la mode, dédié aux
bons beuveurs 133
9. Extrait de l'inventaire qui s'est trouvé dans les
coffres de M. le chevalier de Guise, par
Mlle d'Entraigue, et mis en lumière par
M. de Bassompierre 147
10. Les nouvelles admirables lesquelles ont envoyées les patrons des gallées qui ont esté
transportées du vent en plusieurs et divers
pays et ysles de la mer, et principalement
ès parties des Yndes 159
11. Le Gan de Jan Godard, Parisien. 173

12. Discours de deux marchants fripiers et de deux tailleurs, avec les propos qu'ils ont tenu touchant leur estat 189
13. Discours admirable d'un magicien de la ville de Moulins qui avoit un demon dans une phiole, condamné d'estre bruslé tout vif par arrest de la Cour de Parlement 199
14. Vraye Pronostication de M⁰ Gonin pour les mal-mariez, plates-bourses et morfondus, et leur repentir 209
15. La misère des apprentis imprimeurs, appliquée par le detail à chaque fonction de ce penible estat. 225
16. Arrest de la Cour de Parlement qui fait deffenses à tous pastissiers et boulangers de fabriquer ni vendre, à l'occasion de la feste des Rois, aucuns gasteaux. 239
17. La Maltote des Cuisinières, ou la Manière de bien ferrer la mule. 243
18. Cas merveilleux d'un bastelier de Londres, lequel, sous ombre de passer les passans outre la rivière de Thames, les estrangloit. 259
19. Les de Relais, ou le Purgatoire des bouchers, poulayers, paticiers, cuisiniers, joueurs d'instrumens, comiques et autres gens de mesme farine. 263
20. Discours de la mort de très haute et très illustre princesse madame Marie Stuard, royne d'Escosse 79
21. L'Onozandre, ou le Grossier, Satyre . . . 291
22. Le Conseil tenu en une assemblée des dames et bourgeoises de Paris 299
23. Vengeance des femmes contre les hommes . 311
24. Ballet nouvellement dansé à Fontaine-Bleau par les dames d'amour. Ensemble leurs com-

	plaintes adressées aux courtisanes de Vénus à Paris.	321
25.	Satyre contre l'indecence des questeuses . .	331
26.	Les contens et mescontens sur le sujet du temps.	335
27.	Vers pour Monseigneur le Dauphin au sujet d'une aventure arrivée entre lui et le petit Brancas.	353
28.	La Vraye Pierre philosophale, ou le moyen de devenir riche à bon conte.	359

www.ingramcontent.com/pod-product-compliance
Lightning Source LLC
Chambersburg PA
CBHW050313170426
43202CB00011B/1882